演讲与口才实用教版

上编

高 等 院 校 通 识 教 育 新 形 态 系 列 教 材

人民邮电出版社

北 京

图书在版编目（CIP）数据

演讲与口才实用教程：附微课 / 蒋红梅，张晶，罗纯主编. -- 5版. -- 北京：人民邮电出版社，2023.12
高等院校通识教育新形态系列教材
ISBN 978-7-115-62847-3

Ⅰ. ①演… Ⅱ. ①蒋… ②张… ③罗… Ⅲ. ①演讲－高等学校－教材②口才学－高等学校－教材 Ⅳ. ①H019

中国国家版本馆CIP数据核字(2023)第193639号

内 容 提 要

本书分为语言基础与训练、演讲口才与训练、职场口才与训练三大模块，共15章，含100多个课内外实训练习，融启发思维、调动"说趣"于一体。在夯实语言基础、增强语言感染力的同时，强化导游、谈判、医护、营销、教学、主持等热门领域的口才训练。

书中的"学习目标""案例导入""温馨提示""小贴士""音视空间"等栏目具有参与性、互动性、可操作性的特点，方便读者练习与深入思考。

与本书配套的教学大纲、电子教案、电子课件、教学设计、考核方案、教学案例、微课视频、模拟试卷及答案等教学资料的索取方式见"更新勘误表和配套资料索取示意图"（咨询QQ：602983359）。

本书为本科、专科院校演讲与口才课程的教科书，也可作为广大青年朋友的自学读本。

◆ 主　编　蒋红梅　张　晶　罗　纯
责任编辑　万国清
责任印制　李　东　胡　南

◆ 人民邮电出版社出版发行　　北京市丰台区成寿寺路 11 号
邮编　100164　电子邮件　315@ptpress.com.cn
网址　https://www.ptpress.com.cn
天津画中画印刷有限公司印刷

◆ 开本：787×1092　1/16
印张：13.5　　　　　　　　　2023 年 12 月第 5 版
字数：359 千字　　　　　　　2025 年 7 月天津第 7 次印刷

定价：49.80 元

读者服务热线：(010)81055256　印装质量热线：(010)81055316
反盗版热线：(010)81055315

第5版前言

Foreword

　　本书第1版自2011年10月出版后，我们收到很多热心读者的来信，信中对教材的中肯评价和合理化建议使我们深受鼓舞并备感温暖。山东德州汽车摩托车专修学院基础部潘兵老师评价："该教材采用模块化教学，注重基础积累与层次提升，较符合人们的认知学习规律；模块三'职场口才与训练'实用性强，针对不同领域设计教学内容，注重现场模拟的真实性；每章分为三个部分，注重梯度和难度的层次性，每章都结合比较新颖的实际案例；课外训练既注重课本知识，又注重实际应用；教材的一些地方特别注重细节，如'温馨提示'栏目的解释较恰当到位。"

　　为全面贯彻党的教育方针，落实立德树人根本任务，更好地满足读者的需要和符合全面服务教学的宗旨，编者在广泛征求用书教师意见的基础上，对本书进行了多次修订，分别于2014年7月出版了第2版，于2018年1月出版了第3版，于2020年12月出版了第4版。本次修订主要完成了以下几项工作：贯彻党的二十大精神，在"学习目标"中增加了素质目标；规范了全书的理论阐述及文字表达；更新了部分课外训练题及数十个视频案例；增加了竞聘演讲、商务演讲、新品推介演讲、直播营销、主持人串联词技巧和控场词技巧训练等方面的内容；补充了8个教学效果检测标准，并完善了相关配套资料。

　　本书正文内以二维码链接的微课视频和范例视频及附录"自学园地"中的资料可供读者在学习中参考。

　　与本书配套的教学资料包括教学大纲、电子教案、电子课件、教学设计、考核方案、教学案例、微课视频、模拟试卷及答案等，索取方式见书末的"更新勘误表和配套资料索取示意图"（咨询QQ：602983359）。

　　本次修订主要由上海商学院的张晶博士完成，蒋红梅、罗纯参与了部分内容的修订工作。

　　在修订过程中，编者参阅了大量的文献资料，并得到了同人的大力支持，在此一并表示感谢！

　　由于编者水平有限，书中难免有疏漏之处，敬请广大读者批评指正！本书二维码链接的文档会持续更新完善，如发现不妥之处也望指正，我们会尽快处理。

编　者

Contents

本模块主要内容：

模块一

语言基础与训练

第一章
Chapter 1 演讲与口才概述

◎ 了解演讲与口才的含义及作用。
◎ 掌握演讲与口才的特点。
◎ 能够分析演讲与口才的联系及区别。
◎ 提高概念理解准确度，增强社会责任意识。

案例导入

　　一年一度的开学季，各高校都要举行新生开学典礼。而开学典礼上优秀校友们发自肺腑、充满真情实感、能够指点迷津的演讲，成为许多听众最期盼的"指路明灯"。

　　校友们的演讲有的以理服人，启迪学生要不忘初心，守住简单；有的以情育人，感染学生要珍惜时光，努力学习；有的以己为例，引导学生要牢记使命，奉献社会。如北京广播电视台的徐滔老师 2022 年 9 月 24 日在中国传媒大学 2022 级新生开学典礼上的演讲，条理清晰、言简义丰，特别是对于什么是简单能力的阐述，可谓字字珠玑、铿锵有力，催人奋进。

演讲范例 1

　　"现在我们的传播手段越来越丰富，现在我们用越来越多的技术手段在包装我们的媒体。然而越在这样的时候，我们要问自己是否有保持住简单的能力？什么是简单？就是爱。什么是简单？就是责任。什么是简单？就是童真。什么是简单？就是初心。只有这样的简单能够对抗复杂，只有这样的简单能够治愈我们的心灵。就如同我们每个人都用自己的前半生竭尽全力做一名成人，而在自己后半生的时候要竭尽全力做一名孩子，因为只有爱和干净才能行稳致远。"

　　案例思考：为什么徐滔老师的开学典礼演讲能打动新生，使听者热血沸腾，对未来满怀自信与希望，并充满继续前行的力量？演讲对我们的现实人生有怎样的影响？如何学好演讲与口才这门课程，提高语言表达能力，使演讲成为自己的亮点和光环，拥有更精彩的人生呢？扫描二维码观看演讲范例 1，体会校友演讲的魅力所在。

第一部分　演讲基础知识

　　演讲作为一种以语言为工具进行宣传教育的社会活动形式，既古老又年轻。说它古老是因为演讲活动源远流长，伴随着人类文明的发展而发展；说它年轻是因为演讲活动在当今社会仍然具有强大的生命力。古今中外，越是在历史发展的重要关头、社会激烈变革的关键时刻，演讲的特殊功能就表现得越突出。

一、演讲的含义

演讲是一种极具审美价值、欣赏价值和使用价值的语言表现形式，更是一种呼唤爱、赞美爱、传递爱、弘扬爱的有效的内外碰撞的艺术互动方式。对于什么是演讲，《说文解字》解释为："演，长流也。""讲，和解也。"引申为表演、阐述、论说等义。演讲，也叫演说、讲演，《现代汉语词典》（第7版）中对讲演的解释为"对听众讲述有关某一事物的知识或对某一问题的见解"。演讲属于语言行为，是演讲者在特定的时空环境中，凭借有声语言（为主）和相应的态势语言（为辅），向听众发表见解主张，抒发感情，从而达到感召听众、说服听众、教育听众并促使其行动的一种艺术化的语言交际形式。演讲与讲课、谈话、报告、朗诵等有着不同的含义。

导入案例提示

徐滔老师晓之以理、动之以情、导之以行的开学典礼演讲，为新生开启大学生活新模式引路，充分彰显了演讲的真理启迪、情感激发、行动导发等作用。

在西方，"舌头、金钱、计算机"被称为人生的三大战略武器。无论是演讲家还是普通人，都需要有一定的语言表达能力，参加演讲与口才课程的学习可有效提升学习者的语言表达能力。

优秀的演讲能力不是与生俱来的，魅力口才也绝不仅仅是嘴巴上的功夫。演讲与口才是一个人德、识、才、学的综合体现，"慧于心，才能秀于口"。只有"内外兼修，标本兼治"，方可让伟大的心灵不再沉默，让说话的价值增大百倍。

通过本课程，读者可以学习演讲与口才的基本技能、基础知识。读者只要态度积极、勤学勤练，通过课堂学习及课后练习打下良好的基础，并在日常生活中积极实践，语言表达能力就会逐步提高，为今后的幸福人生增光添彩。

（1）演讲不同于讲课。演讲者为了宣传自己的主张、表明自己的态度，需要灵活运用演讲技巧以取得理想的演讲效果。而教师讲课是为了传道、授业、解惑，其语言表达更注重规范性、科学性和启发性。

（2）演讲不同于谈话。演讲是以演讲者为主体，在正式的场合、特定的时空中，面对听众激情地、艺术地阐述自己的观点。而谈话对时间、场合没有特定的要求，也没有主体、客体之分，任何参与者都可以发表自己的见解。

（3）演讲不同于报告。演讲的内容更注重典型性、鲜明性和形象性。而报告是为了汇报情况、传达信息，注重内容的政策性、指导性和权威性。

（4）演讲不同于朗诵。演讲内容侧重于"动之以情，晓之以理"，具有较强的主观性和鼓动性。而朗诵则是用自己的口说作者的话，侧重于感染性和创造性。

二、演讲的要素

演讲是人类的一种社会实践活动，除了应具备演讲的内容或演讲信息以外，还必须具备演讲的主体、演讲的受体、演讲的媒介、演讲的时空四个要素，缺一不可。

1. 演讲的主体

演讲的主体，即演讲者，他们是演讲活动的承担者和执行者。演讲者的素质、能力和演讲水平，不仅影响演讲者在听众心目中的形象，而且还直接影响演讲效果，甚至影响演讲的成败。一个优秀的演讲者必须具备良好的素质与较强的综合能力，具体而言有以下几点。

（1）高尚的道德情操。"德"是一个人的灵魂所在，决定了一个人的言论立场，是评价演讲优劣的关键所在。演讲者只有具有良好的职业道德、社会公德、伦理道德等，才能成为一个和谐发展的人，进而有效发挥演讲的宣传、鼓动作用。

（2）先进的科学思想。演讲者演讲的目的是教育人、启迪人，提高听众的思想认识、文化水平。演讲者应该成为"有识之士"，迅速掌握各种新思想、新科学，"识前人所未识，讲前人所未讲"，更好地服务听众。

（3）丰富的知识储备。古今中外的演讲家无一不是以博览群书、学识渊博而著称的。演讲者的魅力深深扎根于知识的土壤中。要想获得演讲的成功，演讲者必须掌握社会人文、自然科学、专业理论等"知识利器"。常言道："工欲善其事，必先利其器。"丰富的知识储备是演讲成功的基本条件。

（4）较强的综合能力。多种才能的有机结合才会孕育出一个出色的演讲家。演讲是一个人综合能力的反映，主要包括敏锐的观察能力、科学的思辨能力、丰富的想象能力、较强的记忆能力、良好的表达能力、灵敏的应变能力等。演讲者的综合能力越强，演讲成功的概率就越大。

英国哲学家培根说："知识就是力量。"现代理论家认为"德、识、才、学"是演讲者必备的四要素。对一个优秀的演讲者来说，知识是基础，道德是灵魂，思想是方向，能力是核心。

温馨提示

2．演讲的受体

演讲的受体，即参加演讲活动的听众。听众是演讲活动不可缺少的有机组成部分。演讲者既要使演讲成为听众的一部分，也要使听众成为自己演讲的一部分，了解和掌握听众的心理特点最为重要。虽然听众的构成是多元的，其在听演讲过程中的心理活动和心理需求也是不尽相同的，但是在知识需求和审美需求这两个方面，却具有许多相通之处。

（1）知识需求。在演讲活动中，绝大多数听众想通过参加演讲活动来增长自己的见识，获得某些新的信息，以丰富知识、拓宽视野，并从中得到一定的启迪。1920年，英国新实在论哲学家罗素应我国讲学社和北京大学联合邀请来华访问。访问期间，罗素在上海、北平、南京等地作了多场演讲，受到了青年学生的热烈欢迎。据罗素回忆："青年听众的求知欲非常强烈，他们聆听演说时就像饥饿者面对盛宴一样。"

（2）审美需求。从某种意义上说，演讲活动也是一种审美活动。听众根据一定的审美标准，观照审美主体，在受到教育和启迪的同时，满足愉悦耳目、滋养心灵的需要。当然，不同的听众由于文化素养、认知水平、审美趣味的不同，在听同一场演讲时会产生不同的审美体验，也会对演讲做出不同的审美判断和审美评价。

3．演讲的媒介

演讲者要想发表自己的意见，陈述自己的观点和主张，从而达到影响、说服、感染他人的目的，就必须借助与其内容相一致的传达手段。有声语言、态势语言和主体形象是演讲活动中传情达意的主要媒介。

（1）有声语言。有声语言是演讲活动中传递信息、表达思想最主要的媒介和物质表达手段。有声语言由语言和声音两个要素构成，以流动的方式承载着演讲者的主张、见解、态度和感情，从而产生说服力、感召力，使听众受到教育和鼓舞。演讲者的语言要准确、简洁、通俗、生动，声音要清亮，语气、语调要富于变化，做到科学性与艺术性的完美结合。

（2）态势语言。态势语言是演讲过程中不可缺少的一种重要媒介，指演讲者运用身姿、手势、眼神、表情等形体动作，作用于听众的视觉器官，辅助有声语言传情达意，以增强表达效果。演讲者运用态势语言，要注意准确、自然、得体和协调，具有表现力和说服力，能够使听众的听觉与视觉产生同步效应。

（3）主体形象。在演讲过程中，演讲者以整体形象，包括形体、仪表、举止和神态等直接作用于听众的视觉器官。而整个主体形象的美与丑、好与差，不仅直接影响着演讲者思想感情的表达，而且也直接影响着听众的心理情绪和审美享受，这就要求演讲者在自然美的基础上，讲究一定的艺术美。

4. 演讲的时空

演讲活动是在特定的时间和空间进行的，这就要求演讲者要善于审时度势，因人而异，随境而发，相机行事，根据演讲的场合和对象决定演讲内容，做到"到什么山上唱什么歌，见什么人说什么话"，以适应演讲场合，满足听众的需要。

三、演讲的特点

任何一种蕴含艺术性的活动，都有其独特的物质传达手段，形成自己的特殊规律，揭示自身活动的本质特点，演讲活动也不例外。

1. 现实性

演讲是演讲者通过对社会现实的判断和评价，直接向广大听众公开陈述自己的主张和看法的现实活动，时代色彩十分强烈。一般来说，演讲者要以时代提出的任务、形势发展的要求和人们的迫切愿望作为演讲的基本主题，义不容辞地去促进社会的和谐发展和文明进步。

现实性是演讲的生命力所在，如古希腊的演说家亚里士多德、狄摩西尼，我国先秦时期的演说家盘庚和诸子百家代表人物，自然科学家伽利略、居里夫人、爱因斯坦，他们流传于世的演讲稿都极具现实性。

2. 广泛性

演讲是一种工具，任何人都可以利用演讲这一工具来传授知识、交流思想、表达感情。从演讲者来看，不论什么阶层、什么行业、什么身份、什么性别和什么年龄层次的人，都有可能成为演讲者。鲁迅既是文学家，也是演讲家。闻一多既是诗人、学者，也是演讲家。林肯是美国总统，丘吉尔是英国首相，他们同时又都是杰出的演讲家。当今时代，演讲已深入人类社会生活的方方面面，成为人们生活乃至生命的组成部分。

3. 针对性

社会发展日新月异，演讲作为一种社会实践活动，其内容也要紧跟时代步伐，与时俱进。演讲者的观点要源于对现实社会生活的归纳和提炼，只有这样，演讲才有说服力、感召力，才能引人深思、发人深省。

4. 艺术性

演讲既具有文学艺术特征、朗诵艺术色彩和富有感召力的体态语言所形成的和谐统一的美感，还具备戏剧、曲艺、舞蹈、雕塑等艺术门类的某些特点。演讲者为了达到启迪心智、打动听众的目的，需要借助一些艺术的表现手段来创造艺术感染力。

5. 鼓动性

演讲活动是进行宣传教育、鼓舞人心的有力武器。是否具有鼓动性是检验演讲成功与否的一个重要标志。没有鼓动性的演讲，不是成功的演讲，甚至不能称为演讲。演讲者洪亮的声音、自然的态势语言、真挚的情感，能够把听众的心抓住，"使糊涂的人清醒过来，怯懦的人勇敢起来，疲倦的人振作起来，而反对派则战栗地倒下去。"（社会学家费孝通教授赞闻一多）

6. 直观性

演讲现场是一个演讲者与听众面对面的时空环境。演讲者必须全力追求演讲的现场直观性效果，以儒雅大方的主体形象、洪亮优美的有声语言、大方得体的态势语言，使自己在与听众"零距离"接触的过程中取得演讲的最大成功。

四、演讲的分类

给演讲分类是十分必要的，它有利于演讲者把握各类演讲的特征。根据演讲活动的形式、内容和语言风格的不同，演讲有以下不同的分类。

1. 按形式划分

按照演讲的形式，演讲可以分为命题演讲、即兴演讲和辩论演讲。

（1）命题演讲是演讲者根据事先拟定的题目或话题范围，预先做好准备所进行的演讲。命题演讲主要包括全命题演讲和半命题演讲两种形式。全命题演讲的题目，针对性强，主题鲜明，由演讲活动的组织者确定，演讲者根据规定的题目进行演讲。半命题演讲，由演讲活动的组织者限定话题范围，演讲者根据自己的实际情况，拟定演讲题目进行演讲。目前学校所举办的演讲比赛活动，大多采用的是半命题演讲的形式。

（2）即兴演讲是指演讲者在事先没有准备或准备不充分的情况下，由眼前的情景、事物、人物所感，因兴而发的演讲。随着信息传播速度的日益加快，以及人们交往的日益频繁，即兴演讲成了人们工作和生活中使用频率最高、最受欢迎的一种演讲形式。

（3）辩论演讲是指对某一事物持不同观点的双方，在同一辩论环境中所进行的以坚持本方观点、批驳对方观点为宗旨的演讲，主要包括生活辩论、现场答辩和赛场辩论三种形式。在辩论演讲中，最具针锋相对、短兵相接特色的赛场辩论，是青年更喜爱的一种演讲形式。

2. 按内容划分

按照演讲的内容，演讲可以分为政治演讲、学术演讲、法庭演讲、决策演讲、商务演讲、职场演讲和生活演讲等。

（1）政治演讲是一种非常严肃的演讲，也是一种针对国内外的政治问题与现实生活中的思想认识问题，进行分析和评论，并阐明和宣传某种政治观点及主张的演讲。它具有鲜明的思想性、严密的逻辑性和强烈的鼓动性。此类演讲要求演讲者具有高度的社会责任感，具备一定的政治远见和政治分析能力。外交演讲、军事演讲、政府工作报告等，就属于此类型。

（2）学术演讲是指演讲者就某些系统而专业的知识所作的专题讲座、学术报告和科学报告等。其内容要求具有科学性、系统性和独创性。学者在中央电视台《百家讲坛》所作的演讲，就属于这种类型。

（3）法庭演讲是演讲中最古老的类型之一。它指的是公诉人、辩护人、诉讼代理人等在法庭上所发表的演讲，主要包括检察官的起诉词、律师的辩护词、被告的自我辩护词等。法庭演讲以绝对的客观、充分的论据和雄辩的逻辑力量为特点，严禁主观色彩的渗入。狄摩西尼的《金冠辞》、高尔吉亚的《帕拉梅德斯辩护词》是其中优秀的代表作。

（4）决策演讲是指演讲者面对未来一定时期内有关活动的原则、方法、技术和途径等做出选择，并进行分析判断的演讲。这类演讲目的要明确，论据要充分，论证要严密，语言要准确。《××局自然灾害风险评估选用概率类模型》就属于这一类型的演讲。

（5）商务演讲是指演讲者在产品推介、项目运作和招商投资等商务活动中所发表的演讲。商务演讲以结果导向为逻辑起点，强调信息传递的精准性，信任产生的快速性和说服理由的充分性。《××公司水溶肥产品推介》《××银行信贷产品推介》属于此类演讲。

（6）职场演讲是指演讲者在实际工作中，为了展示个人的才华魅力，获得更多的支持者，以提高职场竞争力，促进职业发展，根据竞聘、就职和述职的相关要求而发表的演讲，如《××保险公司渠道部经理竞聘演讲》《××学校科研处处长就职演讲》《××医院后勤副院长述职报告》等。

（7）生活演讲是指演讲者就社会生活中存在的各种问题、风俗、现象而作的演讲，它表达了演讲者对这些问题的看法、见解和主张。生活演讲涵盖的内容非常广泛，悼词、贺词、欢迎词、欢送词等都属于此类型。梁启超的《为学与做人》、爱因斯坦的《悼念玛丽·居里》都是生活演讲中的佳作。

3. 按语言风格划分

按照演讲的语言风格，演讲可以分为激情型演讲、活泼型演讲、质朴型演讲、含蓄型演讲和雅致型演讲。

（1）激情型演讲，特别重视演讲的感染力和鼓动性。演讲者往往用充满激情、火热滚烫的语言去吸引、打动和感染听众，以激起其强烈的情感共鸣。闻一多的《最后一次讲演》，堪称这种风格的典型代表。

（2）活泼型演讲，语言新颖生动，句式灵活多变。陈铭在《女人永远是最佳辩手》的演讲中，以轻松愉快的有声语言，富于表现力的态势语言，给听众以强烈的新鲜感，使听众在笑声中受到教育和鼓舞。

（3）质朴型演讲，追求本色、强调本真，讲究语言表达的准确性、科学性和严密性，以朴实无华的语言风格表达深刻的思想内容，引人深思，发人深省。阎肃的《感谢生活》就体现了这一风格。

（4）含蓄型演讲，音色柔和浑厚，语调自然平缓，节奏缓慢。美国哈佛大学校长德鲁·福斯特在《用一生时间，讲好自己的故事》的演讲中，以深沉的情感和低沉而缓慢的语调娓娓道来，给听众以心灵的启迪。

（5）雅致型演讲，没有紧锣密鼓的节奏，内容丰富，言辞温婉，富有韵味，追求以清新雅致的语言美感染听众。毕淑敏的演讲《别给人生留遗憾》，就是以雅致的风格为听众所喜爱的。

> 音视空间
>
> 演讲范例 2

五、演讲的作用

演讲是一种武器，利用它可以赢得竞争优势；演讲是一条途径，通过它可以扩大发展空间；演讲是一种智慧，通过它可以拓展人际关系。

（1）真理的启迪。演讲重在以理服人，启迪听众。真理的启迪是一种理性的教育，它可以帮助人们认识社会现实和历史状况，辨别客观事物的美丑善恶，用真理取代谬误，陶冶情操，净化思想，规范行为。

（2）情感的激发。成功的演讲不仅能以理服人，还能以情感人。列宁曾指出："没有人的情感，就从来没有也不可能有人对真理的追求。"演讲者借助声音、语调、姿势、动作、表情等直观地表情达意，激发听众产生激动、愤怒、沉痛等不同的心情。

（3）艺术的感染。演讲是一种实用艺术，具有直观的艺术感染力，能够使听众在精神上产生愉悦、激动和满足的感觉。爱国主义、国际主义、集体主义和革命英雄主义情感都能通过演讲，深入人心。

（4）行动的导发。真理的启迪，情感的激发，艺术的感染，会形成一种合力，对听众施加影响，最终鼓动听众产生符合演讲目的的行动。这是演讲的终极目标，也是演讲优于其他欣赏艺术之所在。演讲的导发作用不仅作用于一代人，而且还能作用于几代人；不仅在一定区域内产生影响，而且会超越民族和国家的界限，作用于全人类。

演讲的四个主要作用统一体现在一场具体的演讲活动中，我们不能只就某一方面做孤立的分析。刘勰说"人禀七情，应物斯感，感物吟志，莫非自然。"演讲就是综合调动演讲要素，使听众从心底自然而然地生发向善向美之情。

🗒 小贴士

我们的时代是一个魅力展现的时代，也是一个竞争激烈的时代。演讲可以改变命运，口才可以影响人生。演讲用光明之神阿波罗的阳光语言照亮人间，用智慧女神雅典娜的智慧语言传播知识，用美与爱的女神维纳斯的爱美语言美化生活①，被誉为最高级、最完善、最有审美价值的"艺术之女王"。

第二部分　口才基础知识

语言作为"最重要的交际工具"，主要有书面语和口语两种形式。在文字产生之前，人们只用口语交际，有了文字之后，人们才在口语的基础上创造出书面语。美国哈佛大学有这样一种理念：思考能力是你的第三只眼，创造能力是你的第二本能，表达能力是你的第一亮点。良好的口头表达能力是成功者的亮点，也是成功者的光环。

一、口才的含义

邵守义教授论口才的标准

《辞源》中对口才的定义为："口才是善于说话的才能。"《现代汉语词典》（第 7 版）中对口才的定义为："说话的才能。"因此，口才是指人们运用口语表达思想感情、进行沟通交流的才能。在现代语言交际活动中，它表现为以个人综合素养（思想品德、知识学问、文学艺术）为基础的规范化的口语表达形式。

口才从应用范围来划分，可以分为通用口才和行业口才；从行业类别来划分，可以分为营销口才、谈判口才、导游口才、医护口才等；从内容形式来划分，可以分为求职口才、社交口才、管理口才、主持口才等。

邵守义教授认为，好口才的标准是言之有理、言之有物、言之有序、言之有文。言之有理是指一个人讲的话必须有道理，而不是歪理邪说；言之有物是指一个人讲的话应该有思想内涵，而不是空洞无物；言之有序是指一个人讲的话应该条理清晰，而不是杂乱无章；言之有文是指一个人讲的话应该生动形象、有文采，而不是枯燥乏味。

---

① 借用《演讲与口才》2005 年 2 月刊（总第 292 期）《演讲与口才赋》（景克宁）内容（有改动）。景克宁（1922—2006），演讲家，曾为清华大学等 43 所高校兼职教授。

二、口才的特点

口才是表达者学识、素养和能力的综合反映，具有显著的综合性、明确的目的性、高度的灵活性等特点。

（1）显著的综合性。口才是一个人道德修养、文化素养、价值判断、心理素质等软实力，以及观察能力、思维能力、判断能力、应变能力等硬指标的综合体现。综合素质好、语言能力强、情商高的人，在人际交往中，一般都很受欢迎。他们自信阳光，待人态度谦和、讲究礼仪，语言文明、表达清楚，能将自己的想法准确而快速地表达出来。

（2）明确的目的性。在口语交际中，表达者说话无论是传达信息、了解他人思想情感，还是请求别人帮忙或巧妙拒绝别人等，都是为了取得预期的沟通效果，带有明确的目的性。

（3）高度的灵活性。在口语交际中，对象多元、话题丰富、情形复杂，表达者要依据对象、依据语境、依据自身身份，选择灵活的表达方式进行交流，方能体现出良好的口才水平。

三、口才的基本素养

清代史学家章学诚认为："才、学、识三者，得一不易，而兼三尤难。""能具史识者，必知史德。德者何？谓著书者之心术也。"现代理论家认为：德、识、才、学是口才家必备的四个要素。四者之中，德是灵魂，识是方向，才是核心，学是基础。一个人要想拥有一流口才，就必须"浇筑"好这四大基石。

（1）"德"是口才的灵魂。德是一个人的灵魂所在，其内涵主要包括政治素质、道德品质、诚实守信、遵纪守法等。口才只有在"德"的指挥下，才能站得住、立得直、行得稳、飞得高。

（2）"识"是口才的方向。清代诗人、散文家袁枚认为："学如弓弩，才如箭镞。识以领之，方能中鹄。"口才家只有学贯中西，博古通今，具有远见卓识和智慧，才能见人之未见，识人之未识。

（3）"才"是口才的核心。"才"是优秀口才家的标志。要拥有出色的口才，除了应该具备较强的语言表达能力外，还应该具备观察、思维、想象、创新等能力。因为只有多种才能的有机结合，才能孕育出一个出色的口才家。

（4）"学"是口才的基础。英国哲学家培根说："知识就是力量。"我国思想家荀子说："不积跬步，无以至千里；不积小流，无以成江海。"要想成为一名优秀的口才家，就应不忘初心、与时俱进、刻苦学习，不断丰富知识和人文底蕴，提高能力和艺术修养等。

四、口才的作用

口才在社会发展和人的自身发展中的作用是显而易见的。自古以来，人们就重视口才在安邦定国、社会交往中的作用。刘勰在《文心雕龙·论说》中指出："一人之辩，重于九鼎之宝；三寸之舌，强于百万之师。"而今，人类社会已经进入了知识经济时代，竞争越来越激烈，人与人之间的交往也更频繁、更紧密，口才在社会发展和人的自身发展中的作用越来越重要。

1. 口才是工作和事业的敲门砖

口语表达能力是现代人必备的基本能力。作为君王，可以"一言兴邦""一言丧邦"；作为一般人，可以"一言而胜""一言而败"。现实生活中，工作顺利、事业有成的人绝大多数都具有良好的口才，而且往往口才越好，其活动天地就越大，成就也就越突出。

2. 口才是经济生活的加速器

当前，人们把以计算机为代表的科学技术水平、以旅游业为代表的富裕程度、以公共关系为代表的经营管理效能作为衡量一个国家发达程度的三大指标。在市场经济条件下，公关口才是公关人员演讲、论辩中不可缺少的一项技能；谈判口才是商务活动中有效谈判的重要因素；营销口才在很大程度上决定着工作的成效；导游口才在旅游事业发展中起着至关重要的作用。可以说口才在当今经济生活的诸多领域中都发挥着极为重要的作用。

3. 口才是人际交往的指南针

"良言一句三冬暖，恶语伤人六月寒。""一句话可以把人说笑，一句话也可以把人说跳。"口才在日常生活工作中具有融洽感情、密切关系、增进友谊、促进协作的重要作用。

话有三说，巧说为妙。在人际交往中，和风细雨、善解人意的话语，可以使人备感亲切，产生相见恨晚之感；诙谐幽默、生动形象的话语，能使人心情愉悦、乐不可支；胸有成竹、直抒胸臆的话语，会给人以精明干练、才智过人之感，使敬佩之情油然而生。

五、培养口才的途径

说话——张开嘴巴并发出某种声音来，这对大部分人来说都是非常简单的事，因为掌握并运用语言的能力是人类与生俱来的天赋。但是，能够掌握并运用语言并不意味着有口才，因为口才是恰当的语言与熟练的应用技巧的结合。"能说话"只是形成口才的一个基本条件，"会说话""说得好"才是口才的突出特征，它的形成还需要一些重要的素质做支撑。

> 一个具有卓越口才的人，往往同时具有渊博的知识、出众的智慧、敏捷的思维、清晰的思路、机警的反应、高超的口语表达能力，尤其是具有良好的心理素质。
>
> 温馨提示

1. 勤奋学习，积累知识

知识是人们在社会实践活动中所获得的认识与经验的总和，是口语表达内容的坚实基础，也是形成优秀口才的必备条件。卡耐基曾经说过："在这个世界上，全新的事物实在太少了。即使是伟大的演说者，也要借助阅读的灵感和得自书本的资料。"

知识渊博，学贯中西，博古通今，是演讲大厦的根基。有了牢固根基，口语表达才能纵横捭阖，卓有成效；才能左右逢源，雅俗共赏；才能给人知识，启人心智，自成风景。一个人知识素养的形成，主要来源于社会历史、自然科学、专业知识的积淀。就口才而言，尤其要注重语言文化知识的积累。

（1）掌握现代汉语知识。语法、修辞和逻辑等知识，是口才语言要素的核心内容。在交际过程中，表达者要根据不同的表达需要，选择恰当的词语，运用合适的句式和修辞，提高口语表达的准确性、生动性和严密性。

（2）了解态势语言要求。表情、神态、动作、手势等体态语言，是口才不可缺少的语言要素，表达者要根据演讲需要，恰当运用，以更好地展现自己的精神风貌和个性特征。

（3）拥有优质语言"仓库"。优秀的语言养料，是表达者取之不尽、用之不竭的源泉。收集鲜活、有生命力和表现力的语言素材，将其做成资料卡片，经常诵读，运用时才能得心应手。

2. 勇于实践，提高能力

口才是表达者综合素质的集中体现，优秀的口才靠的是非凡的智力做后盾。口才提高的过程，也是语言能力、思维能力不断得到培养和锻炼的过程。"宝剑锋从磨砺出，梅花香自苦寒来。"口才并不是一种天赋，古今中外大多数优秀的演讲家、雄辩家，都是靠坚持不懈、努力训练走向成功的。

（1）提高敏捷的思维能力。思维能力主要包括逻辑思维能力、形象思维能力和灵感思维能力三种。"语言是思维的物质外壳"，语言与思维的关系直接而密切。思维的选择性和创造性制约着语言活动，思维的内容决定着语言表述的意义，思维的质量决定着语言表达的效果。口语交际最大的特点便是现想现说，想是说的基础，"说得好"的前提是"想得好"。

（2）具备良好的心理状态。良好的心理状态是指人的思想处于愉悦时刻的一种心理状态。在语言表达中，良好的心态能使人们内心的创造性潜能得到充分的释放，使人们对语言内容及其表达形式的感应、捕捉变得更加敏感。一个有口才的人应具备良好的心理状态。

（3）增强磁石般的吸引能力。吸引能力是指通过说话把别人的注意力吸引住的能力，也就是吸引周围的人倾听自己说话，并使之愿意听、乐意听、听得进去。如果说话无吸引力，听众不愿意听、听不进去，那么即使说得再清楚、讲得再多，也没有用。

（4）培养准确的领悟能力。在口语交际中，表达者不仅要表达，而且还要善于接受，即领悟对方话语或体态语所蕴含的话中之话、言外之意，这样才能说出使人心悦诚服的话。

> 有人将形成口才的智能结构比喻成一座金字塔。塔基是知识积累，塔身是思维能力，塔顶是口语表达能力。知识积累、思维能力属于一个人内在的素质修养，需要通过后天的努力提炼、升华、积淀而成，并借助于口头表达能力得以外现。

温馨提示

小贴士

> 演讲能力是衡量一个人思想水平的重要标准，也是检验一个人才干和人格魅力的标准。能演讲、会演讲已经成为现代社会人们获得成功的必要的条件之一。

第三部分　演讲与口才的关系

有人认为演讲与口才是并列关系，其概念是有区别的；也有人认为两者是从属关系，基本上可以画等号。其实，如果从演讲与口才的工具性、交流性、层次性和艺术性等维度进行研究分析，那么这两者的关系就像一对既有联系又有区别的孪生兄弟。

一、演讲与口才的区别

演讲与口才属于科学的范畴。在语言实践活动中，我们既要"谈演讲"，也要"论口才"，只有这样才能真正掌握演讲与口才的基本理论，并有效地指导自己的语言实践活动。演讲与口才的区别主要有以下几点。

1. 概念内涵不同

演讲是演讲者面对观众就某一问题发表见解、阐述事理的行为，是一种公开的社会实践活动。

口才是说话的才能，是一个人综合素质和能力的外在表现，是人们运用口语表达思想情感，进行交流沟通时的各种形式的统称。

2. 场景要求不同

演讲是在特定的时空环境下进行的，追求一定的仪式感和艺术美，比较正式。演讲活动前，主办方要对会场的布置、气氛的渲染、主题的选择、人员的安排及环节进程等统筹考虑、精心设计；

演讲者也要积极做好演讲前的一切准备工作，如了解观众情况、认真撰写演讲稿、反复进行演练等，以期取得最佳的演讲效果。

口才则主要存在于人们的学习、生活和工作的方方面面，追求实用有效，比较随意自然。人们遇到事情，只要想交流，就可以交流，且话题丰富，方式灵活，不受时空限制，既可短话长说，也可长话短说。

3. 层次标准不同

演讲是最高层次的语言表达形式。在演讲活动中，演讲者必须以良好的主体形象展现自己，采用以讲为主、以演为辅的方式，做到观点准确鲜明、内容丰富新颖、语言清晰流畅、态势语大方得体，使演讲具有很高的感召价值和审美价值等。

口才的语言表达形式多种多样，日常人际交流、产品推销和医患沟通等场景中的语言活动都属于口才的范畴。只要说话者思路清晰、谈吐得体、把话说到点子上，能正确表达自己的思想情感，解决实际问题，达到交流目的的，就可以称为有口才。

4. 主客界限不同

演讲是演讲者以主体的身份独自面对众多的观众（客体）所进行的语言交流行为，其主体与客体之间的界限非常明显。

口才是说话者可以兼用主客双重身份，与他人进行交流，主体与客体之间没有明确的区分，交谈的人数可多可少，既可私下一对一地交流，也可大庭广众之下一对多地交流。

二、演讲与口才的联系

虽然演讲不等于口才，演讲优于其他口语表达形式，有口才的人不一定就是优秀的演讲者，但是，二者也有着密切的联系。演讲与口才都是人们交流思想感情的工具，优秀的演讲者一定是有口才的人。我们每一个人都可以通过演讲来锻炼自己的口才，也都可以通过拥有好口才来为成功演讲助力。

（1）演讲是锻炼口才的有效方法。有些同学在没有学习演讲技巧前不敢主动与他人交流，即使被动交流，内心也特别紧张，不敢看对方的眼睛，说话语无伦次，动作僵硬不自然，通过课堂内外的演讲训练，大部分同学能逐渐克服当众说话的紧张感和恐惧感，逐步养成良好的语言习惯，说话更加自然流畅、重点突出、条理清楚、生动形象，能基本达到良好口才的考核标准。

（2）口才是成功演讲的重要因素。好口才是成功演讲的前提条件，成功演讲离不开好口才的支撑。在演讲活动中，拥有好口才的人只要掌握了演讲技巧，并灵活运用，那么他们的演讲就很容易成功。例如，汽车推销员乔·吉拉德，凭借卓越的销售口才，为众多世界 500 强企业的销售精英传授自己珍贵的销售经验，成为全球最受欢迎的演讲大师之一。

 小贴士

演讲，不仅仅是一种职业，而且是一种事业，一种伟大的事业。　　——李燕杰

口才是社交的需要，是事业的需要。一个不会说话的人，无疑是一个失败者。　——林肯

 课外训练

一、复习思考

1. 什么叫演讲与口才？两者有哪些联系与区别？

2. 演讲有哪些特征? 从形式上划分可分为哪几种类型?

3. "德、识、才、学"是演讲者必备的四要素,其内在联系如何?

二、实训练习

1. 自我暗示。每天清晨默念 10 遍"我一定要大胆地发言!""我一定要大声地说话!""我一定要流畅地演讲!""我一定行! 今天一定是幸福快乐的一天!"

2. 每天至少与 3 个人主动进行交流沟通(对象不限,可以是同学,也可以是朋友)。

3. 两人为一个小组,并自拟话题进行对话训练。

4. 谈谈你心目中印象最深刻的一次演讲或社交活动中与他人最成功的一次交流。

5. 阅读以下案例,并针对所提问题,结合相关知识予以分析(开放性回答)。

案例 1

小王是某高校经济管理学院的一名大二学生,每学期的学习成绩总是名列前茅,可就是当众讲话时总克服不了面红耳赤、腿脚发软、语无伦次的毛病。为此,小王常常处于想说又不敢说的状态之中,内心十分痛苦。

问题:你认为小王害怕当众讲话的原因是什么? 应如何解决?

案例 2

有一对夫妻开了一家玩具店,聘请了一个店员。这个店员很勤快,服务态度也好,老板非常满意。有一天店员嘟囔了一句:"我的合同后天就到期了。"老板听了以后,内心十分焦虑,一整天都闷闷不乐,他既怕合同到期店员不干了,临时找不到人,影响生意,又怕店员要求加薪,自己无法满足,影响感情。

(谭满益,2010)

问题:假如你是店老板,该怎么解决这个问题?

三、网络实践

通过网络搜索或扫描二维码选看大学校长们在毕业典礼上的致辞,说说自己学习演讲与口才课程的计划、目前的大学生活以及对毕业后生活的憧憬。

致辞1　　致辞2

附　演讲与口才暨概念理解准确度检测标准

计定等级	检测内容
A 级	1. 准确流畅地阐述演讲与口才的含义及作用
	2. 快速说出按语言风格所划分的五种演讲类型及演讲的四个要素
	3. 简明扼要地说清演讲与口才的区别与联系
B 级	1. 准确阐述演讲与口才的含义
	2. 快速说出演讲的四个要素
	3. 说清演讲与口才的区别
C 级	1. 比较准确地阐述演讲与口才的含义
	2. 能说出演讲的四个要素
	3. 能说明演讲与口才的联系

第二章 | 有声语言
Chapter 2

学习目标

◎ 了解普通话的含义、有声语言的特点，以及有声语言与演讲口才的关系。

◎ 掌握普通话平翘音、鼻边音和前后鼻韵母的发音部位与方法。

◎ 能够用标准流利的普通话进行声情并茂的朗诵。

◎ 提高语音规范度和语言传导贴切度，增强文化自信意识。

案例导入

有声语言范例

中国传媒大学 2015 级新生开学典礼，央视主持人康辉以校友代表的身份在会上发表演讲，分享了他的传媒从业感悟。康辉老师的精彩演讲，让在场的新生听得如痴如醉，心潮澎湃，既为自己所选择的专业和学校感到庆幸，更为自己能够成为新时代的媒体人感到自豪。

"在今天这个人人都想飞奔，人人都唯恐落后的时代，当我们站在起跑线的时候，要想一想是不是给自己的飞奔做好了一个完备的基础的准备。基础的扎实往往是要下很多笨功夫、慢功夫的，否则就会行百里者半九十。当各位今天开始大学的第一课，你们期待着未来给自己响亮回声的时候，也希望大家在这些年当中，一定要记着'念念不忘'这四个字。"

案例思考：康辉老师的演讲为什么获得了很大的成功？我们的语言基础与训练为什么要从有声语言训练，即普通话和发声技巧训练开始呢？

第一部分　有声语言概述

有声语言是演讲活动和语言交际中的一个主要媒介，对演讲效果、沟通效度和主体形象起着至关重要的作用。在演讲中，如果演讲者的声音悦耳、音量适中、语调优美，能使整个演讲活动以声夺人、以情感人、以美育人，增强演讲的艺术效果。

一、有声语言的含义

有声语言是人类社会最早形成的自然语言，也指能发出声音的口头语言。它由语音和语义两部分组成，其中语音是语言的表达工具，而语义是语言所要表达的内容。表达者依靠每个字的字音，整句话的语速快慢和各种语调来表情达意。有声语言是语言交际中最基本、最常用的信息传递媒介，主要由用什么说（载体）、说什么（内容）、为什么要说（目的）、怎么说（方法）等四个要素构成。可以说，离开了有声语言，就谈不上演讲活动和语言交际行为。

二、有声语言的特点

从声、韵、调等角度对有声语言进行分析研究，其主要有直接性、突发性、暂留性等特点。

1. 直接性

直接性是指说话者在与人进行语言交流时，其外部语言表达与内部语言思维同步，不需要借用其他的物质（如文字、图标等载体）就能表达思想情感。如物业管理员单刀直入地对业主说："年底了，该交物业管理费了，今天交费还能领一袋大米呢。"班主任直截了当地对班上同学说："今天晚上7点开班会，走读生也要来参加哦。"

2. 突发性

突发性是指说话者遇到事情或问题，无须深思熟虑打完腹稿再说，而是既可以现想现说，涉及多个话题，也可以采用多种句型、多种语调进行交流，方便快捷。如上班路上与朋友偶遇的交流、购物不满意与客服的交流、乘坐火车与邻座旅客的交流等都具有突发性特点。

3. 暂留性

暂留性是指说话者的声音瞬间即逝。后面的话刚出口，前面的话已消失殆尽；说出去的话，如同泼出去的水，想收也收不回。有心理学家做过测试，发现在聆听过程中，能够精准留在记忆里的话语，时长不会超过8秒。

三、有声语言与演讲口才的关系

有声语言与演讲口才是一种相辅相成、互为促进、相得益彰的关系。因此要想成为一位出色的演讲者、一个优秀的口才高手，就必须对有声语言进行有意识的研究和分析，深入了解其规律，娴熟掌握其技巧，使自己的声音达到清脆、圆润、悦耳的要求。

（1）有声语言是演讲口才获得成功的基本条件。拥有良好的有声语言表达能力，既能增强演讲艺术的音义美、情感美、艺术美，也能使口语交际具有恰当美、灵活美、实用美，使听众在听演讲，或与他人的交流过程中，受到"德"的熏陶、"智"的启迪、"情"的感染、"美"的洗礼。如曾担任《新闻联播》播音员的李瑞英老师，创造了现场直播28年零失误的奇迹，这与她十年磨一剑的积累、刻苦练习普通话、反复训练发声技巧等密不可分。

（2）演讲口才训练是规范有声语言的有效途径。演讲是艺术，要求字正腔圆、声情并茂、抑扬顿挫。演讲者在演讲时容易暴露自己的语音缺陷，如果引起足够重视，进行有针对性的查漏补缺训练，正音效果往往特别明显。某学院有一位学工处处长，德才兼备、年轻有为，由于是南方人，分不清普通话的平舌音与翘舌音，在给学生做演讲时，常常把"老师"说成"老斯"，把"站住"说成"赞助"，闹出了不少笑话，被学生笑称"白音处长"。为了扭转这一尴尬的局面，这位处长不耻下问，拜普通话标准的学生为师，积极参加演讲协会的演讲活动，并请同事、学生在演讲现场帮忙纠错正音。通过一年多的努力，这位处长终于掌握了平舌音与翘舌音的发音技巧，并且拿到了普通话水平能力测试一级甲等证书。在以后的演讲中，他凭借良好的政治素养、文化底蕴、心理素质以及标准流利的普通话和雄浑饱满的声音，获得了极大的成功。学生对他的称呼由"白音处长"变成"范音处长"，笑称成了尊称。

📋 小贴士

语言是民族的重要特征之一。一般来说，各个民族都有自己的语言。英语、汉语、法语、俄语、西班牙语、阿拉伯语是世界上的主要语言，也是联合国的工作语言。普通话是中华民族的主要语言，也是世界上最美的语言之一。

第二部分　有声语言技巧

有声语言技巧主要指普通话语音辨正和表达技巧。普通话是以北京语音为标准音，以北方话为基础方言，以典范的现代白话文著作为语法规范的现代汉民族共同语（张斌，2000）。《中华人民共和国宪法》规定："国家推广全国通用的普通话。"推广普通话有利于维护国家的统一团结，有利于促进社会的文明进步，有利于营造良好的语言环境，有利于提高公民的演讲口才技艺。学好普通话，首先要了解汉语拼音方案的要求，要从学习普通话语音辨正，即声母、韵母、声调、音变等技巧开始。

一、普通话声母辨正技巧

普通话声母是汉语音节中开头的辅音。不同的声母由不同的发音部位和发音方法决定。普通话共有21个声母（包括零声母共22个），其中有3组音最容易混淆，应注意分辨。

（一）平舌音与翘舌音

1. 正音跟读

教师范读，学生跟读平舌音和翘舌音。

平舌音（z、c、s）发音时，舌尖平伸，抵住或接近上齿背。

翘舌音（zh、ch、sh）发音时，舌尖翘起，接近或接触硬腭最前端。

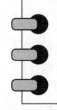

导入案例提示

　　康辉老师的演讲之所以获得了很大的成功，除了观点新颖独特，能够激发生命活力，内容号准听众脉搏，能够解疑释惑外，还与他发音准确，富有磁性；气息平稳，语势稳健；音色丰满柔和，共鸣控制恰到好处有很大的关系。因此要想掌握演讲技巧，提高演讲水平，就必须从有声语言训练开始。

2. 词语听辨

两人为一组，一人读一人听。读者随机挑选以下成对词汇练读，看听者是否能听清；听者要认真听，并纠正读者的发音错误。

找到——早到	鱼刺——鱼翅	祠堂——池塘	从来——重来	赞助——站住
丧生——上升	塞子——筛子	死记——史记	肃立——树立	搜集——收集
栽花——摘花	大字——大志	三角——山脚	资源——支援	仿造——仿照
三哥——山歌	木材——木柴	物资——物质	近视——近似	阻力——主力

3. 绕口令练读

将学生分成4个学习小组，每个小组选派2位学生参加绕口令练读对抗比赛，看谁读得又准又快。

　　天上有个日头，地下有块石头，嘴里有个舌头，手上有个指头。不管是天上的热日头、地下的硬石头、嘴里的软舌头、手上的手指头，还是热日头、硬石头、软舌头、手指头反正都是在练舌头。

山前有四十四只石狮子，山后有四十四个野柿子，结了四百四十四个涩柿子。涩柿子涩不到山前的四十四只石狮子，石狮子也吃不到山后的四百四十四个涩柿子。

说好四和十得靠舌头和牙齿，谁说四十是"细席"，他的舌头没用力，谁说十四是"时适"，他的舌头没伸直。经常读，时常练，十四、四十、四十四，我要把你读正确。

山前有个崔粗腿，山后有个崔腿粗。二人山前来比腿，不知是崔粗腿比崔腿粗的腿粗，还是崔腿粗比崔粗腿的腿粗。

4．声旁类推

由学生在课余时间选取以平舌音或翘舌音为声旁的字，做成声旁类推卡片，进行记忆练习。

> **声旁类推sh**
>
> 山——汕疝讪赸舢　　少——沙纱砂莎裟粆鲨痧（例外：妙）　　市——柿铈
>
> 申——神审伸绅砷婶呻眒胂珅　生——胜牲笙甥　　　　　　　　　式——试拭弑轼

温馨提示

（二）唇齿音与舌根音

1．正音跟读

教师范读，学生跟读唇齿音与舌根音。

唇齿音（f）发音时，上齿与下唇内缘接近，唇形向两边展开。

舌根音（h）发音时，舌头后缩，舌根抬起，和软腭接近，唇舌部位不能接触。

2．组词对比

两人为一组，一读一听。读者随机挑选以下成对词汇练读，看听者是否能听清，听者要认真听，并纠正读者的发音错误。

理发——理化　发现——花钱　舅父——救护　飞机——灰鸡　花费——花卉

防虫——蝗虫　风干——烘干　福利——狐狸　发生——花生　开花——开发

房后——皇后　斧背——虎背　凡是——环视　西服——西湖　废话——会话

3．绕口令练读

将学生分成4个学习小组，每个小组选派2名学生参加绕口令练读对抗比赛，看谁读得又准又快。

红凤凰，黄凤凰，粉红墙上飞凤凰。凤凰飞，飞凤凰，红黄凤凰飞北方。

黑化肥发灰，灰化肥发黑。黑化肥发黑不发灰，灰化肥发灰不发黑。

红饭碗，黄饭碗，红饭碗盛满饭碗，黄饭碗盛饭半碗。黄饭碗添了半碗饭，红饭碗减了饭半碗。黄饭碗比红饭碗又多半碗饭。

4．声旁类推

由学生在课余时间选取以唇齿音或舌根音为声旁的字，做成声旁类推卡片，进行记忆练习。

> **声旁类推h**
>
> 胡——湖糊葫蝴瑚煳　　化——花华桦晔骅钬吪　　回——蛔茴洄徊
>
> 皇——偟煌惶凰蝗隍　　会——绘烩荟桧　　　　　奂——换焕唤涣痪

温馨提示

（三）鼻音与边音

1. 正音跟读

教师范读，学生跟读鼻音与边音。

鼻音（n）发音时，舌尖及舌边均上举，顶住上齿龈，气流从鼻腔出来。

边音（l）发音时，舌尖前端上举，气流从舌头两边出来。

2. 句子练读

两人为一组，一读一听。读者随机挑选以下语句练读，看听者是否能听清；听者要认真听，并纠正读者的发音错误。

海南省的那个电视栏目，专门介绍了楠木的栽培技术。

今天他干娘专门来学校，给他送了很多干粮。

年长的那一位，就是我们可爱的二连连长刘南。

救活了这些可爱的小鸟，就了却了我的一桩心事。

3. 绕口令练读

将学生分成4个学习小组，每个小组选派2位学生参加绕口令练读对抗比赛，看谁读得既准又快。

男教练，女教练。吕教练，兰教练。兰教练是男教练，吕教练是女教练。兰蓝是男篮主力，吕楠是女篮主力。兰教练在男篮训练兰蓝，吕教练在女篮训练吕楠。

小牛放学去打球，踢倒老刘一瓶油。小牛回家取来油，向老刘道歉又赔油。老刘不要小牛赔油，小牛硬要把油赔给老刘。老刘夸小牛，小牛直摇头。你猜老刘让小牛赔油，还是不让小牛赔油。

南南有个篮篮，篮篮装着盘盘，盘盘放着碗碗，碗碗盛着饭饭。南南打翻了篮篮，篮篮扣住了盘盘，盘盘打破了碗碗，碗碗撒了一地的饭饭。

4. 声旁类推

由学生在课余时间选取以鼻音或边音为声旁的字，做成声旁类推卡片，进行记忆练习。

声旁类推 l

仑——论轮伦抡纶沦图　　兰——烂栏拦　　　　　览——揽缆榄

龙——笼拢陇聋垄珑胧咙　录——禄碌渌逯绿　　卢（户）——炉芦庐颅泸鲈胪鸬轳栌

温馨提示

二、普通话韵母辨正技巧

普通话韵母共有39个，主要由元音构成。单韵母由单个元音充当，复韵母由两个或三个元音复合而成，鼻韵母由元音加上鼻辅音n或ng构成。普通话韵母中前鼻韵母和后鼻韵母在许多方言中普遍相混。

1. 前后鼻韵母正音

教师范读，学生跟读前后鼻韵母。

前鼻韵母发音时，元音发出以后，舌头向前移动，舌尖抬起顶住上齿龈形成阻碍，使气流从鼻腔透出，用鼻辅音n作为音节的收尾。

后鼻韵母发音时，元音发出后，舌头向后面收缩，舌根抬起顶住软腭，使气流从鼻腔透出，用鼻辅音ng收尾。

2. 辨音诗练读

两人为一组，一人读一人听。听者听读者的发音是否准确，读者看听者是否听清，评价是否正确，完成各首诗右侧的填空（相同字不复计）。

"en" 韵诗

少冷漠，要热忱，坚韧忠贞。趁青春年华，吐芬芳、挑重担、显身手、报国门。

怎肯轻言愤世，说甚看破红尘，无病呻吟何其益，空负好时辰。问人生真谛何在？奋进是根本！

> 本诗中有（　　）个 "en" 韵母代表声旁（字）

"eng" 韵诗

澎湖岛上登峰，山道嶒峻，怪石狰狞。望长空，烹煮黄昏霞如火，水汽蒸腾雾迷蒙。

转眼众星捧月，长庚独明。更有乘风大鹏，万里征程。猛志天生成，却不是身在蓬莱，神入梦中！

> 本诗中有（　　）个 "eng" 韵母代表声旁（字）

"in" 韵诗

近河滨，景色新，绿草茵茵水粼粼，禽鸟唱林荫。

政策好，顺民心，人人尽力共驱贫。辛勤换来遍地金，天灾难相侵。诗心禁不住，一曲今昔吟。

> 本诗中有（　　）个 "in" 韵母代表声旁（字）

"ing" 韵诗

志士镇守在边庭，统猛丁，将精英，依形恃险筑长屏。亭燧座座警号鸣，惨淡经营。

屏侵凌，震顽冥，敌胆破，望影心惊，其锋谁撄？八方平定四境宁，赢得史册彪炳，千古令名。

> 本诗中有（　　）个 "ing" 韵母代表声旁（字）

3. 绕口令练读

将学生分成 4 个学习小组，每个小组选派 2 位学生参加绕口令练读对抗比赛，看谁读得又准又快。

东洞庭，西洞庭，洞庭山上一根藤，青青藤条挂金铃，风吹藤动金铃响，风停藤停铃不鸣。

任命是任命，人名是人名，任命不能说成是人名，人名也不能说成是任命。

陈是陈，程是程，姓陈不能说成是姓程，姓程也不能说成是姓陈。禾旁是程，耳朵是陈。程陈不分，就会认错人。

板凳宽，扁担长。扁担长，板凳宽。扁担没有板凳宽，板凳没有扁担长。扁担绑在板凳上，板凳不让扁担绑在板凳上，扁担偏要板凳让扁担绑在板凳上。

4. 声旁类推练习

由学生在课余时间选取以前鼻韵母或后鼻韵母为声旁的字，做成声旁类推卡片，进行记忆练习。

声旁类推ing

平——评萍坪枰鲆　　　　　令——岭领铃玲零翎龄伶泠聆苓

廷——挺庭艇霆梃蜓莛铤　　　青——请情清晴氰鲭箐蜻

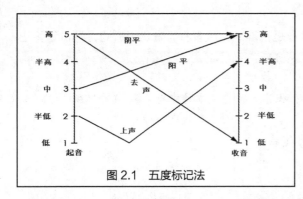

图2.1　五度标记法

三、普通话声调辨正技巧

　　声调是指一个音节发音时的高低升降的变化，有区别意义的作用，包括调值和调类。调值是声调的实际读音，即音节的高低、升降、曲直、长短的变化，通常用五度标记法标记（如图 2.1 所示）。普通话有高平调、高升调、降升调和全降调 4 种基本调值，故有阴平、阳平、上声和去声 4 个调类。

　　"en" 韵母代表声旁（字），计 20 个。"eng" 韵母代表声旁（字），计 22 个。
　　"in" 韵母代表声旁（字），计 19 个。"ing" 韵母代表声旁（字），计 24 个。

参考答案

---

1. 正音跟读

教师范读，学生跟读 4 个声调。

阴平调，起音高高一路平。例如：

　　春天花开　　珍惜光阴　　江山多娇　　乡村医生　　居安思危　　息息相关

阳平调，由中到高往上升。例如：

　　闻名全球　　弘扬文明　　提前完成　　儿童文学　　轮船航行　　全国团结

上声调，先降后升曲折起。例如：

　　美景养眼　　稳妥处理　　彼此理解　　老虎勇猛　　远景美好　　永远友好

去声调，高起猛降到底层。例如：

　　艺术特色　　变幻莫测　　胜利闭幕　　教育系列　　办事效率　　政治面貌

2. 夸张四声训练

教师范读，学生跟读。尽量放大每一个字的音量，延长每一个字的音长。

好——事——多——磨——	英——明——果——断——
虚——怀——若——谷——	轻——描——淡——写——
风——调——雨——顺——	高——朋——满——座——
英——雄——好——汉——	光——明——磊——落——
深——谋——远——虑——	神——通——广——大——
海——枯——石——烂——	五——光——十——色——
瑞——雪——丰——年——	万——马——奔——腾——

四、普通话音变辨正技巧

　　音变是指语音的变化。人们用语言进行交流的时候，总是将音节组成一连串的自然语流，一个音节紧接着一个音节说。由于语流内相邻音节的互相影响，有时会发生语音变化，这种语音变化就是"语流音变"。普通话语音中常见的音变现象主要包括轻声、儿化、变调等。

（一）轻声音

　　普通话的每一个音节都有一定的声调，但是在词和句子里，很多音节常常失去原有的声调被念成一个既轻又短的调子，即"轻声"。轻声是一种特殊的变调现象，有时可以区别意义。

1．有规律轻声词

学生当堂背记以下有规律轻声词。

音视空间

无规律轻声词
跟读练习

> 语气助词：啊、吗、啦、吧、呢、哇、嘛、呀等。
>
> 助词：的、地、得、着、了、过等。
>
> 名词和代词的后缀：们、子、头等。
>
> 表示趋向的词：去、来、过来、起来、上、下、上来、下去等。
>
> 表示方位的词：上、下、里、边、面等。

2．无规律轻声词

教师范读，学生跟读以下无规律轻声词。

巴结	巴掌	包袱	本事	荸荠	编辑	爱人	扁担	别扭	薄荷	簸箕	裁缝
苍蝇	柴火	称呼	出息	畜生	炊帚	刺激	聪明	凑合	奔拉	大方	大意
大夫	耽搁	灯笼	嘀咕	地道	地方	东西	动弹	豆腐	对头	哆嗦	耳朵
翻腾	分析	风筝	高粱	胳膊	疙瘩	功夫	掂掇	姑娘	故事	官司	规矩
闺女	哈欠	含糊	核桃	合同	狐狸	葫芦	胡同	糊涂	滑溜	活泼	伙计
机灵	家伙	见识	糨糊	交情	街坊	结识	戒指	精神	开通	口袋	窟窿
困难	喇叭	烂糊	老婆	老实	老爷	冷战	篱笆	里脊	利害	痢疾	粮食
趔趄	铃铛	溜达	啰唆	萝卜	骆驼	麻烦	马虎	买卖	棉花	明白	名堂
名字	蘑菇	模糊	脑袋	念叨	奴才	暖和	佩服	朋友	琵琶	盐巴	便宜
葡萄	千斤	亲戚	琢磨	清楚	情形	认识	软和	商量	烧饼	少爷	牲口
生意	石榴	招呼	实在	使唤	事情	收成	收拾	舒服	算盘	踏实	抬举
太阳	体面	头发	妥当	外甥	晚上	窝囊	稀罕	吓唬	先生	相声	消息
笑话	心思	新鲜	行李	兄弟	休息	秀才	学生	烟筒	砚台	秧歌	养活
钥匙	衣服	意思	应酬	冤枉	月饼	云彩	造化	张罗	丈夫	帐篷	折腾

（二）儿化音

"儿化"指的是后缀"儿"与前一音节的韵母结合成一个音节，并使这个韵母带上卷舌音色的一种特殊的音变现象。儿化音有区别意义的作用。

（1）教师范读，学生跟读儿化音。

刀把儿	板擦儿	小辫儿	一块儿	小鞋儿	杂院儿	号码儿	半截儿
鼻梁儿	赶趟儿	打晃儿	天窗儿	嗓门儿	一会儿	石子儿	开春儿
板凳儿	小葱儿	脸蛋儿	被窝儿	模特儿	小说儿	火锅儿	衣兜儿
加油儿	棉球儿	小丑儿	面条儿	跳高儿	开窍儿	口哨儿	提成儿
麻绳儿	有数儿	泪珠儿	美人儿	冒烟儿	名牌儿	树枝儿	背影儿

（2）学生自主朗读以下绕口令。

> 进了门儿，倒杯水儿，喝了两口运运气儿，顺手拿起小唱本儿，唱一曲儿，又一曲儿，练完嗓子再来练嘴皮儿。
>
> 绕口令儿，练字音儿，还有单弦儿牌子曲儿。小快板儿，打鼓词儿，又说又唱我真带劲儿。
>
> 小哥俩儿，红脸蛋儿，手拉手儿，一块儿玩儿。小哥俩儿，一个班儿，一路上学唱着歌儿。学造句儿，一串串儿；唱新歌儿，一段段儿；学画画儿，不贪玩儿；画小猫儿，钻圆圈儿；画小狗儿，蹲庙台儿；画小鸡儿，吃小米儿；画小鱼儿，吐水泡儿。小哥俩儿，对脾气儿，上学念书不费劲儿，真是父母的好宝贝儿。

（三）"一""不"的变调

变调技巧："一""不"在去声音节前，一律变阳平；在词语中间读轻声；在非去声音节前，"一"要变去声，"不"不变声。

学生自主练读以下词语：

一心一意	一五一十	一丝一毫	一朝一夕	一颦一笑	一粥一饭	一刀两断
一呼百应	一针见血	一团和气	一言为定	一盘散沙	一往无前	一表人才
不伦不类	不即不离	不尴不尬	不分皂白	不知所措	不堪设想	不毛之地
不成体统	不可思议	不寒而栗	不假思索	不了了之	不速之客	不干不净

音视空间

上上连读跟读练习

（四）上声的变调

变调技巧：上声在非上声前，其调值由214变为21，念半上声；两个上声相连，前一个上声的调值由214变为35，念阳平。

教师范读，学生跟读以下词语：

喜欢	展出	组织	等车	老师	口腔	北方	小心	主张	指责
羽毛	草原	祖国	考查	敏捷	笔画	丑恶	满意	努力	脚步
体育	考试	等待	美丽	感慨	美好	手表	所有	所以	引起
也许	品种	可以	减少	迤逦	好友				

（五）"啊"的变调

语气词"啊"用在句尾，时常受到前面音节的末尾音素的影响而发生变化。练习时，要特别注意"啊"在a、o音素后与在ao、iao音素后的音变规律。

1. 变调技巧

"啊"在a、o、e、i、ü的音素后，读ya。

"啊"在u、ao、iao的音素后，读wa。

"啊"在n的音素后，读na。

"啊"在ng的音素后，读nga。

"啊"在-i（前）的音素后，读za。

"啊"在-i（后）和er的音素后，读ra。

2. 对话训练

学生两人为一组，扮演材料中的角色进行对话，教师和学生代表点评。

（1）扮演家长间对话。

　　甲：这些孩子啊，真是可爱啊！

　　乙：那还用说啊，不然，这所幼儿园怎么叫模范幼儿园啊？

　　甲：你看啊，孩子们学得多高兴啊！

　　乙：是啊！他们又读诗歌啊，又画画啊，老师教得真好啊！

　　甲：你还没见啊，下了课，他们唱啊，跳啊，简直像一群快乐的小天使啊！

　　乙：那你赶快回去把孩子也送来啊！

（2）扮演朋友间对话。

　　甲：同志，请问，到市图书馆怎么走啊？

乙：咳！原来是你啊！我也正想去图书馆啊，我们一块儿走吧！

甲：好的。呦！那儿怎么那么多人啊？

乙：卖书的呗。什么诗歌啊、散文啊、小说啊，应有尽有啊。

甲：那么多啊，那咱们也去看看啊！

乙：行啊！快跑啊，要不就买不到了啊。

（万里　等，1994，有删改）

五、普通话朗诵技巧

运用普通话表达思想情感，是提高语言表达规范度、准确度和贴切度，提升演讲口才水准的重要环节。完善的声音形式、完美的表意功能，受表达者心理状态和外部表达形式技巧（副语言技巧）支配。因此普通话朗诵技巧，主要从内部心理状态技巧和外部表达形式技巧加以阐述。

1. 内部心理状态技巧

内部心理状态技巧，包括形象感受、逻辑感受和内在语的运用。

（1）抓"实词"，朗诵句子。例如："天冷极了，下着雪，又快黑了。"（安徒生《卖火柴的小女孩》）

> 重点训练形象感受能力，使句子中的"实词"刺激自己的视觉、触觉等感官，形成"内心现象"，并通过白纸黑字，产生视觉想象，看到"雪花天黑"，从而感到"冷极了"。
> **温馨提示**

（2）抓情感基调，朗诵作品片段。例如："……奶奶把小女孩抱起来，搂在怀里。她们俩在光明和快乐中飞走了，越飞越高，飞到那没有寒冷、没有饥饿也没有痛苦的地方去了。"（安徒生《卖火柴的小女孩》）

> 重点训练内在语的运用，使反义的内在语在文字下面滚动，让小女孩因"寒冷""饥饿"而死的悲惨结局，通过有声语言表达出来。
> **温馨提示**

2.外部表达形式技巧

外部表达形式技巧，包括停顿、重音、语调、语速等副语言运用。

（1）听范读，指出停顿和重音所在的位置。例如："……但他们那种不畏风霜的姿态却使人油然而生敬意，久久不忘。当时很想把这种感觉写下来，但又不能写成。"（陶铸《松树的风格》）

> 停顿指语句或词语之间的语音间歇，包括生理停顿、语法停顿和强调停顿。"久久"后的停顿，是强调停顿，为了把听者带到过去；"不忘"后的停顿，是语法停顿，为了使听者进入退想。"当时"两字重读，是把听者从退想中带回现实。（国家教育委员会师范教育司，1996）
> **温馨提示**

（2）朗诵《雷雨》中周朴园和鲁侍萍的部分对话，根据人物心理变化调整语速（可参考"音视空间"中的视频）。

周：梅家的一位年轻小姐，很贤惠，也很规矩。有一天夜里，忽然地投水死了。后来，后来——你知道吗？（慢速）（周朴园故作与鲁侍萍闲谈之状，以便探听情况）

音视空间

《雷雨》片段

鲁：这个梅姑娘倒是有一天晚上跳的河，可是不是一个，她手里抱着一个刚生下三天的男孩，听人说她生前是不规矩的。（慢速）（回忆悲痛往事）

鲁：我前几天还见着她！（中速）

周：什么？她就在这儿？此地？（快速）（吃惊和紧张）

鲁：老爷，您想见一见她么？（慢速）（故意试探）

周：不，不，不用。（快速）（慌乱和心虚）

周：我看过去的事不必再提了吧。（中速）

鲁：我要提，我要提，我闷了三十年了！（快速）（极度的悲愤）

> 语速是指说话或朗诵时每个音节的长短及音节之间连接的松紧。说话的速度是由说话人的感情决定的，朗诵时的速度则与文章的思想感情相联系。
>
> 一般来说，热烈、欢快、兴奋、紧张的内容速度快一些；平静、庄重、悲伤、沉重、追忆的内容速度慢一些。而一般的叙述、说明、议论则语速适中。
>
> ——温馨提示

（3）扫描二维码观看朗诵叶挺《囚歌》的视频，分析其运用语调、语速技巧的优缺点，并进行模仿朗诵。

为人进出的门紧锁着，	（平调）（冷眼相看）
为狗爬出的洞敞开着，	（平调）（冷眼相看）
一个声音高叫着——	（曲调）（嘲讽）
爬出来吧，给尔自由！	（曲调）（讽刺）
我渴望自由，	（平调）（庄严）
但我深深地知道——	（平调）（一般叙述）
人的躯体怎能从狗洞子里爬出！	（升调）（蔑视、愤慨、反击）
我希望有一天，地下的烈火，	（平调）（语意未完）
将我连这活棺材一起烧掉，	（降调）（毫不犹豫）
我应该在烈火与热血中得到永生！	（降调）（沉着、坚毅）

音视空间

囚歌

> 语调是指语句的高低升降，它贯穿整个句子。根据语气和感情色彩的不同，语调可分为四种类型：升调，前低后高，语势上升，表示疑问、反问、惊异等语气；降调，前高后低，语势渐降，用于陈述句、感叹句、祈使句，表示肯定、坚决、赞美、祝福等感情；平调，语势平稳舒缓，用于不带特殊感情的陈述和说明，还可表示庄严、悲痛、冷淡等感情；曲折调，语调弯曲，或先升后降，或先降后升，往往把句中需要突出的词语拖长着念，常用来表示讽刺、厌恶、反语、意在言外等语气。
>
> ——温馨提示

小贴士

> 辨正方音包括两方面的内容：一是学会普通话里有而自己的方言里没有的音；二是记住普通话与自己方言读音不同的字的普通话读音。正确发音，除了可以通过普通话声母、韵母的分类和发音方法解决，还可把"声旁代表字"编成歌诀来记字音，例如：藏僧宿草寺，岁岁自洒扫。择粟做素餐，松侧栽棕枣。
>
> （张斌，2000）

第三部分 有声语言技巧训练

学好普通话，掌握朗诵技巧，提高有声语言表达能力，既要找准重点、突破难点，多听、多说、多悟、多模仿，也要掌握一些发声技巧，并积极参加相关训练，只有这样才能发音既准确、清晰，又响亮、圆润。

一、用气发声训练

"气乃音之本"，呼吸是声音的动力来源，充足、稳定的气息是发音的基础。声带的振动决定了发音的音响、音高、音色，对发音起很大的作用。

（一）吸气训练

朗诵表达中的亮度、力度以及音色的甜润、优美，主要取决于气息控制和呼吸方式。

1. 实体吸气训练

（1）两肋扩展。吸气时，双肩放松，双臂可以自如活动，从容地扩展两肋，增大胸腔的前后径、左右径，使气容量增大。

（2）深沉吸气。吸气时，要有将气吸向肺底的感觉，此时横膈下降，胸腔容量增大，气息量增多。

（3）小腹内收。吸气时腹部肌肉向小腹的中心位置（丹田）收缩，靠丹田的力量控制呼吸，达到控制气息的目的。

2. 意念吸气训练

（1）闻花香。假设在自己的面前有一盆花，深吸一口气，将气吸到肺底，要吸得深入、自然、柔和。

（2）抬重物。在意念上想象自己准备抬起一件重物，先深吸一口气，然后憋足一股劲"抬"起重物。

（二）呼气训练

"气动则声发"，呼气训练要重视控制气流、调节气量等技巧。

1. 呼气技巧训练

（1）稳劲呼气。呼气时，要将体内的气流拉住，均匀平稳地呼出，并能根据感情的变化，自如地变换呼气状态。

（2）控制气流。呼气时，在呼气肌肉群工作的同时，吸气肌肉群也应持续不断地工作，利用腹肌向丹田收缩的力量控制住气流。

（3）调节气量。随着表达内容的不同和感情变化的差异，调节呼气的强弱、快慢。

2. 喊人呼气训练

以发音响亮的音节为同学取一个临时性的名字用于呼喊练习，如"张红灵""王京京"等，注意呼喊时声音要洪亮，时间不少于1分钟。

二、共鸣控制训练

气息是发声的动力，也是共鸣的基础。声带本身发出的声音是很小的，必须借助于共鸣器官，才能提高音量，美化音色。声带的好坏，既受先天因素的影响，也靠后天的训练和保护。

（一）口腔共鸣训练

口腔是语音的制造场，也是人体最主要的灵活多变的共鸣腔体。口腔的开合、舌头的伸缩、软腭的升降等都可以改变口腔的形状，对共鸣有重要的影响。

1. 共鸣技巧训练

（1）发单韵母i、u、e、o，把声音从喉咙中"吊"出来，使其能"站得住"。

（2）发复韵母ai、ei，适当打开后槽牙，体会声束沿上腭中线前行，挂于前腭的感觉。

2. 模拟训练

学发汽笛长鸣声，既可平行发音，也可由大到小或由小到大地变化音量发音，体会声束冲击硬腭前部的感觉。

（二）胸腔共鸣训练

随着声音的高低变化，胸部会感到有一个较为集中的响点。这一胸腔响点沿着胸骨上下移动便产生了胸腔的振动。由这种振动形成的共鸣，可以使音量提高，声音浑厚有力。

1. 音高训练

选一句话，在自己音域范围内，先用低调说，然后一级一级地升高音调，最后再一级一级地下降音调，体会胸腔共鸣的加强与减弱。

2. 响点训练

用较低的声音弹发音节ha，使声音感觉像从胸部发出，体会胸腔的响点。

（三）鼻腔共鸣训练

鼻腔的共鸣作用是由于鼻腔内空气振动和骨骼的传导产生的，它对高音的共鸣有重要的影响。

1. 提腭训练

半打哈欠。做半打哈欠状打开牙关，提起上腭，再缓缓闭拢。

2. 口音鼻音交替训练

交替发口音a和鼻音ma。发口音时，软腭上挺，堵住鼻腔通道，体会口腔共鸣；发鼻音时，软腭下垂，打开鼻腔通道，体会鼻腔共鸣。

（万里　等，1994，有删改）

三、吐字归音训练

吐字是对字头发音的要求，归音是对字腹，特别是对字尾发音的要求。咬准字头，发响字腹，收全字尾，才能使语音准确、清晰、集中、圆润、流畅。

1. 声母力度训练

将所有的声母与a、i、u相拼。要求声母的发音响亮、清晰，有力度，有弹动感。

2. 韵母力度训练

按四呼（开口呼、齐齿呼、合口呼、撮口呼）的顺序发韵母。要求随着韵腹的拉开，使韵母在口腔中"立起来"。

 小贴士

开口呼指没有韵头而韵腹不是i[i]、u[u]、ü[y]的韵母；齐齿呼指主要元音为i和韵头为i的韵母；合口呼指主要元音为u和韵头为u的韵母；撮口呼指主要元音为y和韵头为y的韵母。

声音是听得见的色彩，色彩是看得见的声音。每个人的声音色彩各不相同，嗓子也是天生的，但只要认真进行科学发声技能训练，就能改善和美化自己的嗓音，使自己的声音变得悦耳动听。

课外训练

一、复习思考

1. 学讲普通话有何意义？普通话声、韵、调的辨正有哪些技巧？

2. 方音辨正主要包括哪两方面的内容？

3. 朗诵的副语言技巧有哪些？

4. 共鸣训练应从哪几个方面入手？

二、实训练习

1. 读准下列词语，自行检测声、韵、调等发音情况。

车轴	别扭	顶端	陪葬	失去	邪门儿	加强	往常	胳膊	拼命
问题	比例	表演	一溜儿	病人	内容	农业	宣布	改善	偶尔
次要	迟缓	挖掘	紧迫	飞快	满怀	巴结	寻找	分队	匆忙
惩罚	白酒	宁日	豆芽儿	称赞	哨所	落后	相似	留念	赛跑
组长	凶狂	瞎抓	同学	黄色	天真	拔尖儿	星光	灿烂	军阀
或者	拼命	话剧	提高	病号儿	垮台	用功	困难	灯笼	争论

2. 根据强调停顿的要求，处理下列语句。

（1）你不知道这间房子是不准别人随便进来的吗？

（2）女教师斜着身子用手指点着黑板上的字。

（3）百花之中只有牡丹花的花朵大、色彩艳。

（4）在我的家里珍藏着一件白色的确良衬衫。

3. 优秀的文学作品凝聚着作家对人生、社会、自然万物的文化观察，展现着人类优秀的精神风貌。选一篇自己喜欢的文学作品，当众朗读，并谈谈喜欢的原因。

4. 自选一首诗，在充分准备的基础上，参加班级诗歌朗诵会，以检测普通话朗诵水平，特别是停顿、重音、语调等朗诵技巧的运用情况。

备选推荐：

《沁园春·长沙》（毛泽东）　　　　《我骄傲，我是中国人》（王怀让）

《乡愁》（余光中）　　　　　　　　《再别康桥》（徐志摩）

《致橡树》（舒婷）　　　　　　　　《短歌行》（曹操）

《将进酒》（李白）　　　　　　　　《念奴娇·赤壁怀古》（苏轼）

《沁园春·长沙》　　《乡愁》　　《致橡树》　　《我骄傲，我是中国人》

《再别康桥》　　《短歌行》　　《将进酒》　　《念奴娇·赤壁怀古》

《祖国啊！我亲
爱的祖国》　　《青春中国》

三、网络实践

　　在央视网选看《朗读者》栏目部分节目或扫描二维码观看《祖国啊！我亲爱的祖国》《青春中国》的朗读（诵）视频，体会朗读与朗诵的区别和联系，说说朗读（诵）者所运用的副语言技巧对表达诗人情感、再现诗歌艺术魅力所起的作用。

附1　词语认读暨语音规范度检测标准

（总分100分）

1. 语音错误（含漏读），每个音节扣4分。
2. 语音缺陷，每个音节扣2分。
3. 超时1分钟内，扣0.5分；超时1分钟以上（含1分钟），扣1分。
4. 一个词语允许改读一次，并以第二次读音作为评分依据，隔词语改读无效。
5. A级为90分以上（含90分），B级为80～89分，C级为70～79分。

附2　诗歌朗诵暨语言传导贴切度检测标准

计定等级	检测内容：诗歌朗诵
A级	1. 感情真挚、语言形象、语调自然 2. 熟练运用停连、重音、语调、语速等朗诵技巧 3. 准确再现诗歌的思想情感，有一定的感染力
B级	1. 普通话标准、语气贯通 2. 停连、重音等运用适当 3. 基本把握住了作品的内涵，感情表达较为合理到位
C级	1. 发音响亮，口齿清楚，不错、不漏、不添字 2. 能按标点符号读出停顿 3. 基本传达出了诗歌的思想情感

态势语言

第三章
Chapter 3

学习目标

◎ 了解态势语言的含义和作用。

◎ 掌握坐姿、站姿、行姿、鞠躬等动作要领，拥有良好的个体形象。

◎ 能够根据内容及情感表达的需要，设计并运用态势语言表情达意。

◎ 提高主体形象气质度，增强文明修身意识。

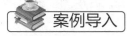

案例导入

态势语言是有声语言最默契的知音。在某高校举办的普通话演讲比赛活动中，某同学以丰富的演讲内容、精彩的有声语言，以及自信的微笑、灵动的眼神、潇洒的手势等态势语言，给观众留下了坚定自信、睿智从容的印象，赢得了本次演讲大赛的冠军。

同学演讲视频

案例思考： 该同学的演讲为什么成功？什么是态势语言？态势语言对演讲者的风度、气质及演讲效果有何影响？

第一部分　态势语言基础知识

音视空间

《最后一次讲演》
相关信息

态势语言也称无声语言或肢体语言，是一种运用手势、表情、体姿来表情达意的特殊语言，由仪表、姿态、手势、面部表达等组成。仪表指人的外表，一般包括身材、容貌和服饰，体现着一个人的气质与风度，对树立演讲主体形象，集中听众注意力，调动听众情绪，实现演讲目标等起着极其重要的作用。例如，闻一多先生的《最后一次讲演》以排山倒海的气势、爱憎分明的情感、别具一格的态势语言（巍峨挺立的身姿、轻盈飘拂的长髯、炯炯有神的目光和表达愤怒之情时的拍桌动作），点燃了在场每一位听众的激情，显示了演讲艺术非凡的向心力和强大的感召力。

一、仪容修饰

仪容，通常是指人的外观、外貌，包括发式和面容。在主体形象中仪容是重中之重。秀外慧中、内外和谐是人们普遍认同的良好演讲主体形象。

（一）修饰要求

虽然容貌离不开先天的遗传，但通过后天一定的修饰，可以突出容貌优点，弱化容貌缺陷，创造一种和谐的整体美。仪容修饰应该体现自然、协调和美感等要素。

（1）自然。自然是仪容修饰的最高境界，它能使人看起来真实而生动。最高明的化妆术，是非常考究的，可以使人看起来好像没有化过妆一样，并且化出来的妆还能与主人的身份匹配，能够自然表现其个性与气质。

（2）协调。协调是指妆面协调，化妆部位色彩搭配、浓淡等整体协调；全身协调，脸部化妆、发型与服饰协调；身份协调，符合职业特点和角色身份；场合协调，与场合气氛要求相一致，力求取得完美的整体效果。

（3）美感。美感是从修饰效果上讲的。女性的端庄、美丽、大方，男性的英俊、潇洒、大气是最佳的仪容效果。了解脸型和五官特点，扬长避短，恰当化妆，可以使形象变得更为和谐、更有气质。

导入案例提示

从古至今，文雅的仪表、悦人的仪态，一直都是人们孜孜以求的目标。而今，随着人际交往的日益频繁，人们对个体形象更是倍加关注。

导入案例中那位同学的演讲之所以得到大家的认可，除了因为其"丰富的演讲内容、精彩的有声语言"，还因为其"自信的微笑、灵动的眼神、潇洒的手势"等态势语言的配合。

态势语言体现着一个人的气质与风度，对树立演讲主体形象，集中听众注意力，调动听众情绪，实现演讲目标等起着极其重要的作用。

（二）美化头发

在演讲场合，主体形象的塑造，需要"从头做起"。

（1）勤于梳洗。演讲前，要把头发清洗干净，梳理柔顺，做好护理。此外，还要特别注意，不要当众梳理头发，更不要用手指代替梳子。

（2）长短适中。从演讲和审美的角度看，头发的长度要符合性别、身高、年龄、职业等要求。男士，前发不覆额，侧发不掩耳，后发不及领；女士，头发不宜过短，长发宜束，不要有过多的装饰及怪异的造型。

（3）发型得体。发型是构成仪容美的重要部分。美观的发型能给人一种整洁、庄重、洒脱、文雅的感觉。根据自己的发质、服装、身材、脸型等，选择合适的发型，可以扬长避短，增加人体的整体美。

（三）修饰面容

面容是人的仪表之首，也是最为动人的地方。每个人都应该通过科学修饰面容，使自己容光焕发、充满活力，给别人留下美好的印象。

1. 做好清洁

干净整洁是演讲主体形象的第一要素，要使自己的牙齿、面部保持清洁，需要掌握一些技巧。

（1）牙齿的清洁。坚持早晚刷牙，并采用正确的刷牙方法。刷毛指向牙龈方向与牙面呈 45 度角，小幅度转圈刷牙齿、牙龈交界处和牙齿表面，最后轻轻刷几下舌面。保持牙齿洁白，防止或消除口腔异味。

（2）面部的清洁。如果选择泡沫型的洗面奶清洁面部，可以先将少量洗面奶置于掌心，搓揉起泡沫后再从脸上皮脂分泌较多的"T"字区开始，用指腹轻轻地由内朝外画圆圈滑动清洗。鼻翼两侧、下巴底部、脖子部位也要仔细清洗，最大限度地去除污垢。洗完后，再用流动水冲去脸上的泡沫，并用干毛巾轻拭脸颊。

（徐美萍，2010，有删改）

2. 正确按摩

面部按摩指在整个面部涂上润肤霜，并施用一定的轻柔手法进行按摩，使面部的疲劳得以缓解，面部轮廓更加清晰，面部皮肤更加光滑。

（1）按摩额头。以眉心为基点，用食指、中指和无名指画大圈，扩散至整个额头。

（2）按摩双眼。用双手食指及无名指分别由两眼内眦（内眼角）开始向外眦移动，到太阳穴周围时用所有手指轻轻按摩。

（3）按摩鼻翼。用双手食指指腹紧贴左右鼻沟上下滑动按摩，重复4次左右。

（4）按摩嘴唇。用双手中指和无名指的指腹，从下唇正中心滑向左右嘴角按摩。

（5）按摩面颊。以下颌为中心，用双手食指和中指的指腹向左右耳方向画圈按摩全脸，重复6次左右。

（6）按摩发际。用一只手的掌心根部轻轻按压前额，然后将五指指尖同时从前额逐渐向上移至发际，再换另一只手用同样方法进行，重复5次左右。

3. 学会化妆

适度而得体的妆容，可以体现演讲者独特的风度、气质，达到振奋精神、尊重他人之目的。化妆或补妆，应到化妆间或盥洗室进行。

二、服装修饰

服饰是一门艺术，也是一种文化、一种无声的语言，更是展现个人形象的重要窗口。伟大的戏剧作家莎士比亚说："服装往往可以表现人格。"在社交场合，人们可以通过服饰来判断一个人的性格、气质、涵养和身份地位。因此，我们要注意服饰的选择，遵循着装的原则，彰显自己的仪表魅力。

在社交或职业场合穿着服装应遵从国际公认的TPO原则。男士可选择中、高档次的中山装或西服，给人以庄重、挺拔、大方之感。女士既可着深色制服、套装，也可着旗袍，以展现妩媚、典雅、柔美。

进入21世纪后，苹果公司创始人史蒂夫·乔布斯、微软公司创始人比尔·盖茨等信息技术界精英一反传统，穿着更为随意并讲究个人风格。他们个人的影响力，在一定程度上影响了职场的着装原则，当然这并未完全颠覆传统职场着装原则，西服仍旧占据主流地位。民族服装也随着民族自信心的提升而更有吸引力，在不少场合，民族服装比西服、西服套裙更合适。

（一）着装的原则

职场或社交场合服装的选择可能会有变化，但着装的原则几乎是不变的，一般而言应遵循以下原则。

（1）整洁原则。整洁原则是服饰打扮的一项基本原则。一个穿着整洁的人，能够给人积极向上的感觉，并传达出对交往对象的尊重之意。

（2）个性原则。由于每个人在年龄、性格、职业、文化素养等方面均有差异，选择适合自己的服饰，凸显自己最美好的一面，才能彰显个人独特风采。作家三毛说："因为我从来不赶时髦，所以我永远都是最时髦的。"

（3）和谐原则。服饰不仅要与自身的体型相协调，还要与年龄、肤色相搭配，给人以和谐之美。

（4）TPO 原则。TPO 分别是 Time、Place、Object 三个单词的首字母（也有人认为"O"是"Occasion"的首字母，指场合）。人们的着装要根据时间、地点和目的的不同而相应变化，在不同的社交场合，穿戴与自己身份、年龄、职业、身材相称的服饰，可传递出谨慎大方、精明能干、诚实可靠的信息。

（二）男士西装

西装是一种国际性服装，是公认的男士正统服饰。男士在几乎所有的社交场合都可以身着西服，在学会正确的穿着方法外，还要注意三色原则，即着装颜色最好不超过三种。要遵循三一定律，即鞋子、腰带、公文包颜色一致，首选黑色。（金正昆，2005）

1. 西装的选择

在选择男士西装时，要考虑款式、面料、衬衫和领带等要素。

（1）款式选择。选择西装时要考虑自己的身高、体型。例如，较胖的人，最好不要选择瘦短型西服；较矮的人，最好不要穿上身较长、肩膀较宽的双排扣西服。西装衣长，至臀部 4/5 处为佳。袖子长度，以达到手腕为宜。裤子的长度，应以裤脚接触脚背为宜（鞋面 2/3 处）。

（2）面料选择。应该选择挺括一些的全毛或混纺面料的西服；面料以黑、深蓝、深灰等颜色为佳。西服面料一般和价格高度相关，普通学生不宜过分讲究，应根据自身的经济实力尽力而为。

（3）衬衫选择。一般来说，穿深色的西服，配白色的衬衫；穿单色的西服，配花色的衬衫；穿格子花纹的西服，配单色的衬衫。

（4）领带选择。一般情况下，在社交场合穿西服必须打领带，领带的颜色、花纹和款式要与所穿的西服相协调。领带的面料以真丝为优。领带的长度要适中，以达到皮带扣为宜。一位男士最好要有绛红色和蓝色的领带各一条。

2. 西服的穿着

音视空间

西装穿着演示

即使是最好的衣服，穿着不当也可能无益于个人形象的提升，一般而言，穿西服应注意以下几个问题。

（1）穿好衬衣。穿西装需穿长袖衬衣，并将纽扣扣好，衬衣下摆要掖在裤子里，领子高于西服领口 1 厘米左右，不要翻在西服外，衬衣的袖子要长于西装上衣袖子 1～2 厘米。

（2）穿好内衣。穿西装切忌穿过多内衣，且内衣不要外露。如果天气较冷，衬衣外面可以穿一件紧身毛衣或毛背心。

（3）穿好鞋袜。穿西装一般要配黑色的皮鞋，袜子的颜色要比西服稍深一些，使之在西装与皮鞋之间有个过渡，切忌穿白色袜子。

（4）扣好扣子。穿西装时，上衣可以敞开，但双排扣西装上衣，一般要将扣子全部系好。单排扣两粒扣子的西装，只系上面一粒；三粒扣子的，则要扣中间的一粒。西装的衣袋主要起装饰作用，不宜放太多、太沉的东西。（金正昆，2005）

（5）系好领带。平结（见图 3.1）为较多男士选用，几乎适用于各种材质的领带。值得注意的是，领结下方所形成的凹洞必须让领带两边均匀且对称。观看视频，学会其中一种打领带的方法。

音视空间

领带系法演示

交叉结（见图 3.2）适合单色、素雅且材质较薄的领带，喜欢展现流行感的男士不妨使用这种打领带方法。

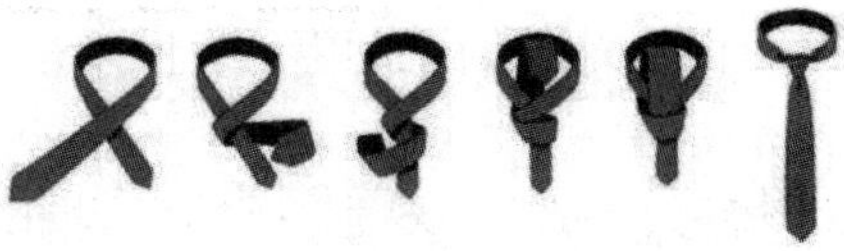

图 3.1　平结 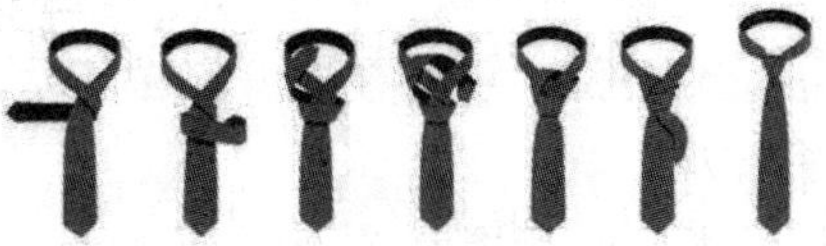　　　　　　　　　　　　　　　　　图 3.2　交叉结

（三）女士制服

女士制服一般以西服套裙为主流选择。穿西服套裙，一定要注意成套着装，并配上与之相适应的衬衣。与衬衣搭配时，领口应系上领结、领花或丝巾、领带。

（1）套裙必须整洁和挺括，一般选一步裙为宜。

（2）套裙要配以质地较好的丝袜，而不是在紧身裤外再穿套裙，这是不合乎规范的。丝袜的颜色，最好为肤色，不可穿有颜色、有花纹、带网状的袜子。

（3）鞋子要穿与服装颜色搭配的高跟或中跟皮鞋（4 厘米左右为宜），能够使人看上去亭亭玉立，充满朝气。

（4）服装式样不能太怪异、太暴露，色彩不宜太鲜艳、醒目，更不能满身珠光宝气。

小贴士

演讲者留给他人的第一印象，往往是从主体形象开始的。青年人要张扬青春风采，以合适的淡妆体现自然、个性之美；中年人要展现成熟风韵，以高雅的气质体现沉稳、俊逸之美；老年人要突出深沉理性，以平和的心态体现睿智、淡定之美。

第二部分　姿态技巧训练

姿态由体动和身姿构成。体动指整个身体的动作，由头部、躯干、双腿的动作构成，其表达情感、传递信息的作用明显而宽泛。在特定的交际环境中，点头可表示赞同、肯定、鼓励；摇头可表示反对、否定、怀疑；偏头可表示诧异、犹豫、不解；低头可表示害羞、顺从、深思；垂头可表示无奈、沮丧、回避。身姿是指肢体的造型。体动与身姿互相联系、互相转化，呈现多种姿态，能给人以动态美。

一、手势训练

手势由臂、掌、指等的不同造型及伸、摇、摆等动作和节拍构成。其描摹的状貌、传递的意义、抒发的情感有许多是约定俗成，为大家共同接受的。在演讲过程中，大方得体的手势，能够增加个人魅力。

1. 手臂训练

手臂是人体最灵巧而有活力的肢体。手臂动作影响较大，容易引起对方的注意，其表达情感的区域有三个。根据以下提示，教师示范或播放视频，学生模仿练习。

（1）上区（肩部以上）：手臂在这一区域活动，主要表示坚定的信念、殷切的希望、美好的憧憬等情感。例如："这个奋斗目标，我们一定能够达到！"

（2）中区（肩部至腹部）：手臂在这一区域活动，主要表示描述事物、说明事理。例如："我和同学们永远都是好朋友。"

（3）下区（腹部以下）：手臂在这一区域活动，主要表示憎恶、鄙夷、厌烦等感情。例如："让那些屡教不改的人自食其果吧！"

2. 手掌训练

手掌在交际中除了通过握手、鼓掌等动作体现礼仪、礼节外，还可以传递信息。根据以下提示，教师示范或播放视频，学生模仿练习。

（1）手心向上，胳膊伸向上方，或伸向斜前方，表示大声疾呼、发出号召、憧憬未来等意义。例如："大灾面前有大爱，伸出你我的援助之手，把爱撒向××！"

（2）手心向上，胳膊位于身体中区，表示叙述、说明、欢迎等意义。例如："我的父亲是上海人，为了支援山区建设，他16岁就来到了湖北谷城县一个小山镇。"

（3）手心向下，位于身体的下区，胳膊微弯曲，或斜劈下去，表示神秘、反对、制止等意义。例如："这种破坏社会和谐、破坏安定团结的行为，我们是坚决反对的。"

（4）两手心由合而分，表示空虚、失望、消极等意义。例如："一个人如果没有生活目标，没有远大的理想，那么他将一事无成。"

（5）两手心由分而合，表示团结、亲密、接洽等意义。例如："我们要团结起来，把班风建设好。"

3. 握拳训练

在身体上区握紧拳头，表示誓死捍卫、决心、团结、奋斗等意义。例如："人生需要面包，面包需要奋斗！"

4. 手指训练

五根手指都可以用来表情达意。其象形、暗示、指向、指示等作用历来为人们所重视。

（1）伸出大拇指表示赞颂、崇敬、钦佩、夸奖等意义。例如："我们的解放军战士真是了不起！！"

（2）伸出食指表示数目、指明方向，或批评、指责、命令等意义。例如："你为什么要这样做？"

（3）其他特殊意义。食指和中指向上伸，呈"V"形，一般表示胜利、和平的意思。大拇指和食指形成圆圈，其他三指伸直，构成"OK"手势，一般表示赞扬或允许的意思。

V形手势，在我国最早表示数字"二"，近年来受国外影响也表示胜利和成功；在欧美很多国家表示胜利和成功；在英国，手心向外表示胜利，手心向内表示贬低人、侮辱人的意思。

OK手势，在我国、法国表示零的意思；在美国表示同意、了不起、顺利的意思，当前我国多数人也认同这一含义；在日本、缅甸、韩国表示金钱的意思。

温馨提示

二、体动训练

举止和行为，作为演讲过程中传递信息的一种方式，是内涵极为丰富的体态语。它不仅反映一个人的外表，也反映一个人的品格、气质和修养。养成坐如钟、站如松、行如风、卧如弓的习惯可以使自己的形象更加美好。

1. 站姿训练

优雅的站姿是动态美的起点，是最引人注意的姿态。站得挺拔，能给人留下深刻的印象。亭亭玉立、玉树临风常常被人们羡慕和称赞。根据以下提示，教师示范或播放视频，学生模仿正确站姿进行练习。

（1）头位：头部抬起，双目平视听众（或前方），脖颈挺直，面带微笑，精神饱满。

（2）上体：双肩下沉外展，两臂自然垂于身体两侧，双手也可自然交握于腹部上位（右手轻握左手手指部位），挺胸、收腹、立腰，展现出和谐、有朝气。

（3）腿位：臀部略收，双腿并拢直立，挺拔自然。

（4）脚位：男生可以选择平行分列步（两脚并拢或稍微分开）站立，重心落于脚掌；女生可以选择双脚脚跟并拢，脚尖分开呈 30 度，或双脚呈"丁字步"、身体略侧的舞台姿态站立。

2. 行姿训练

优美的行姿直接反映出一个人良好的精神面貌、性格特征，可给人以自然、轻盈、敏捷、稳健的美感。行得从容，举手投足，无声优雅。根据以下提示，教师示范或播放视频，学生模仿正确行姿进行练习。

（1）头位：头部抬起，双目平视前方（约 5 米处），面带微笑，精神饱满。

（2）上体：挺胸、收腹、立腰，上身略前倾。

（3）摆幅：双肩自然下沉，手臂放松，手指自然弯曲，以肩关节为轴，上臂带动前臂摆动，两臂前后摆动的幅度不得超过 30 度。

（4）步幅：每迈出一步，前脚脚跟到后脚脚尖之间的距离一般为 1～1.5 倍脚长。

（5）步位：女生行走时两脚内侧着地的轨迹应尽量在一条直线上；男生行走时两脚内侧着地的轨迹应在两条直线上。

（6）步速：一般认为，女生的标准步速为每分钟 118～120 步，男生为每分钟 108～110 步。

音视空间

站姿演示

行姿演示

坐姿演示

3. 坐姿训练

完整的坐姿包括入座、坐定、起座三个方面。入座要从容大方、轻稳和缓，款款走到座位前，背向椅子，女生要双手从臀部抽过裙子，轻缓入座。坐定后要姿态得体，面带微笑，平视前方。起座要舒缓、自然，可右脚向后收半步，用力蹬地，起身站立，或用手掌支撑大腿，重心前移，起身站立，给人以文雅、自然大方的感觉。根据以下提示，教师示范或播放视频，学生模仿正确坐姿进行练习。

（1）头位：头正，双目平视对方（或前方），面带微笑。

（2）上体：立腰、挺胸、收腹。

（3）肩臂：双肩自然下沉，双臂自然弯曲。

（4）手位：两手自然放在膝盖、扶手或桌面上。女生还可双手成互握式，右手握住左手手指部分，放于腹前双腿上。

（5）臀位：臀部坐在椅子的 1/3 或 2/3 处。

（6）腿位：女生双腿并拢，小腿与地面垂直，双膝和脚跟并拢；男生双脚分开，两腿间距不得超过肩宽，小腿与地面垂直，双膝分开。

（7）脚位：有多种，男士一般是两脚分开，大致与肩同宽，平放于地面；女士双脚并拢或脚跟并拢，脚尖分开呈30度。

4. 鞠躬

在交际活动中，人的情感传达和信息传递可以由整个身体动作来展现，如鞠躬就是通过弯身行礼的全身动作，来表示对他人的敬重。在我国，鞠躬常用于下级向上级、学生向老师、晚辈向长辈等表达由衷的敬意。根据以下提示，教师示范或播放视频，学生模仿练习。

（1）45度鞠躬礼：演讲者上台演讲时，双手自然交握于腹部上位（右手轻轻握住左手手指部位），上身前倾45度，目视下方点头，然后抬头起身，目视听众，以表示对听众的谢意。

（2）15度鞠躬礼：表示一般敬意时，双手自然交握于腹部上位（右手轻握左手手指部位），上身前倾15度左右，眼睛看脚前方1.5米左右处。

（3）30度鞠躬礼：遇到师长、长辈施鞠躬礼时，双手自然交握于腹部上位（右手轻握左手手指部位），或两手自然下垂放在身体的两侧，上身前倾30度左右，眼睛看脚前方1米左右。

📋 小贴士

英国哲学家培根说过："相貌的美高于光泽的美，而秀雅合适的动作美，又高于相貌的美，这是美的精华。"在语言实践活动中，恰当灵活地运用流动的形体动作，既可以辅助有声语言承载强调、解释、补充意义的作用，也可以诉之于听众的视觉器官，使听众产生与听觉同步的效应，增强有声语言的艺术感染力。

第三部分　表情技巧训练

眼、脸、眉、嘴、鼻的共同活动构成了人的面部表情，它是最准确、最微妙的心情"晴雨表"，也是人们喜、怒、哀、乐情感的"荧光屏"。

一、眼神训练

面部表情最生动的部分就是眼神，意大利文艺复兴时代的著名艺术大师达·芬奇说："眼睛是心灵的窗户。"人的喜怒哀乐，许多具体、复杂甚至难以言传的思想感情都可以通过眼神反映出来。眼神是指眼睛的神态，也叫眼色。例如：平视表示自信、坦率，仰视表示尊敬、崇拜，俯视表示爱护、宽容，凝视表示惊奇、恐惧，斜视表示反感、蔑视。

1. 基本视角训练

泰戈尔曾说："一旦学会了眼睛的语言，表情的变化将是无穷无尽的。"根据以下提示，教师示范，学生观看、模仿练习。

（1）前视技巧。视线平直向前弧线流转（视线落点从听众席的中心线开始），直到视线落到最后一排听众的头顶部位，表示对现场所有听众的关注。

（2）点视技巧。注视某一对象，并与之进行视线交流。可集中看一点，也可不聚焦某一点、某一人，而把听众作为一个整体来看，有针对性地与听众进行有效交流。

（3）虚视技巧。目光分散，不集中在某一点上，似视非视，虚实相间，要求"目中无人，心中有人"，以回避台下"火辣辣"的目光，克服惧怕与分神。

（4）环视技巧。面带微笑，以诚挚的目光正视前方，以正视方向为起点，眼睛随头部摆向左方（或右方）45度，然后转向右方（或左方）45度，起到使会场安静、联系情感的作用。

2. 传情眼神训练

人们内心的想法、冲突等，总会自觉或不自觉地通过眼神流露出来，推荐观看"音视空间"中的视频，并模仿练习。

二、笑容训练

笑容是力量的亲兄弟，是演讲活动中最受欢迎的表情。笑容的类型主要有含笑、浅笑、轻笑、微笑等。掌握笑容的基本要领、主要类型和训练方法，可以帮助我们恰如其分地表情达意。

1. 基本要领训练

（1）面部肌肉训练。学生准备一面镜子和一根筷子。面对镜子，用门牙轻轻咬住筷子，嘴角上扬，使嘴角肌肉、颧骨肌肉带动面部其他肌肉同时运动，并保持30秒。

（2）微笑口型训练。学生面对镜子，首先用一本书将自己眼睛下方的鼻子、脸颊、嘴巴等部位遮住；接着自豪而喜悦地说"今天的我，事事顺心，非常开心"；然后鼓动双颊，使嘴角两端做出微笑的口型。同桌间相互检查，看嘴型是否正确，眼中是否有笑意。

2. 笑容模仿训练

自然而优美的笑容，有着丰富的情感寓意。教师示范或播放"音视空间"中的笑容示例视频，学生模仿练习。

（1）含笑。发自内心，自然大方，不出声，不露齿，只是面带笑意，表示接受对方，待人友善，适用范围较为广泛。

（2）浅笑。淡淡的笑，略有笑容，多见于年轻女性表示害羞之时，通常又称为抿嘴笑。

（3）轻笑。表里如一，使笑容与自己的举止呼应，嘴巴微微张开，上门牙稍许显露在外，不发出声响，表示欣喜、愉快，多用于会见客户、向熟人打招呼等情况。

（4）微笑。微笑是各国宾客都理解的世界性"语言"，是人际交往中最受欢迎的表情。面含笑意，不发声，肌肉放松，露齿6～8颗，嘴角两端向上略为提起。注意放松肌肉，增加嘴唇肌肉弹性，形成微笑，保持微笑，修正微笑，定格有魅力的微笑。微笑时要注意眉、眼、鼻、口、牙齿以及面部肌肉的协调。

三、眉语训练

"以眉传情，以眉写意"不是文学作品的专利，古人将眉毛称为"七情之虹"，眉语既是古代人审美要素中一个重要元素，也是现代人表达思想、交流感情的一个重要手段。眉语一词最早见于李白《上元夫人》一诗，原文为："眉语两自笑，忽然随风飘。"眉语即在特定的语言环境中，眉毛以舒展或收敛等状态来代替语言，以表情达意。

眉语与手语、嘴语、眼语等，都属于人的体态语，都是无声而有形的语言。了解眉语，学会"察眉"，可以使自己的演讲更传情、效果更好。

1. 眉语模仿训练

眉毛的变化，可以表达丰富的情感。教师示范或学生扫描二维码查看眉语图片，进行模仿练习。

（1）挤眉：表示戏谑或暗示的意思，如"挤眉弄眼"。

（2）横眉：表示轻蔑或愤怒的意思，如"横眉竖目"。

（3）锁眉：表示忧愁或不快乐的意思，如"愁眉不展"。

（4）低眉：表示顺从或无奈的意思，如"低眉顺眼"。

（5）扬眉：表示喜悦或自豪的意思，如"扬眉吐气"。

2. 眉语表演训练

配合眼神的变化，眉毛传情的意义更为广泛。学生朗诵并用眉语表演下面的诗句，师生共同点评。

（1）"还记得、眉来眼去，水光山色。"（辛弃疾《满江红·赣州席上呈陈季陵太守》）

（2）"横眉冷对千夫指，俯首甘为孺子牛。"（鲁迅）

（3）"两弯似蹙非蹙罥烟眉，一双似喜非喜含情目"。（曹雪芹《红楼梦》）

（4）"低眉信手续续弹，说尽心中无限事。"（白居易《琵琶行》）

四、嘴语训练

五官中，嘴的表现力仅次于眼睛，嘴角的上扬下垂、嘴唇的开合程度、嘴型的变化，所传递出的信息即嘴语。了解嘴语对理解他人的思想感情很有帮助。例如：嘴角上扬，表示喜悦或自信；嘴角下垂，表示愤怒或不屑；嘴唇打开，表示快乐或惊讶；嘴唇紧闭，表示坚定或悲哀。

音视空间

嘴语示例

1. 嘴部形态训练

（1）嘴角上扬训练。学生用上下两颗门牙咬住筷子，用双手的食指分别按住两边嘴角，并同时向上推，一直推到上扬的最高位置，保持30秒。

（2）嘴唇开合训练。学生对镜观察自己的嘴唇形状，看张嘴时，是否像打哈欠；闭嘴时，是否像啃苹果。连续发爸爸、妈妈、宝宝等语音，认真体会嘴唇的开合要领。

2. 嘴语模仿训练

嘴角的朝向、嘴唇的开合、嘴型的变化，可以表现多种情绪状态，教师示范或学生直接扫描二维码查看嘴型图片，并模仿练习。

（1）抿嘴：轻闭嘴唇，表示害羞的意思。

（2）噘嘴：嘴唇圆合而上翘，表示生气的意思。

（3）撇嘴：下唇向前伸，嘴角朝下，表示轻蔑的意思。

（4）咂嘴：用舌抵齿、嘴唇上下开合作声，表示惊奇、赞叹或惋惜的意思。

五、鼻语训练

在社交场合，鼻子很少表现，但也能表情达意。鼻子的这一表意功能，被称为鼻语。在演讲活动中，了解鼻语意义，并恰当使用，可以使演讲者的表情更为丰富，表达更加形象。

1. 基本鼻型训练

（1）挺鼻训练。学生对镜，首先用拇指和食指轻轻地捏鼻头，左右手交替进行，各捏15次。

然后捏住鼻梁两侧，并轻轻上提，持续15秒。

（2）皱鼻训练。学生双目紧闭，努力想象餐桌上有一盘自己特别不喜欢吃的菜、与人交流时听到了自己最不愿意听的话。

2. 鼻语模仿训练

音视空间

鼻语示例

鼻语的情感表达，虽然不如眼神、嘴语那么丰富，但通过鼻子的形态变化，也能够判断出一个人的喜怒哀乐。教师示范或学生直接扫描二维码查看鼻语图片，并模仿练习。

（1）挺鼻，表示自信或倔强的意思，如"挺鼻如峰"。

（2）缩鼻，表示愁苦或忧愁的意思，如"颦眉蹙頞"。

（3）皱鼻，表示厌恶或反感的意思，如"嗤之以鼻"。

（4）抬鼻，表示轻视或歧视的意思，如"鼻孔朝天"。

 小贴士

在演讲活动中，姿态与表情等态势语言能够真实地反映人们的思想、情感以及心理活动与变化。我们一方面要理解姿态技巧，把握表情神态；另一方面要注意将姿态与表情技巧配合使用，努力使自己的姿态和表情自然、轻松、友好、传情，只有这样，才能使自己的演讲更加轻松自如，易于成功。

 课外训练

一、复习思考

1. 什么叫态势语言，其意义如何？

2. 西装的三色原则、三一定律的内涵是什么？男士穿着西装有哪些注意事项？

3. 化妆有哪些技巧？女士穿着套裙有哪些问题值得注意？

二、实训练习

1. 表情表演与判断训练。

（1）目光训练：两人一组，对视一分钟。

（2）微笑训练：双颊肌肉用力向上抬，嘴里念"E"音，用力抬高嘴角，注意下唇不要过分用力，或者口中含一根细长的筷子，对着镜子，做最使自己满意的表情，到离开镜子时也不要改变表情。最后，用一张白纸遮住眼睛以下部分，让同学猜测自己是否正在微笑。

2. 站姿训练。

（1）贴墙站立训练。面带微笑，背贴墙壁，面朝前，双目平视，脚后跟、小腿、臀部、双肩和后脑勺紧贴墙壁，站立十分钟。

（2）背靠背站立训练。学生分成两人一组，背靠背站立，两人的小腿、臀部、双肩和后脑勺紧贴，在两人小腿之间或肩部之间放置纸板，要求纸板保持不掉落，站立五分钟。

3. 亮相训练。

学生以演讲者的身份走上讲台，鞠躬行礼，环顾会场后，正视前方，然后下场。要求如下。

仪表——服饰整洁、得体。

表情——面带微笑、精神饱满。

行姿——轻快、稳健，目视前方，上身略前倾。

站姿——抬头、挺胸、收腹，两臂自然垂于身体的两侧。女生走丁字步，男生走平行分列步。

鞠躬——上身前倾45度，目视下方点头，然后抬头起身，目视听众。

正视——目视正前方，可集中看一点，也可不聚焦某一点、某一人，而把听众作为一个整体来看。

环视——面带微笑，以诚挚的目光正视前方，以正视方向为起点，眼睛随头部摆向左方（或右方）45度，然后转向右方（或左方）45度。

4. 根据下文内容及情感的表达需要，设计态势语言。

历史上真正成就伟大事业的人都把祖国的命运与自己的命运紧密联系在一起，在他们的胸怀里，始终跳动着一颗追求至真、至善、至美的爱国之心。

5. 阅读以下案例，并针对所提问题，结合相关知识予以分析说明。

案例 1

国内有一家生产医疗设备的企业，准备和国外的客商合作生产医用输液管。在上午的业务洽谈中，该厂厂长给外商留下了精明能干的印象，双方拟定第二天签约。想不到，下午外商参观完生产车间后，却不辞而别，派翻译转告厂长：我十分钦佩您的才干，但是您在车间里吐痰的行为让我不得不改变初衷，因为，一个厂长的卫生习惯能够折射整个工厂的管理素质，请原谅我的不辞而别。

问题：为什么"一口痰，吐掉了一个项目"？

案例 2

李鸣是某大型公司招聘的临时文员，因其有很好的学历背景，文字表达能力也很强，公司准备等他毕业后就聘他为正式文员。一次总经理召开员工座谈会，李鸣应邀参加。他坐在沙发上，跷起二郎腿晃来晃去，两只手掌不停地上下搓动。会议结束后，总经理非常客气地对他说："你是高才生，我们公司聘用不起啊。"李鸣听后很茫然，不知道自己错在哪儿。

学生礼仪展示

问题：李鸣错在哪里？总经理为什么要辞退他呢？

三、网络实践

观看学生礼仪展示视频，回忆身边接触过的中年人，总结其姿态和其生活幸福度（或成功度）的关系，讨论青年学子进行姿态训练的必要性。

自行在央视网查找并观看《开讲啦》部分节目视频，分析演讲者和主持人的态势语言，并进行模仿。

附　态势语言暨主体形象气质度检测标准

检测内容	A级	B级	C级
态势语言	1. 着装整齐、大方得体 2. 姿态自然、动作到位 3. 手势恰当、表意准确	1. 着装整齐、大方得体 2. 姿态自然、动作适度 3. 手势基本恰当，表意比较准确	1. 着装整齐、符合身份 2. 姿态较自然，动作、手势基本达标，表意尚可

模块二　演讲口才与训练

本模块主要内容：

第四章 Chapter 4 | 拟稿演讲

学习目标

◎ 了解演讲稿标题、称呼、开头、主体、结尾的写作方法。

◎ 能够按要求写出 500 字以上主题鲜明、结构合理、语言优美的演讲稿。

◎ 掌握拟稿演讲技巧，能够当众演讲。

◎ 提高宣传鼓动感染度，增强正向赋能意识。

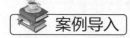

案例导入

2012 年，由中央电视台和唯众传媒联合制作的《开讲啦》开播，这个不投票的节目在深夜时分大放异彩，其收视率在同时段节目中常常位居前列。2021 年 7 月 10 日至 7 月 16 日，《开讲啦》观看完成度高达六成，被赞誉为最值得熬夜守候的"中国思想好声音"。

节目邀请"中国青年心中的榜样"作为演讲嘉宾，他们用有温度、有深度的演讲，分享自己对于生活和生命的深切感悟，传递心灵的力量。2022 年 1 月 8 日，航天科技集团五院载人航天工程空间站系统副总设计师侯永青作为演讲嘉宾，讲述了中国空间站从无到有的建设之路，展现了一代代航天人奋斗攀登的奉献精神。

拟稿演讲范例 1

某网友说："在诱惑、压力多多，人心浮躁的时候，在年轻人迷茫的时候，这样的节目真的生逢其时，是空气，是水，是阳光，是生命的力量！"另一位网友说："有这样一个让一群人谈论理想的舞台，让你看到希望，分享美好，这就是价值。"

案例思考：《开讲啦》为什么深受观众的喜爱和欢迎？演讲前我们需要做好哪些准备工作，掌握哪些演讲技巧，以提高宣传鼓动感染度呢？

第一部分　演讲稿基础知识

真的火种、善的使者、美的旗帜是演讲艺术的靓丽标志，深刻的思想、真诚的感情、生动的表述是镶嵌在演讲艺术桂冠上的三颗明珠。如何运用演讲的方式，迅速而有效地传递信息或表明观点呢？写好演讲稿是演讲成功的一个重要环节。

一、演讲稿的作用

演讲稿是进行拟稿演讲的主要依据，规范了演讲的内容和形式。写演讲稿不同于写一般的文章，它需要有一个把视觉转换为听觉的过程。这就要求，写演讲稿时要把书面语言还原为口头语言，把语言写活。只有这样，才能符合听众的要求，满足听众需要。具体而言，演讲稿有以下几个作用。

（1）梳理演讲思路。一篇好的演讲稿，其演讲的主题鲜明、内容完整、结构清晰、观点和材料统一。在演讲的过程中，演讲稿还可以起提示演讲内容的作用，保证演讲顺利进行。

（2）美化演讲语言。没有演讲稿，演讲者在演讲现场临时组织语言，很可能会出现语无伦次、词不达意的现象。撰写演讲稿时，演讲者有充裕的时间字斟句酌，使语言表达更加贴切、更具有感染力。

（3）消除怯场心理。初次演讲的人，最害怕演讲时大脑一片空白，忘记演讲内容。撰写演讲稿让自己心中有文，可以增加心理优势，轻松演讲。

（4）把握节奏和速度。演讲通常都有时间限制，有了演讲稿，演讲者可以按字数的多少来确定演讲的节奏和速度，从容不迫地在规定时间内完成演讲。

> **导入案例提示**
>
> 　　坚持原创、内容丰富、感情充沛，用真诚的语言和观众进行心灵的分享；言之有理、言之有物、言之有情、言之有味，使《开讲啦》充满魅力。
>
> 　　拟稿演讲前要认真撰写并熟记演讲稿；要灵活运用拟稿演讲技巧（如情境心理与角色心理适应技巧、现场控制技巧等），并通过反复演练，努力把文字中的信息和逻辑还原为现场的表达，以提高演讲宣传教育感染度。

二、演讲稿的特点

演讲是演讲者就人们普遍关注的某种有意义的事物或问题，通过口头语言面对一定场合的听众，直接发表意见与听众进行双向交流的一种社会活动。演讲时，演讲者既要传达自己的思想和情感，也要控制自己与听众、听众与听众情绪的应和与交流。相对其他文体，演讲稿有以下几个特点。

（1）针对性。演讲是演讲者在一定的场合，面对特定的对象，为了达到某种目的而进行的一种社会实践活动。因而，拟稿演讲，首先要注意选题的针对性，紧紧围绕某个特定的宣传任务落笔；其次要根据听众的实际情况写他们感兴趣的事，以缩短与听众的心理距离。

（2）情感性。诗人白居易说："感人心者，莫先乎情。"演讲的目的和作用就在于打动听众，使听众对演讲者的观点或态度产生认同感。拟稿演讲更容易把火热的激情融化在演讲词里，倾注在有声语言中，感染听众、打动听众。

（3）传声性。演讲的本质在于"讲"，而不在于"演"，它以"讲"为主，以"演"为辅，因而撰写演讲稿要以"上口入耳""易说能讲"为前提，句子要简短，句式要变化，语言要通俗，用词要精练，语气要自然。高质量的演讲稿能激发听众情感、赢得听众的好感。

（4）鼓动性。演讲是一门艺术，精彩的演讲能够打动人、鼓舞人。所谓鼓动，就是用声调、词句、姿态激发听众的情感，使听众行动起来。拟稿演讲可以运用比喻、拟人、排比、对比等多种修辞手法，增强演讲的鼓动性，有效地宣传自己的主张，引起听众的共鸣。

三、演讲稿的种类

演讲稿又称演说辞，演讲稿的种类可以从不同的角度来划分。写作时，要了解演讲稿的种类，既要考虑共性又要兼顾个性，根据不同的种类行文，使演讲稿更加出色。例如：从用途上，演讲稿可分为竞选演讲稿、就职演讲稿、欢迎演讲稿、告别演讲稿、学术演讲稿等；从地点上，演讲稿可分为街头演讲稿、广场演讲稿、厅堂演讲稿、墓前演讲稿等；从保密程度上，演讲稿可分为秘密演讲稿、公开演讲稿等；从主题上，演讲稿可分为专题演讲稿、综合演讲稿；从表达上，演讲稿可分为叙述型演讲稿、议论型演讲稿、抒情型演讲稿等。

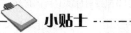

小贴士

　　写作演讲稿是达到演讲目的的保证，是形成演讲者思维模式的关键，也是通向演讲更高境地的阶梯。所以人们常说"写演讲稿的目的是不写演讲稿"。

第二部分　演讲稿的写作技巧

　　演讲稿通常包括标题、称呼、开头、主体、结尾几个部分。每一部分的写作都有各自独特的规律，掌握这些写作规律，有利于获得演讲的成功。

一、标题的写作

　　标题是一篇演讲稿不可缺少的组成部分。好的标题具有提纲挈领的作用，能够给人留下鲜明深刻的印象，引起听众浓厚的兴趣。标题概括了演讲的基本内容或演讲的场合，主要有以下几种类型。

　　（1）揭示型标题。揭示型标题有直接揭示主题和揭示演讲场合两种类型。直接揭示主题，如《人生需要奋斗》《停课不停学》；揭示演讲场合，如《在马克思墓前的讲话》《王冰〈在市委组织部欢迎会上的讲话〉》等。

　　（2）象征型标题。象征型标题运用比喻或象征等修辞手法，把抽象的哲理或某种象征意义具体化、形象化，如《科学的春天》《道歉使友谊之树常青》《用爱点亮一盏心灯》等。

　　（3）警示型标题。警示型标题运用哲理名言或祈使句，提醒、劝谏听众，以引起听众的警觉，使之猛醒，如《走自己的路》《注意，路上处处有红灯》等。

　　（4）设问型标题。聪明的设问是智慧的标志，是通往知识宝库的桥梁。通过设问，可以引导听众，使之迅速进入交流状态，如《怎样做最好的自己？》《怎样才能活到100岁？》等。

　　（5）抒情型标题。抒情型标题可以抒发自身的情感，以情感人，具有浓烈的感情色彩，如《演讲艺术，我爱你》《我骄傲，我是"00后"》等。

　　（6）新闻型标题。新闻型标题采用正标题加副标题的形式，正标题揭示主题，副标题补充说明，如《巴菲特与比尔·盖茨——两位富翁的忘年交》《如何艺术求职——写在毕业之前》等。

二、称呼的写作

　　写作称呼需提行顶格加冒号，并根据听众需要和演讲内容来决定。常用"同志们""朋友们""女士们、先生们"等，也可加定语渲染气氛，如"年轻的朋友们""尊敬的女士们、先生们"等。当然，也可根据演讲场合不用称呼，直接开始演讲。

三、开头的写作

　　演讲稿开头的表现形式，可以千变万化、千姿百态，而其表现技巧和表现手法有许多内在的规律。作为演讲者，要因时、因地、因人精心设计开头，使演讲旗开得胜。常见的演讲稿的开头写作方法主要有以下几种。

　　（1）交流情感，沟通心灵。即演讲者运用真诚的语言赞美听众，以拉近和他们的距离，吸引其注意力。如：

　　同学们，今天我来到警官学院，一上台就发现了一个秘密。你们想过没有，全国14亿人民中，只有谁有权利在头顶的帽子上缀上我们神圣的国徽呢？你们！只有你们！人民的卫士！

　　（2）设问开头，激发兴趣。即演讲者采用自问自答的方式，先提出几个与演讲主题有关的问题，以引起听众思考，再给予解答。如：

　　人人都想有美好的爱情，但假若你失恋了，怎么办？人人都希望自己健康地活着，那么假如有人告诉你，你的生命只有一个月了，你将怎样度过？人人都渴望得到幸福，然而你是否知道"幸福"二字的真正含义……总而言之，你知不知道自己为什么活着？怎样更好、更有意义地活着？下面我就一一回答这几个问题。

　　（3）哲理名言，升华境界。即演讲者引用名人名言，或从诗词歌赋中，选用深受人们喜爱和传诵的经典名句，以增加文化底蕴。如：

　　伟大的诗人歌德曾说过这样一句话："生命之树常青。"是的，生命是美好的，我们的生命应该像阳光一样，永远照耀人间。

　　（4）巧妙修辞，精雕细琢。即演讲者运用比喻、夸张、对偶、排比等修辞手法，以营造优美意境，感染听众。如：

　　水兵喜欢把自己比作搏击风浪的海燕，飞行员喜欢把自己比作搏击长空的雄鹰，而我们的警卫战士却喜欢把自己比作夜幕下闪亮的星星。皓月当空、万籁俱寂的夜晚，疲劳的人们已经进入梦乡，祖国大地的每个角落里都闪烁着警卫战士一双双警惕的眼睛，就像天上的星星一样，不知困倦地注视着大地，搜寻着每一个可疑的目标。

　　（5）借物抒情，形象说理。即演讲者运用实物展示，深入浅出、形象生动地说理，以吸引听众的注意力。如：

　　同学们，你们看我手中拿的是什么？是一片落叶吗？不错。然而仅仅是一片落叶吗？不。它是穿过时空隧道的过客，是一段凝聚的时间，是一首哀叹时间一去不回头的诗。我们读它，仿佛是在和那来去无踪的时间对话。从这片落叶的身上，我们看到了时间的力量和冷峻。绿叶婆娑，那是时间的恩典。黄叶飘零，那是时间的摧残。面对它，我们还有什么理由不加倍珍惜时间呢……

　　（6）故事体会，纵深推进。即演讲者根据演讲主题、听众特点选择合适的故事，与听众分享，以活跃现场气氛。如：

　　我一向自诩会讲一口流利的普通话，没想到不久前，一个老外竟当了一回我的普通话老师。那天，我们景区来了几个外国人。当我用"剽（biāo）悍"一词来形容我们演出团的一位小伙子时，一个老外，一本正经地纠正道："不对，不对。小姐，这个词应该念剽（piāo）悍，而不是读'长膘'的那个'膘'的音。"我听了大吃一惊——这个蓝眼睛、高鼻子的老外竟想当我的普通话老师？回到家，当我翻开字典时发现，居然真的是我错了（王黎云，2004）。

　　（7）不遮不掩，彰显主题。即演讲者直截了当点明演讲的主题，旗帜鲜明地阐明自己的观点。如：

　　对于什么是男子汉，不同人有不同的理解。而我的观点是：男子汉，不见得风流倜傥、气宇轩昂，也不必有伟岸的身躯和强健的体魄，但他必须有为国、为民勇于担当的精神和在关键时刻挺身而出的高尚品格。

　　（8）幽默风趣，潇洒自如。即演讲者运用幽默风趣的语言，和颜悦色地阐明自己的观点，以明辨是非，体现演讲的教育作用。如：

当代大学生是什么？是一个"问号"，一个"魔方"。记得有一次我们在寝室观看足球比赛，当国家足球队奇迹般地战胜了全力以赴的前世界冠军法国队时，有一位室友激动得一口气砸破了三个暖水瓶，可是他砸的却是别人的。这是爱国热情，还是自私自利？

四、主体的写作

主体是演讲稿的躯干，是指开头与结尾之间的文字。一篇演讲稿是否内容充实、论证严密，主要看主体部分写得如何。因此，演讲者要围绕中心论点，充分运用各种论据，采用恰当的论证方法，有条不紊地展开论证，做到内容丰富、结构合理、层次清楚、过渡自然。一般来说，有三种模式可以借鉴。

（1）模式一：提出要点→讲1~3个故事→得出结论。

（2）模式二：提出要点→讲1~3个故事→提出解决方案。

（3）模式三：讲1~3个故事→得出要点→发表个人观点。

1. 围绕主题

主题是演讲稿的灵魂和核心。在进入主体后，要紧扣主题，逐层展开、全面论述。如果开头提出了一个问题，主体却去讲另一个问题，上下不接茬儿，就会造成整篇演讲稿的结构松散，甚至文不对题。

2. 充实内容

演讲者要想打动听众、鼓动听众，只能在引导上多下功夫，而不能强迫听众接受自己的观点。因此，演讲稿的内容要生动形象、旁征博引、丰富多彩。

3. 优化结构

演讲稿正文的结构主要有叙述式和议论式两种。叙述式结构，以听众的心理线索安排结构，主要以趣味、情感打动听众。所叙述的几件事或以时间为序，或以空间为序，或以因果关系为序。议论式结构，由提出问题、分析问题和解决问题三部分组成。分析问题时可以采用以下三种形式。

（1）递进式。先将演讲主旨进行分析解剖，然后逐层进行论述和证明，从而形成剥笋式的论证步骤。即提出论题后，或由浅入深、由现象到本质进行分析；或由感性认识到理性认识、由片面到全面进行分析。其层次一般不可以前后调换。

（2）并列式。从几个方面并列地展开论证或说明一个问题，多角度地、充分地进行论证。并列式的各层次之间的地位是平等的，位置可以相互调换。例如：青春是什么？青春是一粒种子，青春是一轮朝日，青春是一部著作，青春是一首乐章。

（3）比较式。采用同类类比或正反对比的材料进行论证。运用相近的或相反的材料佐证使听众理解、接受自己的观点。

4. 构筑高潮

一个成功的演讲，离不开高潮。高潮可以是一个，也可以是几个。高潮是演讲者感情最激昂、气势最雄劲的时刻，也是听众情绪最激动、精神最振奋的瞬间——演讲者与听众感情上产生强烈共鸣的时刻。

李燕杰说："一次演讲，怎样达到高潮呢？这需要演讲者在感情上一步一步地抓住听众；在理论上一步一步地说服听众；在内容上一步一步地吸引听众，使听众内心的激情逐渐地燃烧起来，演讲将自然地被推向高潮。"

温馨提示

（1）先抑后扬。以"抑"作为铺垫，为"扬"积蓄气势，一旦水到渠成，即可把演讲推向激情飞扬的高潮，使听众受到极大的感染和鼓舞。

（2）欲直故曲。先有意绕一个弯子，以此蓄势，接着用疑问句向听众设问，在激起听众心中义愤的基础上，再化曲为直，旗帜鲜明地亮出自己的观点。

（3）对比反衬。通过对比蓄势，可造成反衬的艺术效果，使演讲产生动人心魄的气势，激起听众心灵的起伏和共鸣。

（4）铺陈渲染。从各个不同的角度对演讲中的有关事物进行铺陈渲染，把听众的思维引入特定的氛围之中。随着铺陈渲染的深入，就会积蓄起较大的情感力量，在此基础上，揭示演讲主题，把演讲推向高潮。

5. 锤炼语言

演讲稿的语言，既像吹起的进军号角、擂起的战鼓那样震撼人的心灵，又如手钳那样牢牢地控制听众的情趣，使听众激情满怀、情绪高昂。

（1）排比造势。排比句可以增强语言的节奏感和旋律感。用它说理，可使论述细密严谨；用它叙述，可使事物集中完整；用它抒情，可使情感激越奔放，宛如江河奔泻，势不可当。

（2）有机融合。写演讲稿和写一般文章不尽相同。文章，主要是给读者看的；演讲稿则是用来讲的，给人们听的。有时候，看起来顺眼的文章，听起来却不顺耳；看起来明白的词句，听起来却不通俗易懂。因此，写作演讲稿一方面要把口头语言变为书面语言，即化声音为文字，起到规范文字、有助演讲的作用；另一方面要把较为正规严肃的书面语言转化为好听易懂的口头语言，使演讲稿的语言"上口""入耳"。

（3）生动形象。演讲者的声音稍纵即逝，不能重听。因此，演讲稿的语言不仅要口语化、通俗化，更要生动化、形象化。既可运用比喻、象征、设问、反问、引用等修辞方法，也可选用短而精的名言警句，尽量使语言生动感人，具有较强的穿透力。

五、结尾的写作

演讲稿的结尾应该刚劲有力，给人鼓舞，耐人寻味，使听众获得始终如一的完整印象。

（1）总括全篇，加深印象。这种结尾就是把演讲的主要内容或中心思想加以概括，使要点更加突出，让听众印象更加深刻。如：

> 春分刚刚过去，清明即将到来。"日出江花红胜火，春来江水绿如蓝。"这是革命的春天，这是人民的春天，这是科学的春天！让我们张开双臂，热烈欢迎她的到来吧！

（2）展望未来，鼓舞斗志。这是一种鼓动性的结尾，用充满激情的句子展望未来、展示希望，使听众深受感染。如：

> 自信吧，年轻的朋友；自信吧，亲爱的同学。在人生的海洋里，驾着你事业的航船，摇动你奋斗的双桨，扬起你自信的风帆，就一定能到达理想的彼岸！

（3）含蓄深沉，留有余韵。在演讲结尾时运用具有哲理性的警句名言来进行说理，能够使听众回味无穷。如：

> "青山遮不住，毕竟东流去。"我们的事业是不可战胜的。冬天已经来临，难道春天还会远吗？

（4）首尾呼应，浑然一体。演讲开头点题，结尾收题，善始善终，结构完整，能够加深听众对演讲主题的理解。如：

（开头）绿色，也许是七彩色中最普通的一种；军服，也许是服装中最简单的样式，但我却深深地挚爱那和大地同绿的军服。

……………

（结尾）我深知从戎的道路是崎岖坎坷的，有风雪，也有泥泞，但我既然选择了远方，便会面对军旗的召唤，身着绿色的军服，义无反顾地风雨兼程。我将用我的青春和热血为那永不褪色的军旗，为我那深深挚爱的绿色军服增添明艳的色彩。

（5）诗文收尾，丰富内涵。运用古诗词或散文中的名句收尾，能够丰富演讲的文化内涵，提升听众的审美品位。如：

"长风破浪会有时，直挂云帆济沧海。"让我们共同努力，上下齐心，趁着发展的春风，站在新的起点，谋求新的发展，为把"宝来利来"建设成为一个生物科技界卓尔不群的品牌而奋发图强，为"宝来利来"创造更辉煌的明天而奋勇当先吧！

（6）表明态度，增强信心。依据演讲主题，结尾表明信心与决心，能够给听众以明确的方向和强大的力量。如：

面包会有的，工资会有的，奖金也会有的！如果不能兑现，我就是拍卖自家的房子也要给大家发工资！你们都是我的兄弟姐妹，相信我，有我的饭吃，就有大伙儿的饭吃！人心齐，泰山移。一年后，我们公司一定会走出低谷！

小贴士

罗振宇："写作演讲稿时概念尽可能变成场景，道理尽可能变成故事，事实尽可能变成对比，排列尽可能变成递进，号召尽可能变成指令。"

演讲稿本身是不能改变世界的，但当众演讲是可以改变听众的思想和感情的，因而人是可以改变世界的。读书、写作、演讲，可以给人智慧，可以使人勇敢，也可以让人备感温暖。

第三部分 拟稿演讲技巧训练

每一个生命都需要表白。演讲是一种复杂的生理与心理过程，要想获得理想的演讲效果，除了要求演讲者具有较高的思想水平、文化修养、表达能力之外，还要会写高质量的演讲稿，能够分析点评演讲活动的优劣，并在记忆演讲稿的基础上，积极克服紧张、怯场心理，灵活运用演讲技巧，把文字里的信息和逻辑还原为现场的表达，以提高演讲宣传的鼓动性。

一、演讲活动分析训练

为提高演讲能力，演讲者既要积极参加演讲训练，也要学会认真分析成功或失败的演讲案例，做到双管齐下，全面发力，效果才会更好。

1. 竞聘演讲分析训练

竞聘演讲是指演讲者为了得到某一职位而进行的演讲。竞聘演讲具有目标明确、脉络清晰、竞争性强等特点。竞聘演讲要求演讲者，以竞聘岗位为中心，提炼自身优势、厘清工作思路、解决根本问题，以成功获得理想职位。

徐胜与夏雨同时参加公司销售经理竞聘演讲，阅读分析他们演讲时的自身优势介绍，说说哪位讲得更好。

徐胜：我身体健康，对工作认真负责，踏实肯干，严格遵守公司规章制度。对待同事，真诚善良，助人为乐。比较喜欢新鲜事物，对直播、短视频等新的营销手段都非常感兴趣。希望大家多多支持，给我投上宝贵的一票。

夏雨：今天竞聘销售经理这个岗位，我的优势主要有三点。第一，拥有销售员的核心素质和能力。入职五年来，我爱岗敬业，任劳任怨，乐于奉献，为公司拓展了 30 多个新客户，历年销售额增速都在 50% 以上。第二，掌握了公司产品核心技术理论，并编制了相关使用说明手册。第三，具备良好的沟通能力、灵活的协调能力、较强的号召能力，以及团队管理能力。

学习笔记：＿＿＿＿＿＿＿＿＿＿＿＿＿＿＿＿＿＿＿＿＿＿＿＿＿＿＿＿＿＿＿＿＿

＿＿＿

＿＿＿

＿＿＿

2. 新品推介演讲分析训练

新品推介演讲是商务演讲中一种重要且层次较高的演讲形式，广泛运用于颠覆型、改良型、普通型等新品发布会。在当今社会中，无论是企业中的高层还是普通员工，都应该具备新品推介演讲能力。

新品推介演讲的目的是为了介绍新产品，内容主要包括产品设计理念、产品以往成绩、新品性能优势等。建议认真研读小米公司创始人雷军关于小米 2 手机自拍功能的推介演讲片段，说说雷军主要运用哪种演讲技巧，取得了很好的新品推介效果。

这是拍摄于 2009 年的照片，当时他们团队十四个人，在海淀区的一个小房间里，煮了一锅小米粥，怀着浪漫主义情怀，准备开创伟大的事业。这张照片可以作为小米创业史中伟大的、重要的历史文献。

细心的网友可能会发现照片里只有 13 个人，那还有一个人呢？——在拍照。正是因为这个原因，他们找了所有照片，都没找到一张所有人的合影，这成了小米不可挽回的遗憾。因此，我们要加入这个自拍功能。这次我们小米 2 将有这个功能：喊一声"拍照"，就自动拍了。

学习笔记：＿＿＿＿＿＿＿＿＿＿＿＿＿＿＿＿＿＿＿＿＿＿＿＿＿＿＿＿＿＿＿＿＿

＿＿＿

＿＿＿

＿＿＿

二、演讲稿记忆训练

拟稿演讲即有备演讲，是针对一定的场合，面对特定的对象，拟写好书面文稿后进行的演讲。在有备演讲"写—记—扔—讲"的四个步骤中，背记演讲稿尤为重要。记忆方法主要有默读、响读和情读等。

默读是从宏观和微观两个方面了解演讲稿的整体与细节，掌握演讲稿题旨，把握例证阐述。响读是读准字音，抑扬顿挫地读好句子，理解标点符号和语气的含义。情读是理解、感受演讲词的情调，注意适度和真实。

（1）记忆以下三个演讲词段落。

北京是一座充满活力的现代都市，三千年的历史文化与都市的繁荣相呼应。除了紫禁城、天坛和万里长城这几个标志性的建筑，北京拥有无数的戏院、博物馆，各种各样的餐厅和娱乐场所，这一切的一切都会令您感到惊奇和高兴。我相信在座的许多人都曾为李安的奥斯卡金像奖获奖影片《卧虎藏龙》所吸引，这仅仅是我们文化的一小部分，还有众多的文化宝藏等待着你们去挖掘。除此之外，北京城里还有千千万万友善的人民热爱与世界各地的人民相处。无论是过去还是现在，北京历来是各民族和各种文化的汇集地，北京人民相信，在北京举办2008年奥运会，将推动我们的文化和全世界文化的交流。①

我们的一生中有无数的0.1秒，我们可不可以不要把自己和别人的命运交给侥幸。只要在那0.1秒我们选择笨一点，去遵守那些看上去再简单不过的规则，那我们身边的每一个人就能够多一分幸福和平安。如果在这0.1秒里我们再用心一点，那么你就是幸运的，因为从来都没有选择过侥幸。②

每一条河流都有自己不同的生命曲线，但是每一条河流都有自己的梦想——那就是奔

向大海。我们的生命，有的时候会是泥沙。你可能慢慢地就会像泥沙一样，沉淀下去了。一旦你沉淀下去了，也许你不用再为了前进而努力了，但是你却永远见不到阳光了。所以我建议大家，不管你现在的生命是怎么样的，一定要有水的精神——像水一样不断地积蓄自己的力量，不断地冲破障碍。当你发现时机不到的时候，把自己的厚度积累起来，当有一天时机来临的时候，你就能够奔腾入海，成就自己的生命。③

（2）限时记忆演讲稿，要求达到能演讲的水平。

构建和谐社会的基石

各位评委、各位朋友：

你心中的和谐社会可能是一部风情万种的小说，也可能是一幅瑰丽多姿的画卷，而我心中的和谐社会是一座宏伟的摩天大厦。它的建立，需要无数坚不可摧的基石。

构建和谐社会大厦需要的第一种基石，是取自黄河之滨的鹅卵石。它们颗颗簇拥，相映生辉，代表着亿万颗中华儿女的赤诚之心，大家人人献力量，共同创造繁荣，相互支撑、相互补充、相互关爱。这是构建大厦的坚实根基。

构建和谐社会大厦需要的第二种基石，是取自泰山之巅的花岗石。它们是我们中华民族坚强不屈、正义和平的化身，代表着和谐社会需要我们手握正义的利剑，心中有杆公平的秤，迈步实现民主法治、民富国强的崇高理想。这是构建大厦的深厚根基。

构建和谐社会大厦需要的第三种基石，是取自东海之滨的红礁石。它观沧海、眺宇宙、搏风浪，具有最广博的胸怀、最坚毅的性格，代表着和谐社会需要我们有海纳百川的宽容。有与时俱进的远见卓识，才能实现人际和睦、国际和平、人类与自然和谐相处的远景。这是构建大厦的宽广根基。

朋友们，构建和谐社会的基石就在你手中！其实构建和谐社会的大厦，你我他都是最好的基石，让我们从东海之滨采来红礁石，从泰山之巅采来花岗石，让我们自己成为一颗

---

① 本段内容根据杨澜2001年在莫斯科的"申奥"演讲部分内容改编而成（摘自新华网）。

② 本段内容整理自宫磊《命运的0.1秒》演讲，视频显示为安徽卫视《超级演说家第三季》第二期节目。

③ 本段内容整理自俞敏洪《水的精神》演讲，视频显示为中央电视台财经频道《赢在中国》节目内容。

颗色彩斑斓的鹅卵石吧！把我们和谐社会大厦的根基打得更加坚实、更加深厚、更加宽广，不光为了你我他今天的安宁与幸福，更是为了子子孙孙千秋万代的安宁与幸福！

（本文为曹培培 2005 年 9 月在海南"构建社会主义和谐社会"全国演讲大赛即兴演讲中获一等奖的演讲词，有改动）

"无师自通"——大学生应该这样学习

同学们：

大家好！

"教育就是将学过的东西忘得一干二净时，最后剩下来的东西。"这是教育家斯金纳的名言。所谓"剩下来的东西"就是学习的能力，"自修"或"无师自通"的能力。大学不是职业培训班，而是一个让自己能适应社会，做各种不同工作的平台。专业知识虽然重要，但是大学毕业生更需要的是思考的能力、学习新东西的能力及举一反三的能力，这样才能适应瞬息万变的未来世界。

进入大学后，老师只是引路人，学生必须自主学习；走上工作岗位后，你会发现自修更重要。微软公司曾做过统计，员工的知识只有10%是过去学习积累的。我们有些大学生毕业几年后就有"赶不上"的感觉，这是因为他们在读书时没有掌握学习的方法，在毕业后又没有终身学习的习惯。

自学能力必须在大学时开始培养。许多同学抱怨老师不够好，懂得不够多，学校课程安排也不合理……我会劝这些学生："与其诅咒黑暗，不如点亮蜡烛。"进入大学，你不能只跟在老师身后走，应该开始走在老师的前面。不要指望通过一堂课就能把知识学好，关键看自己。

上课前，我们应该自己把课本琢磨透。可以在老师教之前尝试自己去学习，这样可以发现自己什么地方学习能力不足。中学时，学习是争取能"记得"更多；大学时，应该要求自己"理解"，应该对所有的知识提出疑问："为什么是这样？"一旦理解了"为什么"后，你将能举一反三。解答问题可以有不同的思路，不要总是用一种思路，这样才能创新。碰到问题不要像机器一样一步一步做，可以尝试不同的方法。

在大学阶段，要充分利用学校的人才资源。可以向老师请教，或请他们推荐一些课外的专业书籍或文献。大学中人才济济，老师、博士生、硕士生、同学都是你的知识来源和学习伙伴。每一个人对不同问题的理解深度和想法可能都不一样，所以互帮互学对大家都有益。

有些同学告诉我，他们很羡慕我读书时有个得到图灵奖的老师教我专业知识。虽然我非常推崇我的老师，但是他其实没教我专业知识，而是给我指了大方向，分享了他的经验，给我资源，教我做人。我的专业知识是自修的。入门时，我曾经多次红着脸去问我的师兄最基本的知识，课余主动与同学探讨、切磋。"三人行必有我师"，你的周围都是良师益友。要珍惜这难得的机会，大胆发问，时时切磋，你才能学得更多。

大学生应该充分利用图书馆和互联网，培养独立学习和研究的能力，为适应以后的工作，或为进一步深造做准备。读书时，尽量多读一些英文的原版教材。有些原版教材写得深入浅出，附注大量实例，比较适合自修。除了书本，互联网也是一个巨大的资源库，可以通过搜索引擎找到各种信息，回答各种问题。有些人容易相信网上的谣言，不会用互联网自己求证。

当你开始独立学习时，不要仅以达到学校的要求为满足，也不要以为在大学功课好就够了，在 21 世纪，人才已是国际化的概念。当你对自己的成绩满意时，我建议你开始独立学习国际一流大学的课程。美国 MIT（麻省理工学院）开放式课程已在网上无偿开放，不妨去学习 MIT 提供的网上课程，做做功课、考题。如果感觉困难，也不要气馁，尽量利用这个资源来挑战自己。学会"无师自通"，是大学 4 年间你可以给自己的最好礼物。

（李开复《新生开学之际重温我的第四封信（自修之道)》，2007 年，有改动）

> 朱熹曾说过：凡读书，需要读得字字响亮，不可误一字，不可牵强暗记。演讲家李燕杰曾说：演讲，绝不是从记忆移入记忆，把现成的字句移到别人心中，而是需要使心中的火与听众心中的情一起燃烧。

 —— 温馨提示

三、心理素质训练

一个人的心理素质是在先天素质的基础上，经过后天的环境与教育的影响而逐步形成的。心理素质具有人类素质的一般特点，但也有自己的特殊性。在演讲过程中，良好的心理素质显得尤为重要。

（一）情境心理适应训练

1. 自我暗示训练

（1）学员自行设计自己最喜欢的 5 条暗示语。

学习笔记：＿＿＿＿＿＿＿＿＿＿＿＿＿＿＿＿＿＿＿＿＿＿＿＿＿＿＿＿＿＿＿＿＿＿＿

＿＿＿

＿＿＿

＿＿＿

＿＿＿

> 如："我一定行！""我是最棒的！""我已经做好了充分准备，一定能演讲好！""演讲其实并不难！""我喜欢讲话。""我喜欢我的声音。""快乐演讲，超越自我。""潇洒讲一回，百分之百的成功属于我！""别人能做好的事情，我也一样能做好！"

 —— 温馨提示

（2）背诵暗示语训练。端正坐姿，背部轻靠椅背上。头部挺直，稍稍前倾。两脚分开，大致与肩同宽，平放于地面，脚掌贴地。两手自然平放在大腿上，闭目静静地深呼吸三次。排除杂念，心里反复默念暗示语。

2. 目光接触训练

在镜子前，一边看着自己的眼睛，一边想一边说：现在，我应该用柔和、信任的目光去和听众交流，感谢他们认真听我的发言；现在我应该用平和、询问的目光去征询听众的意见"听懂了吗，我讲清楚了吗"；现在，我应该用坚定、自信的目光告诉听众"对于这一点，我确信不移"；现在，我应该用火热、亲切的目光与听众交流，表达我们感情上的共鸣。（万里 等，1994）

（二）角色心理适应训练

1. 多种角色扮演训练

由一位学生兼演四位性格迥异的招聘考官，对前来应聘的大学生进行提问。甲考官性格温和，问话亲切，富有启发性；乙考官性格内向，表情严肃，问话言简意赅；丙考官性格外向，问话含有鲜明的情绪倾向；丁考官思维富有创造性，问话多为逼问式。

2. 情境角色扮演训练

（1）以八人为一组，其中四位学生分别扮演前去某医院就诊的病情各异的患者，另四位学生分别扮演医院相关科室的值班大夫或护士，分别向这四位患者问诊。

（2）将学生分成两人一组，分别扮演酒店服务员、顾客，并就"这杯子没有洗净，上面还有手印呢！"的争议进行对话训练。

四、临场控制训练

演讲的根本目的在于影响听众的主观意识，促使其某种行为的出现或改变，要达到这一目的，就必须实施自我控制和现场控制。

1. 自我控制训练

自我控制是指有意识地控制自己的心理和情绪，让自己轻松自如地参加演讲活动。根据以下提示，教师示范或播放视频，学生按要求进行模仿训练。

（1）整理面容，充满信心。做到服饰自然、大方、美观、庄重，符合自己的年龄和身份。

（2）提前到场，熟悉环境。熟悉演讲大厅、讲台、话筒及组织者，尽可能多地和新面孔进行简短的交流，让自己振奋起来。

（3）入座等待，身心放松。可以深呼吸，进行简短、安静的沉思，在脑海中想想自己喜欢的旋律或值得骄傲的事情。

（4）登台演讲，从容不迫。当主持人叫到自己的名字时，要慢慢站起来，以正常步幅（不要太悠闲或显得懒散）自信地走上去，微笑着环视全场，然后开始演讲。

（5）忍受注视，泰然自若。让自己的身体自然放松，一是分开双脚与肩同宽，稳定整个身躯。二是想办法分散并减轻紧张情绪，可用一只手轻触桌边或者手握话筒等。

（6）控制声调，自然优美。声音和腔调乃是与生俱来的，不可能一朝一夕就能有所改善。不过音质与措辞对整个演讲影响颇大。不管演讲者声音和腔调如何，重要的是要让自己的声音清楚地、有情感地传达给听众。即使是音质不好的人，如果能够坚持自己的主张与信念，依旧可以吸引听众的热切关注。

2. 控场技巧训练

控场能力指的是一个人在整个演讲实践活动中把握主动，对现场情况进行有效控制的能力。如果一个人不能实施现场控制，其演讲就不能产生预期的效果。

（1）控制冷场。冷场是指在演讲过程中，听众注意力分散，毫无"听趣"。解决的办法主要有缩短演讲时长、转换话题、制造悬念等。

复旦大学一学生面对冷场时这样开头："我想提个问题，谁能用一个字来概括青年和祖国的关系呢？"随后，他自答道："这个关系就是一个'根'字。"

温馨提示

（2）控制干扰。演讲偶尔会被无意（意外）事件所干扰，有时不得不中断，如演讲时室外突然传来儿童的叫喊声，且声音越来越大，听众的注意力被吸引过去，此时最好暂停演讲。遇到干扰时，演讲者要沉着冷静，顺势发挥，以幽默化解，展示自己的淡定从容。

（3）控制搅场。搅场是指听众搅乱、打搅演讲活动的现场。搅场的原因主要有三种：对演讲者有成见，对演讲者的水平不满意，对演讲的内容不感兴趣。因此，要根据具体情况，区别对待。

小贴士

演讲是一对多的交流和共享，是一种艺术化的语言表达，非短期能学成。课堂只能把学生引进门，学生必须按训练要求，利用课堂或课余时间反复训练，方能逐步提高演讲能力。

 课外训练

一、复习思考

1. 演讲稿开头、结尾和主体有哪些写作技巧？
2. 拟稿演讲需要做好哪些准备工作？
3. 如何实施自我控制和现场控制？

二、实训练习

1. 下面是一些演讲稿的开头部分，阅读后请说出其所采用的写作方法。

（1）有这样一个问题常在我脑海里萦绕：是什么力量使爱因斯坦名扬天下之后仍然能够不断攀登科学高峰呢？是什么力量使张海迪在被死神威胁之时仍然能够锐意奋进，取得了一次又一次的成功呢？这大概是当代青年，特别是我们大学生讨论最多的问题之一，也是我今天演讲的题目——人生的支柱是什么。

（2）前天的《齐鲁晚报》披露了这么一件事：山东泰安六中教师于元贞在大街上勇斗窃贼，被歹徒连捅六刀后倒在血泊中。当时有一些群众围观了这一场面，但就是没有一个人站出来和于元贞并肩作战！而更令人心寒的是，歹徒扬长而去之后，围观者居然没有一个人站出来把于元贞送往医院抢救。于是，一个见义勇为的人民教师，倒在血泊中。今天我演讲的题目是——不做改变社会风气的"局外人"。

（3）我今天演讲的题目是——同一个世界，同一个梦想。2001年7月13日，一个令人难忘的夜晚，国际奥委会主席萨马兰奇宣布："2008年奥运会的举办城市是中国北京。"一瞬间我们沸腾了，神州大地沸腾了，"我们赢了！北京申办奥运成功啦！"我们的热情犹如火山爆发一般迸发出来，这一刻全球的目光凝聚在北京，全体中华儿女沉浸在欢乐的海洋中，自此我们驻守着这份期待和向往。我们期待来自全世界的体育健儿欢聚的那一刻，我们向往着奥林匹克圣火在我们的神州大地燃起的那一刻。

2. 指定或自选演讲词片段，背熟后，自行设计态势语，以演讲者的身份登台演讲。

（1）同学们，我的同龄人，我的朋友们！不为别人，就为自己，就为岁月赐给我们年轻的臂膀和这一腔热情，伸出你年轻的双手吧！擎起希望的火炬，让我们劈风斩浪走向辉煌的明天！

（2）青年朋友们，人生就是一曲奋斗的乐章，只要你挺起胸膛朝着理想目标奋进，那么，你心中无奈的乌云就会散去，一轮充满希望的朝阳就会升起。

（3）同学们，朋友们，让我们手拉手共同唱一曲与时俱进的赞歌，把我们的校园生活搞得红红火火；让我们共同填写一份优秀的答卷，把它献给我们亲爱的母亲——伟大的祖国！

（4）人生并不是一帆风顺的，每个人从出生开始就有种种困难等待着他。人生不在于拥有一副好牌，而在于怎样打好一副坏牌。我们每一个人都应该充分发挥自己的潜力，勇于面对困难，并战胜困难，寻找属于自己的蓝天！

3. 某学院举行演讲比赛，一位女生刚刚上台讲了几句话，大脑就一片空白。好不容易控制住了紧张的情绪，继续演讲，却发现有的听众毫无兴趣、昏昏欲睡，有的交头接耳、随意进出。如果你是这位演讲者，将如何控制这种怯场、冷场和搅场的情况呢？

4. 扫描二维码观看拟稿演讲范例 3，从演讲稿质量、现场演讲效果等方面进行综合评价。

拟稿演讲范例 3

5. 请从下面的题目中选择 1～2 个（或自己拟定），写成 500 字左右的演讲稿，一周后参加班上的演讲比赛。

（1）专业学习应该既重知识又重技能。

（2）自我介绍或竞选××演说（设想自己将要谋求或竞选某一职位）。

（3）己所不欲，勿施于人。

（4）诚信感言。

（5）海啸与地震。

（6）我的环保意识。

（7）自扫门前雪与公民意识。

（8）我想活多长时间。

（9）人与人该怎样相处。

（10）就业的烦恼。

拟稿演讲范例 4

拟稿演讲范例 5

三、网络实践

扫描二维码观看拟稿演讲范例 4、拟稿演讲范例 5，说说每个演讲的标题类型、演讲者的语言风格，以及感情激越、精神振奋、最能引起观众共鸣的地方。

附　拟稿演讲暨宣传鼓动感染度检测标准

检测项目	检测内容	项目分值
仪表形象	1. 着装整齐，大方得体	10分
	2. 姿态自然，动作适度	10分
演讲内容	1. 主题鲜明，内容符合主题	25分
	2. 内容充实，事例生动，贴近生活，有时代感	15分
	3. 行文流畅，用词精练，详略得当	10分
语言艺术	1. 音量适当，发音标准、流利	10分
	2. 节奏处理得当，技巧运用自如	10分
	3. 表现力、应变能力强，气氛活跃，引起高潮	10分

第五章 Chapter 5 | 即兴演讲

学习目标

◎ 了解即兴演讲的含义及特点。
◎ 掌握即兴演讲的选择话题、构建思路、润色语言等技巧。
◎ 能够按要求参加班级或学校的即兴演讲比赛。
◎ 提高临场发挥机智度，增强创新思维意识。

案例导入

《超级演说家》是安徽卫视联合能量传播推出的语言竞技真人秀节目。2013年6月13日，该节目在复赛时，首次采用"90秒4选1"的情景演讲新规定，要求四位待定选手必须在90秒内，针对给定的场景临场应变，向观众展开针对性的即兴演讲。

这种设定场景的即兴演讲，既能展示选手的演讲策略、临场反应以及即兴演说功底，也能让演说竞技过程更加精彩，更有看头。2015年6月，律师林正疆在《超级演说家第三季》总决赛的舞台上，所做的《法律的极限》的即兴演讲，主旨鲜明、感情真挚、充满哲理，他从容而自信地阐述了什么是法律的极限，展示出良好的语言艺术功底，使听众深受启发。

案例思考：观看即兴演讲范例，感受即兴演讲的魅力，思考林律师为什么能够即景生情，缘情而发，迅速而准确地将自己的思想、感情转换成口语，出口成章。即兴演讲有哪些技巧呢？

第一部分　即兴演讲基础知识

即兴演讲是一种与拟稿演讲相对而言的演讲。作为一种最能反映人们的思维敏捷程度和语言组织能力的演讲形式，它已经渗透到社会生活的各个领域，发挥着极其重要的作用。

一、即兴演讲的含义

即兴演讲，又称即席演讲或临时演讲，是一种不凭借文字材料来表情达意的语言交际活动。演讲者"兴之所至，有感而发"，在事先没有准备或准备不充分的情况下，就眼前的场面、情境、事物、人物等，发表意见、看法或表达某种情感、愿望。

"兴之所至"是演讲者在特定的景物、人物、气氛的激发下，产生发表演讲的兴致和欲望。"有感而发"是演讲者在所处的环境中有所感悟，将产生的某种感触和思想表达出来。"事先没有准备或准备不充分"是演讲者在特定的时空环境下，对讲与不讲以及讲什么内容都没有预期，但又受时空环境所迫不得不讲。

二、即兴演讲的特点

即兴演讲要求演讲者头脑清醒、思维敏捷，能快速捕捉信息，迅速展开联想，具有临场性、敏捷性和精练性的特点。

（1）临场性。有无演讲稿是拟稿演讲与即兴演讲的重要区别。即兴演讲大多只有几分钟的时间打腹稿，靠"临阵磨枪"就地取材或展开联想，或借题发挥（可参考即兴演讲范例3，评判一下哪位演讲者的敏捷性、精练性最好，临场发挥最佳）。

（2）敏捷性。即兴演讲是在特定的时空环境下临时发表的演讲，要求演讲者在很短的时间内根据眼前的特定场合、对象等，有的放矢，进行构思，组织材料发表演讲（可参考即兴演讲范例4）。

（3）精练性。由于临时准备、即兴发挥，演讲者很难构思出长篇大论来，所以即兴演讲的内容单一（一个场景、一件事情、一个观点），短小精悍（1～5分钟），语言简洁、生动、形象。例如，瞿秋白《如何做好北伐战争宣传报道工作》的即兴演讲只有26个字——宣传关键是一个'要'字，鲁智深三拳打死镇关西，拳拳打在要害上。

音视空间

即兴演讲范例3

即兴演讲范例4

导入案例提示

林律师的即兴演讲魅力来源于哲学家的头脑、改革家的胆量、科学家的严谨、社会活动家的阅历和高超的语言艺术。

即兴演讲技巧主要有稳定心态技巧、选择话题技巧、构建思路技巧和润色语言技巧。

三、即兴演讲的类型

即兴演讲的演讲者可以因事而发、因景而发或因情而发。根据演讲者可选择程度的不同，即兴演讲大致可以分为主动选题型、被动选题型、命题赛场型三种类型。

（1）主动选题型即兴演讲，演讲者虽然没有演讲稿，但有一定的思想准备。会议上的开场白、发言、总结，教师在主题班会、迎新仪式、毕业典礼上的讲话等都属于这一类型。例如，2008年1月30日"2007CCTV中国经济年度人物颁奖典礼"上，联想集团高级副总裁兼大中华区总裁陈绍鹏发表即兴演讲[①]，陈先生在演讲之前就已经选准了话题，形成了思路，酝酿了腹稿，因而具有相对的主动权。

各位朋友，1988年的这个时候，我正在甘肃读高中三年级，从广播里知道韩国在举办汉城[②]奥运会。2008年8月，全世界的观众将守在电视机旁，等待着这一支承载了我们中国人骄傲和自豪的火炬跑进"鸟巢"……

（2）被动选题型即兴演讲，是指在欢迎、欢送、哀悼、竞选、就职、答谢、婚礼、寿庆等场合所作的致辞。例如，曾有杂志刊载，某位同志在同学婚礼上被主持人推举，并在大家一致附和，而自己又无法推脱的情况下，作了以下婚礼致辞：

今天，阳光灿烂，天上人间共同舞起了美丽的霓裳。今夜，星光璀璨，多情的夜晚又增添了两颗耀眼的新星。新郎夏天先生和新娘时间小姐，情牵一线，踏着鲜红的地毯幸福地走进了婚姻的殿堂，从此，他们将相互依偎，共同撑起一片爱的蓝天。我作为他们的同

---

① 各大媒体多有本次颁奖典礼的实录，本部分文字摘自新浪财经的报道《陈绍鹏：我们将继续奋勇前行大步奔跑》。

② 首尔，2005年汉文译名正式改为"首尔"。

学，也是二人从小到大的朋友，此时也激动不已、幸福不已、欢喜不已。

今天是一个特别吉祥的日子，天上人间最幸福的一对将喜结良缘，西班牙王储费利佩也在迎娶他美丽的新娘。此时，夏天先生与西班牙王子一样，幸福地拥有了人间最美丽的新娘。我说，其实最幸福的当属我们眼前的这二位了。

（3）命题赛场型即兴演讲大体可以分为两种：一种是在比赛之前，给演讲者一个较大的内容范围和一段准备时间，再在比赛或带有测试性质的场合，让选手抽取讲题的演讲；另一种则是没有内容范围，比赛开始后由演讲者临时抽取题目，然后按照规定的题目做短暂准备后开始的演讲。例如：

大家好！今天我抽到的题目是"爱心"。说起爱心，我们在座的同学可能首先想到的是自己的父母……

四、即兴演讲的要求

要想获得即兴演讲的成功，掌握技巧固然重要，不过要想巧妙驾驭技巧，走向成功，还需要持续不断地积累学识、胆识和经验。而多读书、多思考、多练习、多观摩、多演练，则能够让我们拥有足够的信心和能力，迎接即兴演讲的挑战。

（1）努力学习。即兴演讲的内容包罗万象，涉及政治、经济、教育、文化、哲学等诸多领域。演讲者只有多读书看报，学识丰厚，才能深刻认识事物本质，把握演讲内容；只有多关注时事，积累素材，才能在短暂的时间内找到生动的例证和恰当的词汇，连贯成文，增添即兴演讲的魅力。

（2）积极思考。平时要养成思考的习惯，在边想边说的过程中，尽量运用联想法、发问法、归纳法、演绎法、对照法、引述法、比喻法和举例法等思维方法，以便扩展"站着思考"的空间，灵活打通演讲思路，提高边说边想的本领。

（3）勤奋训练。要调整好心态，大胆地与周围人接触，敢于说话，不要害怕，不要躲闪。遇到发言的机会，积极参与，不要说"我不会说，说得不好"等消极的话。演讲时遇到怯场、忘词等情况，要沉着冷静，巧妙应变，扭转被动局面，反败为胜。

📋 小贴士

从拟稿演讲到即兴演讲，是一个难度较大的转变，要攀上这个台阶，需要培养即兴意识，掌握一定的技巧，不断提高心理素质、应变能力、语言水平和文化修养。只要我们愿意开口，做即兴演讲的有心人，经过一段时间的训练，就能取得好的效果。

第二部分　即兴演讲的技巧

即兴演讲，既无讲稿，又无提纲，当场捕捉信息，展开联想，边想边说，而且要求中心突出，有理有据，说到点子上。演讲者在演讲时可能会有些紧张，其实只要不是紧张到语无伦次或瞠目结舌地愣在那儿就无伤大雅。有时适度的紧张往往更能流露出演讲者的坦诚与热诚，更容易赢得听众的共鸣和赞许。因此，面对即兴演讲，我们大可不必如临大敌。

一、稳定心态技巧

即兴演讲对演讲者思维的敏捷性、语言的逻辑性和口头表达的雄辩性等都有很高的要求。如何即兴演讲，如何避免因措手不及而陷入难堪的境地呢？关键是不要怕被迫上台，不要被紧张情绪控制。做到面带微笑，抬头挺胸，以优雅、自信的姿态走上讲台，接受特殊任务，迎接艰难挑战。

1. 积极自我暗示

自信心是演讲者重要的心理支柱，演讲者自信心的强弱对演讲的效果具有重要的影响。它可以坚定演讲者的意志，鼓舞演讲者的精神，充分发挥演讲者的创造性。怯场心理往往源于缺乏自信，演讲者可以通过默念"我能行""我会讲好"之类的话进行自我鼓励，消除紧张情绪、克服怯场心理。

> 一个人成功最重要的是信念，一个企业要做大最重要的是信念，一个人要学好演讲最重要的也是信念。
>
> ————温馨提示

2. 反复实战演练

演讲者演说次数越多，其紧张程度就越低，两者存在负相关关系。因此，克服紧张感最奏效的方法就是多在相同规模的观众面前作演说。只有多历练，才能熟悉舞台，才会感觉轻松。

3. 降低期待标准

并非所有的演讲都是成功的。我们对自己的要求是竭尽全力，争取下次做得更好，这样就不会有太大的心理压力了。有经验的演讲者，总是把自己的思想集中于演讲的本身，从不让个人的得失干扰自己演讲的思路。达到庄子所提倡的"无我"之境，完全忘记名利得失、成败荣辱，适当表达，演讲效果可能会更好。

4. 学会放松减压

（1）进行深度呼吸。这里所讲的"呼吸"指的是腹呼吸而不是肺呼吸。做深呼吸的目的是帮助自己在演讲中更好地控制声音。歌唱家和演员都知道腹呼吸在控制声音方面的重要性。

（2）肌力均衡运动。肌力均衡运动是指有意识地让身体某一部分肌肉有规律地收放。例如：可以先握紧拳头，然后松开，也可以固定脚掌，做压腿，然后放松。

（3）转移或分散注意力。演讲前要积极听取主办方和听众的意见，这样可以使自己暂时转移注意力，更好地放松身心。

二、选择话题技巧

即兴演讲大多只有几分钟的时间打腹稿，有经验的演讲者往往能充分利用这一"黄金时间"，镇静而迅速地"临阵磨枪"，抓住时间、地点、人物、事物、景物、实物、感受、行为等触点，就地取材，确定一个既符合演讲要求又能让自己进入最佳状态的话题。

（1）以时起兴。特定的时间，是演讲活动的一个构成要素。如果这一时间具有某种特殊的意义，就可以成为演讲的话题。

（2）以地起兴。特定的地点，同构成地点的环境因素密切相关，如果处在现场环境中的人对这一地点有着难以忘怀的人生记忆，就有可能由此激起内心强烈的情感活动，从而产生不吐不快的表达欲望。

（3）以人起兴。在演讲活动中，演讲者和听众的关系十分密切。在即兴演讲时，最切实可行、最容易做到的就是用自己做例子或从听众的身份、职业、爱好等方面入手寻找演讲兴奋点。

（4）以事起兴。在社会生活中，热门话题常常成为即兴演讲的素材。其实，所谓的生活小事只要蕴含重要的意义，也同样可以成为富有启发性和感召力的话题。

（5）以景起兴。世间最奇妙的事，就是天才诗人与美妙山水的偶遇。即兴演讲时，特定的景象同样也能给演讲者带来一吐为快的冲动。

（6）以物起兴。会议现场有时会出现某种引人注目的物品，演讲者可以着眼于其特殊内涵或象征意义，进行主观联想，借题发挥。

（7）以感起兴。当我们置身于演讲会、座谈会、迎送会等场合，看到别人滔滔不绝、侃侃而谈时，有时也会深受感染，产生说话的兴致。最简单的办法就是从别人的表达中捕捉话题，加以引申、发挥。

（8）以行起兴。在现实生活中，倘若人们的某种行为代表了普遍的社会意义，就能激起演讲的兴趣。

（李增源，2004，有删改）

三、构建思路技巧

即兴演讲，从被点名到走上讲台或从座位上起立站稳，通常都能"偷到"30 秒左右的宝贵时间。演讲者要充分利用这一宝贵的黄金时间，根据已经确定的题旨，镇静而又迅速地对散乱的思维点进行连缀（并联、对比、递进），或以一个模式框架进行快速构思，如援引例子、提出观点、以警句收尾，使自己的表达符合人们的思维习惯。

（1）卡耐基"魔术公式"。演讲时，先把实例的细节告诉听众，说明具体意念；接着以详细清晰的语言说出论点，陈述缘由；最后向听众强调，如果按所说的去做会有什么好处。

（2）理查德"四步曲"模式。第一步"喂，请注意！"引起听众的兴趣。第二步"为什么要费这个口舌"，强调听演讲的重要性。第三步"举例"，用具体事例形象化地将论点引入听众的脑海。最后一步"怎么办"，讲清听众该做什么。

（3）"三么"框架构思模式。在即兴演讲前短暂的准备时间里，快速思考"是什么""为什么""怎么办"三个最基本的问题。

（4）"三点"归纳构思模式。归纳前面所有讲话的要点，提取前面某个人或某些人讲话的特点，捕捉前面某个人或某些人讲话的闪光点。一般总结性即兴演讲可综合运用"三点"（要点、特点、闪光点），中场性即兴演讲（特点或闪光点）可选用其中某一点。

四、润色语言技巧

即兴演讲大多是在一种"激动"的场合下进行的，没有人乐意听长篇大论，更没有人愿意听过时的没有生命力的语言。因此演讲者要灵活运用巧打比方、妙说数字、趣用幽默、插入笑话、展示实物等语言表达技巧，使演讲深入人心。

音视空间

巧打比方范例

（1）巧打比方。面对突如其来的提问，有时很难用几句话说清楚，这时如果通过合适的比喻，则能化难为易，获得事半功倍的效果。例如：

老虎和猫都属于猫科动物，如果把流感比作老虎，那么感冒不但不是猫，连兔子都不及，可能就是小爬虫或苍蝇。

（2）妙说数字。数字具有表达准确、说服力强的特点，恰当运用可以减少废话，浓缩内容，使演讲更加精辟、清晰。例如：

什么是中国速度？2020 年的冬天，我们中国人只用了仅仅 10 天的时间，就建成了一座占地 34 000 平方米，拥有 1 000 个床位的武汉火神山医院，创造了世界建筑史上一个伟大的奇迹。

（3）趣用幽默。在谈笑风生中阐述自己的观点和主张，既可活跃全场气氛，又能缓解与会者的听觉疲劳。例如：

当掌声响起来的时候，天花板开始摇晃了，风儿告诉我，天花板陶醉了；当掌声再次响起来的时候，天花板掉泪了，雨儿告诉我，天花板被感动了。

（4）插入笑话。在即兴演讲中巧妙地穿插一些笑话等，也可以使表达具体生动，调动听众情绪。例如：

> 关于抽烟，我想了很久，为什么吸烟的害处那么多，而人们还是要吸呢？我又仔细想了想，可能抽烟有三个好处：一是不会被狗咬，二是家里永远安全，三是永远年轻。大家要问，那是为什么呢？因为，抽烟人多为驼背，狗一看见他弯腰驼背的样子，以为要捡石头打它呢。抽烟的人爱咳嗽，小偷以为人还没有睡觉，不敢行窃。抽烟有害健康，减少寿命，所以永远年轻。

（谷颖，2004，有删改）

（5）展示实物。为了把深刻、抽象的原理讲得具体、生动、形象，让听众听得高兴、听得明白并留下深刻印象，可以通过实物展示，充分调动听众视觉器官。例如：

> 大家看，强迫这只鸡吃米，它只叫不吃；松开它，见到米就自己吃起来了。教育就跟喂鸡一样。老师强迫学生学习，把知识硬性灌输给他，他是不情愿学习的；但是如果让他自由学习，充分发挥他的主观能动性，那效果一定会好得多。

（取材自 1938 年陶行知先生在武汉大学的演讲）

📝 **小贴士**

> 常言道："语为情动，言为心声。"即兴演讲摆脱了文稿的束缚，临场发挥，触景生情，贴近听众，紧扣人心，易引起共鸣，使演讲者思维的天地更加广阔。

第三部分 即兴演讲技巧训练

即兴演讲是一门艺术，需要很多技巧。技巧是可以通过学习和训练获得的。我们要不断提高自身素质，努力掌握多种技巧，做到从容上台、敏锐选题、镇静构思、热诚发言、大方表演，逐步形成自己独特的演讲风格。

一、散点连缀训练

即兴演讲是人们在特定的场景中，受客观事物的触发而临时发表的演讲。演讲者在特定的语言环境中即兴演讲，会受到现场的压力，进而在脑海中产生灵感的火花，但这些火花般的"思维点"是支离破碎、稍纵即逝的，演讲者必须快速构思，让自己有"路"可寻、有"径"可依。

1. 词语接龙训练

首字拈、末字拈均可，例如：文不加点—文不对题，前程似锦—锦上添花。前后接替时间不超过 5 秒，谁卡壳谁表演节目。

2. 故事续讲训练

一位同学先说故事开头，其他同学接着讲故事的发展、高潮和结尾。例如：今晚的月光很美，选修课结束后，我独自走在回寝室的路上，突然身后传来一声尖叫……

3. 联想扩展训练

随意找出身边的几件实物（如钢笔、圆规、尺子、笔记本），展开联想，说说自己对这些实物的想法。

运用发散思维，连缀几个不相关的事物（如橘子、垃圾桶、书籍、抹布），自拟题目，围绕一个中心点说一段话。

二、话题分析训练

选择话题是即兴演讲者必须考虑的问题，话题是否符合比赛要求，是否适合听众需要，对演讲有着十分重要的意义。认真阅读下面的话题，分析说明运用的技巧及好处，要求以学习小组为单位进行讨论，组长代表本组，向全班同学汇报讨论结果。

话题1　大家都知道我的专业是数学。俗话说学以致用，我就用加、减、乘、除四个字来概括一下我今后的打算吧！加，就是加入我们的大集体中，把大家当朋友，一切以连队的利益为重，用真情和汗水回馈大家的期待，增加大家对我的信任；减，就是时刻把官兵的冷暖放在心上，多了解官兵的疾苦，尽量为大家办好事、办实事，减少大家的烦恼和忧愁；乘，就是充分发挥我的能量和智慧，将全连官兵的心拧成一股绳，齐心协力，共同开创连队工作的新局面；除，就是除去私心，一心为公，有困难冲锋在前，当旗帜，舍弃小我，顾大局。我相信，1加1一定大于2！

学习笔记：_____

_____

_____

_____

话题2　在这春风送暖的季节，我们又一次迎来了护士节。虽然护士工作既平凡又普通，可是它和千百万人的幸福紧密相连；虽然护士的工作既辛苦又劳累，可是它和千百万人的命运息息相关。不是吗？朋友们，护士与每一个人都有着千丝万缕的联系——当你降生到这个世上时，第一个迎接你的是护士；当你病魔缠身时，为你解除痛苦的还是护士……

学习笔记：_____

_____

_____

_____

话题3　阳春三月，大家携一缕春光，引万紫千红，风尘仆仆回到高笋村知青点。重返这方热土，心中有许多的感慨和欣喜。今天高笋村的桃花更为娇艳，青山更为妩媚；今天高笋村的人，心情更为欢畅，生活更为美好……

学习笔记：_____

_____

_____

_____

话题4　2021年10月4日，上海地铁11号线车厢内一名小孩站座椅上拉吊环"荡秋千"的视频引发关注。视频中，小男孩双脚站在地铁座椅上，双手拉着地铁扶手吊环"荡秋千"，旁边的家长不仅不制止还面带笑容予以鼓励。也许这位家长认为，只要小孩开心，乘车"荡秋千"，小事一桩。但在我看来，这件小事折射出的是家长的文明素质和社会公德。

学习笔记：＿＿＿＿＿＿＿＿＿＿＿＿＿＿＿＿＿＿＿＿＿＿＿＿＿＿＿＿＿＿＿＿＿＿

＿＿＿

＿＿＿

＿＿＿

话题5　来这里工作，我带了三件东西。第一件东西是挎包，挎包的口永远是敞开的，什么建议都能装。以后工作中大家有什么好的建议，我一定耐心听取、虚心采纳。第二件东西是一只碗，这是我吃饭用的。我每天还要用它来装满水，并高高举起来，让大家看端得平不平。第三件东西是一支笔。我一定用好这支笔，以血汗为墨水，给大家交上一份满意的答卷，绝不辜负大家的期望。

学习笔记：＿＿＿＿＿＿＿＿＿＿＿＿＿＿＿＿＿＿＿＿＿＿＿＿＿＿＿＿＿＿＿＿＿＿

＿＿＿

＿＿＿

＿＿＿

话题6　大家对我的到来报以各式各样的掌声，这其中既有带感叹号的掌声，也有带问号的掌声，不管什么样的掌声我都收下。担任部门经理，我自知肩上的责任重大。从大家带感叹号的掌声中，我受到鼓舞，产生了很大的动力，我不会辜负大家对我的期望。从大家带问号的掌声中，我听出了怀疑，也感到很大的压力。动力也好，压力也好，我相信只要我们有共同建设好公司的美好愿望，就一定能化压力为动力，使公司的发展更上一层楼。明年的今天，我相信大家的掌声都会变成带感叹号的！

学习笔记：＿＿＿＿＿＿＿＿＿＿＿＿＿＿＿＿＿＿＿＿＿＿＿＿＿＿＿＿＿＿＿＿＿＿

＿＿＿

＿＿＿

＿＿＿

三、语言表达训练

在即兴演讲的过程中，演讲者灵活运用语言表达技巧可以使自己的演讲更加生动，更加精彩。

（1）比喻解释。面对突如其来的提问，有时很难用几句话把问题解释清楚，这时如果运用合适的比喻，则能化难为易，收到事半功倍的效果。

说到师德，许多选手都引用了一个传统的比喻"老师像蜡烛一样，照亮了别人，燃烧了自己"。这种崇尚奉献的"蜡烛精神"固然可贵，但如果当老师的都把自己燃烧尽了，何以继续照亮别人呢？新世纪的教育不仅需要"蜡烛精神"，还需要呼唤"路灯精神"：像路灯一样不断"充电"，给每一个黑夜带来光明；像路灯一样忠于职守，给每一位路人指引方向；像路灯一样不图名利，在光明背后的黑暗里默默把自己隐藏。

温馨提示

（2）数字说明。数字具有表达准确、说服力强的特点，恰当运用数字来说明问题，能够使语言表达更加精辟、清晰。

世界上有些人对数字有偏爱，其实，"9"也是一个很好的数字，它寓意深刻，含义丰富。"9"含有圆满之意："9"的上半部分是一个圆，好像讲桌上这个圆杯；"9"的下半部分是一撇，形似杯中外溢的水，水满才会外溢。这正好体现了我们九连岁岁丰收，事事圆满。（黄晓娟，2006）

温馨提示

小贴士

我们青春的相册里记载着属于我们自己的感受、我们自己的舞台、我们自己的故事！这些都可以作为即兴演讲的话题。要想成为即兴演讲高手，我们需要用心学习理论、体悟技巧、提高能力。只要我们心中有目标，并坚持不懈地朝着既定目标奋进，成功就是咫尺之遥的事情。

即兴演讲范例 5

即兴演讲范例 6

课外训练

一、复习思考

1．即兴演讲有哪些特点，又可以分成哪些类型？

2．即兴演讲需要掌握哪些技巧？

3．即兴演讲的语言表达技巧有哪些？恰当使用数字表达有什么好处？

二、实训练习

1．对偶句快速抢答，如：良言一句三冬暖，恶语＿＿＿＿；书山有路勤为径，学海＿＿＿＿；感时花溅泪，恨别＿＿＿＿。前后连接时间不超过 10 秒，谁卡壳谁表演节目。

2．四人一组，围绕"互联网"等热门话题，每人先说一个观点，然后再分别对他人的观点进行评说，时间不少于 2 分钟。

3．扫描二维码观看即兴演讲范例 5、即兴演讲范例 6，并对其主题、内容、结构、语言等进行综合评价，时间不少于 5 分钟。

4．班上将开展一次阅读文学名著的竞赛活动，假如你是主持人，请你为这次活动设计 3 个不同的开场白。

5．大声朗读以下三个即兴演讲片段，说说自己的感受。

李开复讲创业[①]

如果一个人做一件事能够做到 100 分，当他做他爱做的事情也许会做到 150 分，但是做他不爱做的事情，也许只有 50 分。大学生要打破陈规，跳出非黑即白的思维框框，学会从不同的角度去思考，去做有用途、有价值的创新，并且能够追随内心，找到自己的兴趣和爱好，做自己喜欢的事，充满激情地去创业，绝对不要为了创业而创业。

牛根生讲创业

创业需要具备"三识"，即胆识、学识、见识；还要具备"三性"，即悟性、韧性、理

---

① 三个演讲片段均来自 2010 年 5 月 10 日大学生创业创新论坛暨浙江省第七届"挑战杯"决赛开幕式上李开复、牛根生、俞敏洪的演讲，原文见于中国计量学院新闻网。

性。快乐不是拥有的多，而是计较的少。把最平凡的事做得不平凡，就是成功的开始。成功是优点的发挥，失败是缺点的积累。只为成功找方法，不为失败找理由。有信心不一定能赢，但没信心就一定会输；有行动不一定能赢，但没行动就一定会输。创业需要点子，能想到、能做的不是点子；容易想到、太难做到的也不是点子；非常不容易想到，但特别容易实现的才叫金点子。

俞敏洪讲创业

人生中最不能犯的两个错误就是太低估自己和太低估别人。不放弃自己是取胜的唯一办法，要在绝望中寻找到希望。成长就是愿意在自己生命道路上创造奇迹的一种精神，获取社会资源的能力和获取未来自己成功的能力完全在你自己。永远不要用你们的现在去判断你们的未来，只要不放弃自己，就能冲破生命的枷锁，获得成功。每个人成功的阶段各有不同，但不论在哪个季节开花结果，都是自然界美丽的风景。只要你走得比别人久，你就能走出来别人没有走的距离；只要你走得比别人更远，你就能看到别人所看不到的风景。

6．从下列命题中抽取一题，迅速构思即兴演讲的主题，并结合现场情景，发表3分钟的即兴演讲。

　　(1) 演讲其实并不难　　　　　　　　(2) 人生处处是考场

　　(3) 人生没有彩排　　　　　　　　　(4) 平凡是永恒的紫罗兰

　　(5) 生存没有绝境　　　　　　　　　(6) 站在烦恼里仰望幸福

　　(7) 每一个生命都需要表白　　　　　(8) 世界需要热心肠

　　(9) 何时出发都不晚　　　　　　　　(10) 人生需要自信

三、网络实践

选看安徽卫视《超级演说家》部分节目，选出自己认为最好的演讲者，并从演讲主题、情感表达、语言技巧、现场气氛等方面对其进行评价。

附　即兴演讲暨临场发挥机智度检测标准

检测内容	A级	B级	C级
即兴演讲	1. 主题鲜明，内容贴近生活，富有时代感，结构完整 2. 用词准确，感情真挚，发音标准，声音洪亮 3. 表达流畅，善于交流，气氛活跃	1. 观点基本正确，言之有理，结构较有条理 2. 发音标准，声音洪亮，表达比较流畅 3. 能够与听众交流，效果良好	1. 主题较明确，内容不够丰富，结构比较有条理 2. 发音基本标准，声音可闻，表达不太流畅 3. 与听众交流不够，效果一般

第六章
Chapter 6 辩论演讲

学习目标

◎ 了解辩论的含义及特征。
◎ 掌握辩论赛的基本情况及辩论技巧。
◎ 能够灵活运用辩论技巧参加辩论活动。
◎ 提高针锋相对折服度，增强辩证思维意识。

案例导入

辩论能以深邃的思想，给人种种启迪；能以精彩的语言，给人高层次的审美享受。2001年国际大专辩论赛以"金钱是不是万恶之源"为辩题展开了最后的角逐。

正方二辩：我方已经说了，连"贪"字下面都有个"贝"字，那不是表示对钱的贪欲吗？（掌声）

反方二辩：有一个"贝"字，就是为了钱。那我们今天"辩论员"的"员"字下面也有一个"贝"字，你是说我们大家都是贪钱的人喽？（掌声）

"金钱是不是万恶之源"辩论片段

正方三辩：首先告诉对方同学，在中文的语言当中，以前的"员"字当中没有一个"贝"字。还要告诉对方同学，对方同学说，今天的奖金有10 000元，我们会不会去贪呢？我们不会，因为我们受过教育。而且还要提醒对方同学，在这种情况下根本就没有恶的存在。没有恶的存在，对方同学还要讨论恶之源，是不是叫作"没有牙齿的老太太嚼牛筋——白费口舌"呢？（掌声）

反方三辩：对方说到教育（交易），我倒想问对方一个问题，今天你教育是教育人，还是教育钱呢？（笑声）

案例思考：这场辩论赛，正反双方唇枪舌剑，你来我往，妙语连珠，精彩纷呈。辩手在辩论的过程中运用了哪些辩论技巧，而使自方的辩论独具艺术魅力呢？

第一部分　辩论基础知识

拟稿演讲、即兴演讲基本上都是一人说、众人听，属于单向式的语言交流。辩论演讲则是正反两方的说与听，属于双向式的语言交流，是演讲活动的高级形式。

一、辩论的含义

辩论，又称论辩。辩，是辩解、辩驳，即指出对方观点的谬误性；论，是立论、论证，即确立自己观点的正确性。辩论是双方（或多方）对同一事物的同一方面持有不同的观点，利用一定的理由来反驳对方的观点、确立己方观点的一种面对面的语言交锋行为。

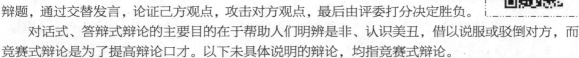

导入案例提示

　　这一自由辩论片段，辩论双方有理有据，针锋相对，攻防得法，赢得了观众的阵阵掌声。正方用"巧换概念"的招数，尽量扩大辩题的内涵和外延，以利于己方的攻守。反方抓住对方的漏洞，就地取材"辩论员"的"员"字下面也有一个"贝"字，进行有力的反击，让人拍案叫绝。

二、辩论的类型

　　辩论是对立的两方，也可以是意见不同的许多方（不包括竞赛式辩论），为批驳谬误、探求真理而进行的语言交锋行为，主要有以下三类。

　　（1）对话式辩论，在社会生活中最为常见，以说服对方接受自己的观点为目的，如处理日常琐事、解决经济纠纷、进行工作上的谈判、化解邻里矛盾、协调交通事故等。

　　（2）答辩式辩论，如毕业论文答辩、法庭辩论、决策辩论、外交辩论、答记者问等。

　　（3）竞赛式辩论，也称辩论演讲，指两支辩论队伍按照竞赛规则，针对同一辩题，通过交替发言，论证己方观点，攻击对方观点，最后由评委打分决定胜负。

　　对话式、答辩式辩论的主要目的在于帮助人们明辨是非、认识美丑，借以说服或驳倒对方，而竞赛式辩论是为了提高辩论口才。以下未具体说明的辩论，均指竞赛式辩论。

音视空间

辩论的类型

三、辩论的要素

　　辩论演讲是一种运用语言明辨是非、探求真理的行为，主体、客体、媒体、受体是辩论演讲必不可少的四个要素。

　　（1）辩论主体是辩论行为的实施者。辩论是一种争辩行为，至少要有两个持对立观点的行为主体（辩方）。依赖于内部语言进行的"考虑""思考"或"思想斗争"等"自辩"，不能称为辩论。

　　（2）辩论客体是辩论行为实施的对象。辩论总是针对同一辩题展开的，这样，代表正反方的辩者才有可能产生对立的观点，才能进行辩论。

　　（3）辩论媒体是辩论行为实施的媒介。辩论是通过语言来实施的。运用口头语言进行的辩论，叫作舌战；运用书面语言进行的辩论，叫作笔战。

　　（4）辩论受体是辩论行为实施的接受者。辩论是一种开放性的行为，除辩论主体外，还会有一些并不参与辩论的听众。只有在极特殊的情况下，当辩论行为被严密地局限在主体范围之内时，才会没有受体。

四、辩论的特征

　　一般来说，辩论有以下几个特征。

　　（1）观点的对立性。没有对立便没有辩论。辩论各方的观点必须是截然对立或至少是有鲜明分歧的。辩论中，辩论者既要千方百计地证明并让对方承认己方观点的正确性，又要针锋相对地批驳对方的错误观点，并使对方放弃自己的观点。

　　（2）思维的机敏性。辩手必须具有敏捷的思维能力、高度的判断能力、机智的语言运用能力。辩论在许多时候打的是无准备之仗，在唇枪舌剑的论战中，双方思维的紧张程度不亚于短兵相接的战场。辩论时，语言信息的传播与反馈比一般的会话快得多，辩手既要明察对方的策略，又要应付对方的"明枪暗箭"，而这一切往往靠临场发挥，来不及深思熟虑。

（3）论理的攻守性。辩论是"破"与"立"的对立与统一。论理时，辩手一方面要使自己的观点正确、鲜明，论据有力，战术灵活适当，使己方坚如磐石、无懈可击；另一方面要善于从对方的阐述中寻找纰漏，抓住破绽，打开辩驳的突破口，使己方立于不败之地。

 **小贴士**

> 有人说：没有辩论的世界是冷清的，没有辩论的理论是僵化的，没有辩才的人是平庸的。要想驾驭奇妙的舌头、改变自己的命运，就从"辩"开始吧！

第二部分　辩论赛的准备

竞赛式辩论，是一种比知识、比谋略、比机敏、比逻辑的综合性比赛。竞赛式辩论因具有知识密集、斗智斗勇的特点，成为人们提高辩论口才的有效途径。

一、熟悉比赛规则

兵家云，"知彼知己，百战不殆""三军未动，粮草先行"。辩论犹如战争，赛前准备十分重要。

（一）了解人员组成

（1）参赛者，正反参赛队伍各由4名成员组成，分为一辩手（也可简称"一辩"）、二辩手、三辩手、四辩手，或一辩手、二辩手、三辩手和自由发言人，并按此顺序，由辩论赛场的中央往两边排列座位。辩手可呈现不同的辩论风格，一般来说，一辩手亲切感人，二辩手逻辑严密，三辩手热情机智，四辩手高屋建瓴。

（2）主持人，亦称主席，主持辩论活动，维护辩论会场的良好秩序，保障辩论活动按照辩论规则有条不紊地进行。主持人坐在两个参赛队伍中间、比参赛人员座位稍后一点的中央位置，便于观察整个辩论会场的情形。

（3）评判组，一般由专家组成，按照一定的标准，分别从立论、辩词、风度、整体合作等方面对参赛双方评分。5位评委时，一般采用投票制；7位评委时，一般采用打分制。

（4）公证人，大型辩论赛一般都有公证人参加，对辩论竞赛活动及竞赛结果进行公证，为辩论竞赛活动及有关人员提供法律认可的证据。

（二）熟知比赛模式

1. 新加坡模式

正方一辩陈词，阐述正方的基本观点（3分钟）。

反方一辩陈词，阐述反方的基本观点，其中包括反驳正方的观点（3分钟）。

正方二辩陈词（3分钟），反方二辩陈词（3分钟）。

正方三辩陈词（3分钟），反方三辩陈词（3分钟）。

自由辩论（每方4分钟，共8分钟）。

反方四辩总结陈词（3分钟）。

正方四辩总结陈词（3分钟）。

总时间约 32 分钟。

2．2003 年国际大专辩论赛新赛制模式

立论：正方发言（3 分钟）。

立论：反方发言（3 分钟）。

盘问：反方提问，正方回答（2 分钟）。

盘问：正方提问，反方回答（2 分钟）。

驳论：反方发言（2 分钟）。

驳论：正方发言（2 分钟）。

对辩：正方先发言（2 分钟）。

对辩：反方先发言（2 分钟）。

嘉宾提问：先问正方再问反方（4 分钟）。

自由辩论：正方先发言，反方后发言（6 分钟）。

反方总结陈词（3 分钟）。

正方总结陈词（3 分钟）。

总时间约 34 分钟。

（王黎云，2004）

二、研究比赛辩题

辩论是具有对立面的语言互动，辩题概念的内涵非常丰富，具有值得辩、可以辩的特点。分析辩题所属类型，准确界定辩题概念，是辩论展开的基础和起点。

1．分析辩题类型

辩题确定后，要多设疑、多提问，坚持"为我、公认、重点"的原则，从辩题概念的内涵及外延两个方面"定性""定位"，要克服主观武断。

（1）判断型，即对辩题进行分析判断。例如："恶贯满盈的人是否值得同情"（是非判断），"人是否生而平等"（价值判断），"计算机是否给人类带来福音"（事实判断）。

（2）比较型，即对事物先进行比较，然后得出"……更……"或"……比……"的结论。例如："男人比女人更需要关怀，还是女人比男人更需要关怀"。

（3）利弊型，即先对同一个事物的利弊情况进行比较，再得出利大于弊或弊大于利的结论。对利弊型的命题，首先要肯定利弊兼有，然后再通过比较来证明己方观点，例如："英语四六级考试利大于弊还是弊大于利"。

2．明确辩题概念

赛场辩论的辩题一般都是中性的，在理论上双方都存在着薄弱点，而这些薄弱点在辩论的过程中又往往很难回避。因此，要想获得辩论胜利，在审题过程中要明确辩题概念，必须在遵循逻辑思维规律的基础上，从辩题的思想倾向、辩题的感情色彩、辩论双方的"共认点""异认点""聚焦点"入手，对辩题进行艺术加工，使立论有所突破和创新。例如，对于"金钱是万能的"这一辩题，就要界定"万"是一个虚数，代表"很多"的意思，是指很多功能、作用，而不是指"全能"。

三、广泛搜集材料

事实胜于雄辩，权威、典型、真实、充分、新颖的材料，是辩论时最有力的武器。因此辩论赛前，要通过各种途径搜集辩论所需的材料，并对材料进行分类、整理、加工。

（1）事实材料包括例证、数据、实物等。经典的例证会使己方的辩论有理有据，给评委、听众留下深刻印象，支持己方的观点。

（2）事理材料包括科学原理、法律条文、名人名言、谚语成语等。经典生动的名人名言，具有权威性，既能强化辩论力量，又能给辩论增添文学色彩，可谓一箭双雕。例如，在"美是客观存在/主观想象"的辩论中，反方辩手的辩词：

> 从孔子的"智者乐水，仁者乐山"，到柳宗元的"夫美不自美，因人而彰"，都说明了美是主观想象。如果对方辩友还不相信的话，那我还可以告诉你们：实验心理学的学者们早就用科学研究的方法证明，任何线条、颜色本身并不具备美的标准，而人类为什么会对这些线条和颜色的组合产生感情，觉得它美呢？那是因为我们对它倾注了很多情感和想象，加上各自不同的文化背景，才构成了我们这个斑斓的美的世界。

四、认真撰写辩词

孙子曰："上兵伐谋。"高水平的辩论赛首先是辩论双方在辩论立场、思维上的较量。对于一个已经确定下来的命题，辩手要加强交流，熟悉自己及其他辩手所持的论点、论据，按照所制定的逻辑框架，撰写既具个性又能始终为共性服务的辩词。

> 　　一辩手完成破题任务，规定辩题的内涵与外延，提出并正面阐述己方观点。二辩手突出重点，进一步对己方观点进行论证。三辩手旁征博引，通过大量事实更深、更广地论证己方观点。四辩手总结陈词，升华己方观点，驳斥对方观点，将辩论推向高潮。

温馨提示

小贴士

> 　　少年智则国智，少年富则国富，少年强则国强。少年之智发乎思辨，少年之富源自累积，少年之强长于雄辩。与有激情的人成就梦想，与有梦想的人铸造辉煌。

第三部分　辩论技巧训练

语言是思维的外壳，思维是语言的内核。辩论是一个表述思维结果以说服对方的过程。思维的品质和水平，很大程度上制约着辩论的质量。无论哪种辩论形式，都要遵守思维规律，突破某些思维的定式，疑人所未疑，言人所未言，才能获得辩论的最佳效果。

一、思维能力训练

思维是人脑对客观现实的概括和间接反映，它反映的是事物的本质和事物间规律性的联系。发展语言能力，应该不断发展思维能力，离开了思维而单独地发展语言是不可能的。

（一）思维方式训练

思维方式是人们大脑活动的内在程序，它对人们的言行起决定性作用。思维方式表面上具有非物质性和物质性。这种非物质性和物质性的交相影响，"无生有，有生无"，就能够构成思维方式演进发展的矛盾运动。

1. 常规思维与逆向思维训练

（1）把学生分为正方、反方，按常规（正向）思维方式和逆向思维方式，分别对下列辩题做2分钟阐述。

知足者常乐/不知足者常乐　　　　忠言逆耳/忠言不逆耳

任人唯贤/任人唯亲　　　　　　　后继有人/后继无人

一山能容二虎/一山不能容二虎　　高薪可以养廉/高薪不能养廉

（2）针对镜子、太阳、牛肉、鸡蛋、豆腐等，按常规（正向）思维方式和逆向思维方式分别说出不同的观点。

2．发散思维与集中思维训练

发散思维又称辐射思维、多向思维和扩散思维，是指思路从某一中心向不同层次、不同方向辐射，从而引出许多新的信息的思维方式。集中思维是与发散思维相对而言的，又称为求同思维、聚敛思维，是将许多新的信息围绕某一中心进行选择、归纳和重新组合，寻找一个答案的思维方式。

（1）1分钟内，说出棉花的8～10种用途。

（2）以小组为单位，围绕"互联网"，每人先说一个观点，由组长再把本组的观点加工提炼组成一段话，在课堂上交流。

（二）思维品质训练

"短兵相接"的辩论，既需要正确的思维方式，也需要有条理、有广度、机敏、善变通的思维品质，这样才能在辩论中纵横捭阖、左右逢源。

1．思维条理性训练

（1）阅读下面的材料，说说其思维特点。

孩子厌学现象已经越来越突出（举例），已成为教育界的一个毒瘤。孩子为什么会厌学？我认为原因有几点：第一，……第二，……第三，……那么作为一名教育工作者，我们能做些什么呢？我想首先，……其次，……再次，……

（2）调整下文的结构，说说其紊乱的原因。

在回家的路上，突然，一阵凄凉的哭声传入我的耳朵。小男孩看见我，揪着我的裤管说："我迷路了，送我回家，好吗？"我循着声音寻找，原来是一个小男孩。我背着小男孩，把他送回了家。

2．思维开阔性训练

（1）食物联想训练。以苹果、饼干、巧克力、牛奶等食物，展开接近联想、类似联想、对比联想。

接近联想：茶—龙井—西湖……

类似联想：茶—咖啡—啤酒……

对比联想：茶—饭

温馨提示

（国家教育委员会师范教育司，1996）

（2）想象扩展训练。将杯弓蛇影、鞭长莫及、怒发冲冠、抛砖引玉等成语，在不改变主题的情况下，扩展成小故事，并讲述3分钟。

（3）想象结果训练。请为莫泊桑的《项链》、鲁迅的《祝福》等小说设想几个不同的结局。

玛蒂尔德悔恨不已，慨叹年华已逝，从此一蹶不振。

玛蒂尔德喜出望外，讨还了三万五千五百法郎，开始了新的追求、新的生活。

玛蒂尔德百感交集，喜怒无常，她的精神崩溃了。

温馨提示

（三）思维敏捷性训练

辩论打的是无准备之战，辩论者必须随机应变，具有敏捷的思维能力，能够快速将思维转化成语言。

1. 限时推理训练

教师要求学生在1分钟内，回答以下推理过程和结果。

　　某学校一寝室住着甲、乙、丙、丁四人。他们规定，每晚由最后一个回寝室的人关灯。有一次这个寝室的灯亮了一夜，受到宿管员的批评。班主任来查问此事，丙说："我比乙先进寝室。"甲说："我进寝室时看见乙正在铺床。"乙说："我进寝室时丙跟丁都睡了。"丁说："我很疲惫，一上床就睡了，什么也不知道。"请说说，是谁忘了关灯。

（国家教育委员会师范教育司，1996，有删改）

学习笔记： _____

_____

2. 快速归类训练

（1）一口气快速、准确地说出2008年北京奥运会比赛项目的名称，说得越多越好。

（2）快速说出带有"马"字的成语，说得越多越好。

（四）思维灵活性训练

思维灵活性即思维的变通性，要求当事人根据具体情境与临场变化，随机应变地做出切合情境的巧妙反应。

（1）对下面的命题，做灵活多样的表述。

　　① 余林同学进步不小　　② 细节决定成败　　③ 好事多磨

　　④ 有情人终成眷属　　　⑤ 相见不如怀念　　⑥ 吃亏是福

（2）阅读以下案例，并分析其思维表达技巧。

案例1

　　有一位官员到香港，一下飞机，就有一位记者向他发问："请问，您这次来香港带了多少钱？"显然，这是一个不便回答也不能回答的问题。因此，这位官员转移话题，回答道："您知道吗？有句俗话，见到女士不应问岁，见到男士不应问钱。"

案例2

　　据说，卡特在参加总统竞选时，有一位反对派的女记者去采访他的母亲。女记者问："你的儿子说，如果他说假话，大家就不要投他的票，你说，卡特说过假话吗？"卡特母亲说："说过，但都是善意的。"女记者："什么是善意的假话？"卡特的母亲说："比方说，您刚才进门的时候，我说您很漂亮。"

二、对话式辩论训练

在日常生活中，我们往往会不知不觉地跟人争辩。这种争辩，虽不像竞赛式辩论那样唇枪舌剑、咄咄逼人，也不像答辩式辩论那样严肃，但生活中的辩论，不管谁胜谁负，往往会因思想碰撞而迸发出智慧的火花，给生活增添色彩。

（1）阅读以下案例，并结合辩论技巧加以分析。

案例1

　　飞机上，一位男乘客对一名乘务员傲慢地命令道："小姐，把我的行李放上去。"乘务员微笑着回答道："先生，对不起，我一个人力量不够，我们一起抬上去，好吗？"那名乘客马上讥笑说："你不是天使吗？天使还放不上去？"乘务员依然微笑着回答："先生，你可是我们的上帝啊！连上帝一个人都放不上去，我一个天使又怎能一个人放上去呢？"

学习笔记：_____

_____

_____

案例2

一天，妈妈对女儿小李说："你爷爷这个老不死的东西，昨天又在你爸爸面前说我的坏话了。"小李听了回答道："妈妈，你可是我和弟弟学习的榜样呀，怎么能够这样说爷爷呢？爷爷为了我们这个家付出了很多呀，要不是爷爷的坚持，爸爸怎么能上大学，要不是爷爷照顾我们，你们又怎能全身心投入工作？"

学习笔记：_____

_____

_____

（2）假如你是下面案例中的这位学生，该如何与父亲进行一次"计算机之辩"，来实现自己的"计算机梦"呢？

一名计算机专业的大一学生，想买一台计算机，可是父亲认为，大一学生买计算机费钱，也没太大必要，用计算机会影响学习，计算机性能会越来越好，而价格会越来越便宜，可以以后再买。

学习笔记：_____

_____

_____

三、答辩式辩论训练

答辩式辩论主要指法庭辩论、外交辩论、毕业论文答辩、答记者问等。其辩论过程与逻辑有密切的关系，分为直接辩论和间接辩论两种形式。

直接辩论，是指用事实或道理来证明论题真假的辩论，常用三段论法、选言法、假言法、二难法、类比法、比喻法等辩论方法。间接辩论，是指用事实或道理证明某一中间判断的真假来证明论题真假的辩论，常用反证法、归谬法等。

1. 逻辑方法理解训练

（1）三段论法，指在辩论时，从已知的大前提和小前提出发，合理推出未知的结论。例如：

"任何公民都有通信自由"（大前提）

"小李是公民"（小前提）

"所以，小李有通信自由"（结论）

（2）假言法，指在辩论时，用假设的前提去推理。例如：

犯罪分子作案必须有作案的时间，如果犯罪嫌疑人没有作案时间，那么，他不可能是犯罪分子。

（3）二难法，指在辩论时，巧设两种选择，不管对方选择哪一项，其结果都是相同的。

2. 逻辑方法运用训练

假如你是公诉人，请用二难法，针对被告人为自己开脱罪责的诡辩进行反驳。

某工厂发生了一起重大责任事故，给国家造成了 400 万元的巨大损失。人民检察院对该厂厂长和党委书记提起了公诉。在法庭辩论阶段，厂长为自己辩护说："这次事故是工人违反操作规程造成的，我们根本就没有支持工人违反操作规程，更不可能知道工人要违反操作规程，因此我们不应该负刑事责任。"（刘汉民，2006）

学习笔记：＿＿＿＿＿＿＿＿＿＿＿＿＿＿＿＿＿＿＿＿＿＿＿＿＿＿＿＿＿＿＿＿

＿＿＿＿＿＿＿＿＿＿＿＿＿＿＿＿＿＿＿＿＿＿＿＿＿＿＿＿＿＿＿＿＿＿＿＿＿＿

＿＿＿＿＿＿＿＿＿＿＿＿＿＿＿＿＿＿＿＿＿＿＿＿＿＿＿＿＿＿＿＿＿＿＿＿＿＿

四、竞赛式辩论训练

辩论赛是一场智慧之战、机敏之争，也是在动态思维中进行的一种高智商的游戏。辩论能否成功，对辩论双方来说，不在于各自拥有多少真理，而在于能够辩论出多少真理和智慧。

1. 取材技巧训练

在辩论中，接到对方的论题后，若是长篇累牍地引经据典，有时不但不能驳倒对方，反而还会使自己深陷绝境。倘若拥有"现挂①"的机敏、瞬间的智慧，有的放矢、就地取材、"调兵遣将"，往往能四两拨千斤，一招制敌。不过，我们辩论时，追求的是让人心服口服，因而在截取对方的故事或者特征来佐证自己的观点时，一定要顾及他人的感受。

（1）阅读下列辩词片段，说说辩论双方取材的技巧。

辩题 1

信息高速公路的发展对发展中国家是否有利

反方：中国有句成语叫"有勇无谋"。对方辩友口口声声说要飞快发展、飞跃前进，我想到了《三国演义》里的张飞，有勇无谋，徒有匹夫之勇。如果发展中国家都成了"张飞"，那是飞不起来的！

正方：反方辩友从飞跃发展，想到张飞，想到有勇无谋，想象力真够丰富的，可惜这不是逻辑推理！我的名字叫徐海楼，难道我往这儿一站，海市蜃楼就出来了吗？如果我要这么说，你们会马上把我送到安定医院去！

学习笔记：＿＿＿＿＿＿＿＿＿＿＿＿＿＿＿＿＿＿＿＿＿＿＿＿＿＿＿＿＿＿＿＿

＿＿＿＿＿＿＿＿＿＿＿＿＿＿＿＿＿＿＿＿＿＿＿＿＿＿＿＿＿＿＿＿＿＿＿＿＿＿

＿＿＿＿＿＿＿＿＿＿＿＿＿＿＿＿＿＿＿＿＿＿＿＿＿＿＿＿＿＿＿＿＿＿＿＿＿＿

辩题 2

不立不破/不破不立

正方：对方辩友说，破就是破旧，那么，我请问，如果新事物还没有出现的话，你如何能够断定现存的事物是旧事物？你又如何能断定是不是应该破它呢？对方辩友如果连这个问题都没有搞清楚的话，那么你们所谓的不破不立，只能是瞎破瞎立啊！

反方：如果像对方辩友那样，不立不破，不破就立，不管苍蝇蚊子，都一股脑儿先吞下去再说，那么到发病的时候，就只怕欲破不能，悔之晚矣呀！这就好比对方的三位女辩手，如果不破除旧礼教，那么恐怕至今还"藏在深闺人不知"呢！

学习笔记：＿＿＿＿＿＿＿＿＿＿＿＿＿＿＿＿＿＿＿＿＿＿＿＿＿＿＿＿＿＿＿＿

＿＿＿＿＿＿＿＿＿＿＿＿＿＿＿＿＿＿＿＿＿＿＿＿＿＿＿＿＿＿＿＿＿＿＿＿＿＿

＿＿＿＿＿＿＿＿＿＿＿＿＿＿＿＿＿＿＿＿＿＿＿＿＿＿＿＿＿＿＿＿＿＿＿＿＿＿

---

① 现挂，指演员根据演出的实际情况，在适宜的情境里，联系当时当地发生的事件，现场即兴发挥。

（2）阅读下列辩词片段，说说辩论双方从赛场或赛场人员取材的技巧。

辩题1

温饱是不是谈道德的必要条件

反方：说到政府，新加坡不也曾经筚路蓝缕吗？当时的新加坡总理李光耀告诫国人：我们一无所有，所有的只是我们自己。他强调：道德是使竞争力胜人一筹的重要因素。试想：如果因为民众一无所有，政府就不提倡美德，新加坡哪有今天的繁荣昌盛、国富民强呢？

（武鹰，2006）

学习笔记：_____

_____

辩题2

人才是否应具备合理的知识结构

反方：小说《三重门》的作者韩寒，《幻城》的作者郭敬明，《愤青时代》的作者胡坚，这些少年成名的作家的理科成绩都不理想，但他们的文学天赋和成就，是断然不能否定的。请问，韩寒、郭敬明、胡坚算不算人才？

正方：对方所举的几位少年成名的作家是不是人才，现在下结论实在太早了！他们的作品经得起时间的检验吗？如果他们也像金庸先生一样，十五岁出书后，继续深入生活、勤奋创作，写出许多优秀作品，当然是人才；如果写出一两本小册子后，便江郎才尽，就不是人才！对方辩友请注意，你们在例证分析中犯了时空错位的逻辑错误。

学习笔记：_____

_____

辩题3

艾滋病是医学问题/社会问题

反方：一个人得了病也许不是社会问题，千百万人得了艾滋病难道还不是社会问题吗？

正方：那千百万人还曾经得过感冒，千百万人还曾经得过心脏病，难道这都是社会问题吗？

反方：一个人打喷嚏不是社会问题，但如果我们全场的人同时打个喷嚏——还不是社会问题吗？

（武鹰，2006）

学习笔记：_____

_____

2. 类比妙驳技巧训练

阅读下列辩词片段，说说其类比妙驳的技巧。

辩题1

根除学术腐败的关键在于教师/学生

反方：教师在教书的时候，才是教师；不教书的时候，他们是学者。请对方辩友不要混淆了身份概念。

正方：难道教师在教书的时候就不是学者了吗？如果教师只有在教书的时候是教师，那么是不是表示一根蜡烛在点燃的时候是蜡烛，在不点燃的时候就不是蜡烛了呢？

学习笔记：_____

_____

_____

辩题2

应不应当反对申请助学贷款的学生高消费

正方：如果说高消费是大学生成才的必要条件，那"船院"的学生是不是都要去买一条船，我们"农学院"的学生是不是都要去买一块田呢？

反方：我们没有要求农学院的学生都去种田，但你们能让我们软件学院的同学拿着算盘编程吗？

学习笔记：_____

_____

_____

辩题3

在校大学生结婚是否有利于个人发展

反方：据有关资料统计，大学生恋爱的分手率居高不下。毕业前夕，分手潮俨然成为校园一景。请问对方辩友，如果这些恋人在学校结了婚，毕业时的分手潮是否会变成离婚潮？

正方：请对方辩友不要给今天的辩题加上一个定语，今天的辩题是在校大学生结婚是否有利于个人发展，而不是在校大学生不负责任的结婚是否有利于个人发展。难道对方辩友认为不负责任和结婚可以等同吗？就比如天使，我们说它是一个美好的事物，那如果我们在前面加上"堕落"两字，变成了"堕落天使"，你还觉得它是一个美好的事物吗？

学习笔记：_____

_____

_____

辩题4

学知识是否要求立竿见影

反方：学知识不应该要求立竿见影，知识被大脑接受后，还要经历一个分辨、整理、消化的过程，不可能马上就学会。就好比今天我们吃下一块牛肉，没有必要要求明天一定在身上长出一块相应的肉来。

正方：食物是有形的，知识是无形的。你吃进食物当然不可能立竿见影，也万万不能立竿见影。我们一生不知要吃多少肉，如果吃一块就长一块，后果不堪设想。但学知识却不同，人们把进修学习、继续教育叫作"充电"。我们的大脑好比电灯，知识好比电源，电源对电灯的充电功能，肯定是立竿见影的！

学习笔记：_____

_____

_____

辩题5

大学生经商的利与弊

反方：一只刚出生的小母鸡，它还不会下蛋，因为它还无蛋可下，它目前的责任是进食，等长大以后自然就能下蛋了。在校的大学生，绝对不应该靠经商赚钱来减轻家庭负担，他们目前的任务应该是学习，等学成参加工作后，自然就能够承担起家庭责任了。

正方：也许，大学生经商与刚孵出来的小母鸡下蛋，是存在一定的可比性的。但大学生毕竟不能等同于小母鸡。小母鸡下蛋是力所不能及的事情，是客观条件决定的，而大学生在搞好学习的前提下，利用空余时间经商，一可以减轻家庭的经济负担，二可以锻炼自己的能力，何乐而不为呢？大学生经商比小母鸡下蛋容易得多吧！

学习笔记：_____

_____

_____

_____

3. 攻守谋略技巧训练

在辩论赛场上，最容易使己方陷入劣势的是被动应战。因此，要想掌握辩论的主动权，反客为主，使己方稳操胜券，就必须灵活运用逻辑推理，掌握攻守战术。阅读下列辩词片段，说说其攻守谋略技巧。

辩题 1

计算机是否一定给人类带来福音

正方：反方辩友列举了计算机给人类带来的种种弊端，但是正如雨果所说：任何工具的产生都有它胚胎时的丑恶和萌芽时的美丽。计算机这种事物，虽然是初生的婴儿，但它给人类带来的福音已经完全可以判定了！

反方：对方辩友的逻辑真有趣。如果对一个刚生下来的婴儿我们就可以下判决书，判定他今后给人们带来的是祸是福，那么为什么希特勒没有被人们掐死在摇篮里呢？

学习笔记：_____

_____

_____

_____

辩题 2

人之初是性本善/性本恶

正方：正因为人性本善，所以人随时可以"放下屠刀，立地成佛"。这个成语难道不正说明了人的本性是善良的吗？

反方：有的人是会放下屠刀、立地成佛的，这不错。但我要问，如果人的本性都是善良的，谁会拿起屠刀呢？这个成语归根结底，只能证明我方的观点：人之初，性本恶！

学习笔记：_____

_____

_____

_____

辩题 3

医学的发展是否脱离应用

正方：既然是学医的，怎么会把发展和应用截然分开呢？对方辩友，知不知道外科学、内科学、儿科学、妇科学，离开了实际应用，这些学科能叫医学吗？医学都不是，又怎么能发展呢？

反方：我倒想请问对方辩友了，得了"相思病"是去看外科还是去看内科？

学习笔记：_____

_____

_____

辩题4

离婚率上升是不是社会文明的表现

反方：我只想请大家设想一个很简单的场景，当越来越多的孩子在他们最需要关怀的时候，偏偏失去了健全的爱，这难道能说是社会文明的表现吗？

正方：君不见，有多少孩子在父母的吵闹声中流着眼泪离家出走；又有多少孩子有家不愿回，流浪在外而误入歧途。他们是有一个家，然而，这样的家带给他们的又是什么呢？

学习笔记：_____

_____

_____

辩题5

社会秩序的维系主要是依靠法律/道德

正方：你认为社会秩序的维系主要是依靠道德。那么我问你，如果你家里被"梁上君子"光顾了，你是立即去报警呢，还是等待那不知其名的小偷良心发现，归还所窃物品呢？

反方：一位中年妇女在银行自动取款机上取了钱，一出门就被小偷偷了。她发现后大声呼喊，结果三十多名群众一起追去，有骑摩托车的，有开出租车的，很快就把小偷捉拿归案。可见道德不但能够扬善，同时也具备惩恶的功能！

学习笔记：_____

_____

_____

4. 语言表达技巧训练

汉语词汇丰富、意义深刻。谋略是辩论的内涵，语言是辩论的形式。灵活运用语言艺术，将内涵与形式完美统一，可以使辩论更具艺术魅力。阅读下列辩词片段，说说其语言表达技巧。

辩题1

不破不立/不立不破

正方：对方要讲历史，我们就从最古老的时期讲起。如果人类不破除四条腿走路的习惯，那么我们今天怎么能站在这里和对方辩友辩论呢？

反方：按照对方辩友"不破不立"的逻辑，要把四条腿走路的猴子斩尽杀绝，人才能站起来走路喽！

学习笔记：_____

_____

_____

辩题2

流动人口的增加有利于城市发展/不利于城市发展

反方：请问推力是多少？拉力是多少？流入是多少？流出是多少？

正方：拉力是巨大的，推力是巨大的。对方辩友说流动人口的增加不利于城市发展，是不是说流动人口的减少有利于城市的发展？

学习笔记：_____

_____

_____

辩题3

艾滋病是社会问题/医学问题

正方：对艾滋病的治疗与控制，我们不能仅仅让医学参与！在非洲很多地方，艾滋病已经导致了"千山鸟飞绝，万径人踪灭"，还要让医学这个"孤舟蓑笠翁"来"独钓寒江雪"吗？

学习笔记：_____

_____

_____

辩题4

名人免试就读名校利大于弊/弊大于利

反方：为什么名人就可以免试进入大学？难道凭借的就是那所谓的一个名字吗？难道一个名字就可以在"深山"之间的"独木桥"旁，堂而皇之地辟出一条"狭隘"意义上的"阳光大道"吗？相对于日夜埋头苦读、梦想着进入名校的普通学子，名人仅仅凭借其本身具有的所谓"名气"而轻松进入高等学府，这难道不是对高考公正力与社会公信力的亵渎吗？

学习笔记：_____

_____

_____

辩题5

爱一行干一行/干一行爱一行

正方："人生自古谁无死，留取丹心照汗青"的文天祥、为医药事业尝遍天下毒草的名医李时珍、一生贫困潦倒仍不放弃音乐的贝多芬，无不是爱一行干一行的典范。只有爱一行干一行，才能正视历史，超越现实；只有爱一行干一行，才能重视人类文明的结晶，培养健全向上的人格；只有爱一行干一行，才能调动人的能动性，为社会创造最大的价值。

学习笔记：_____

_____

_____

辩题6

体育比赛该不该引进计算机裁判

反方：当计算机裁判满怀自信地步入赛场后，过分地强调准确，将严重弱化体育比赛的观赏性和参与性。

　　正方：观赏的是什么？是一种体育美。美的基础是什么？是真。公平就是对真的一种保证。如果连公平都得不到保证，欣赏性从何而来？

学习笔记：＿＿＿＿＿＿＿＿＿＿＿＿＿＿＿＿＿＿＿＿＿＿＿＿＿＿＿＿＿＿＿

＿＿＿＿＿＿＿＿＿＿＿＿＿＿＿＿＿＿＿＿＿＿＿＿＿＿＿＿＿＿＿＿＿＿＿＿＿

＿＿＿＿＿＿＿＿＿＿＿＿＿＿＿＿＿＿＿＿＿＿＿＿＿＿＿＿＿＿＿＿＿＿＿＿＿

＿＿＿＿＿＿＿＿＿＿＿＿＿＿＿＿＿＿＿＿＿＿＿＿＿＿＿＿＿＿＿＿＿＿＿＿＿

 小贴士

　　竞赛式辩论是展示辩手知识水平、理论功底、逻辑能力、应变能力和运用语言技巧的最佳时机。

 课外训练

一、复习思考

1. 什么叫辩论？辩论的四个要素是什么？

2. 什么叫思维？思维的方式有哪些？提高思维能力应从哪几方面着手？

3. 辩论的语言技巧有哪些？在语言实践活动中，你准备如何学以致用？

二、实训练习

1. 指出下列辩题所属类型。

　　大学毕业生应该先就业后择业/大学毕业生应该先择业后就业

　　仁者有敌/仁者无敌

　　大学生做家教利大于弊/大学生做家教弊大于利

　　计算机终将战胜人脑/计算机不会战胜人脑

　　金钱是谈婚姻的必要条件/金钱不是谈婚姻的必要条件

　　在校大学生知识积累与人格塑造，哪个更重要？

　　网上购物利大于弊/网上购物弊大于利

2. 阅读下文对辩题的界定，说说其妙处。

辩题 1

顺境出人才/逆境出人才

　　反方对辩题的界定：人才就是同类人中能够脱颖而出、出类拔萃的人物；顺境就是顺利的环境，比如顺风而行，顺流而下；逆境不但是悲惨之境、苦难之境，还是困难之境。在苦难之境、困难之境中，别人畏缩不前，你仍然勇往直前，于是脱颖而出，成为人才，所以说人才只能产生于逆境。在顺境中，人人乘风而行，人人顺流而行，谁也不能称为人才，因为人才必须出类拔萃。人才与顺境无关，只有逆境才能出人才。

辩题 2

人性本善/人性本恶

　　反方对辩题的界定：事实上，人性与生俱来是恶的；价值上，我们不鼓励恶，希望通过教化来使人性向善的方向发展；起源上，人性本恶，但是如果人皆相恶，那么人种便难以保存，为了群体的生存，必须制定一些规则，那最初的对于规则的遵守便是善的起源。

3. 请根据甲乙双方的观点，设计一场学术辩论。

甲：已经成为专业赛车手的韩寒，一路走来，种种言行都离经叛道——拒绝参加作协、向文学前辈开炮。与韩寒相比，郭敬明从创办文学刊物再到创办文化公司，所走的道路是中规中矩的——愉快加入作协、对文学前辈充满敬意。

乙：韩寒喜欢批判现实，其语言简练深刻、针砭时弊，读起来很过瘾。郭敬明给人的感觉是温顺、谦和的，但常被人指责抄袭。

韩寒与郭敬明，两位"80后"作家中的领军人物，当年都是因为参加"新概念作文大赛"而崭露头角的。他们借以出道的"新概念作文大赛"自 1998 年开始举办，从中走出了韩寒、郭敬明、张悦然、杨雨辰、金国栋、七堇年等一批有社会影响力的青春作家。

—— 温馨提示

4. 根据案例，设计一场法庭辩论。

案例 1

被告人李某因小事与被害人发生口角，由于被害人朱某骂了李某一句"蠢猪"，于是李某拿起一把水果刀朝被害人胸部刺去，致被害人朱某重伤。在法庭辩论中，李某为自己辩护说，他刺伤朱某是事出有因，朱某是咎由自取。

案例 2

2021 年 6 月，王某因雇凶殴打他人，被法院判决拘役 6 个月。出狱后，王某和两名受害者同时向司法机关提出申诉。王某要求认定无罪，因为雇凶打人是典型的故意伤害案件，但两名受害者的伤情没有达到定罪的程度。两名受害者则要求重新定性，从重判罪；即使法院认定"故意杀人未遂"有难度，也至少应按"故意重伤未遂"判定，而不是现有判决所认定的"寻衅滋事"。

5. 通过网络查找并选看辩论赛视频（可扫描二维码观看 2021 年国际大专辩论赛"不以成败论英雄"辩论片段），了解赛制、分析辩论技巧并进行模仿练习。

6. 选择下列辩题，举行一次辩论赛。赛前以小组为单位进行审题、立论、搜集资料、制定战术、撰写辩词等准备工作，赛后进行互评和成绩评定。

(1) 沉默是金/沉默不是金

(2) 人生机遇与奋斗哪个更重要？

(3) 青春偶像崇拜利大于弊/青春偶像崇拜弊大于利

(4) 手机垃圾短信是侵权/手机垃圾短信不算侵权

(5) 道不同不可谋/道不同也可谋

(6) 美是客观存在/美是主观感受

(7) 网络有真情/网络无真情

(8) 应该对艾滋病患者进行强制性检测/不应该对艾滋病患者进行强制性检测

(9) 分数应当是评价学生的主要指标/分数不应当是评价学生的主要指标

(10) 不破不立/不立不破

(11) 贫困是一种灾难/贫困是一种财富

(12) 爱一个人比被一个人爱更幸福/被一个人爱比爱一个人更幸福

(13) 相貌在人生道路上很重要/相貌在人生道路上不重要

(14) 大学生在校期间应该创业/大学生在校期间不应该创业

（15）全才更能适应社会竞争/专才更能适应社会竞争

（16）在遭遇不公平时应该选择沉默/在遭遇不公平时应该选择反抗

（17）有岗位才有作为/有作为才有岗位

（18）学高为师/身正为师

（19）不以英雄论成败/要以英雄论成败

（20）个人命运由个人决定/个人命运由社会决定

（21）当今社会合作比竞争更重要/当今社会竞争比合作更重要

（22）真才实学比人际关系更重要/人际关系比真才实学更重要

（23）成大事者不拘小节/成大事者要拘小节

（24）成功在于机遇还是能力？

（25）竞争不会影响友谊/竞争会影响友谊

（26）理想人才以"仁"为主/理想人才以"智"为主

（27）历史题材影视剧能否戏说？

（28）"网红经济"是未来趋势/"网红经济"只是昙花一现。

三、网络实践

通过网络搜索并观看《奇葩说》第3季第21期《爱上人工智能算爱情？》视频，说说其中的辩论技巧，并以参赛辩手的身份重新撰写一份辩词与大家分享。

附　辩论演讲暨针锋相对折服度检测标准

辩论演讲暨针锋相对折服度检测标准（辩手）

辩手评分标准	正方				反方			
	一辩	二辩	三辩	四辩	一辩	二辩	三辩	四辩
内容资料（30分）								
语言表达（15分）								
逻辑思维（15分）								
辩驳能力（15分）								
整体意识（15分）								
综合印象（10分）								
总计得分								

辩论演讲暨针锋相对折服度检测标准（团队）

团队评分标准	正方	反方
开篇陈词（20分）		
攻辩技巧（15分）		
攻辩小结（15分）		
自由辩论（20分）		
语言风度（10分）		
团体配合（20分）		
总计得分		

模块三

职场口才与训练

本模块主要内容：

第七章 Chapter 7 | 求职口才

学习目标

◎ 了解求职口才的含义、特点和意义。
◎ 掌握求职自我介绍、应答提问技巧。
◎ 能够运用求职口才技巧参加模拟训练。
◎ 提高面试应答同频度，增强竞争抗挫意识。

案例导入

在市场经济大潮中，大中专毕业生要想找到一份称心如意的工作，必须参与人才市场的竞争，必须通过求职面试这道关口。徐露毕业两年了还未找到工作，为此他经常在论坛上看"面试经"，并活学活用，无论到哪里应聘，只要招聘方要求"说一下你的优点和缺点"时，

求职口才范例1

他便回答："我最大的优点是善良，最大的缺点是过于善良。"当招聘方要求"说说你的座右铭是什么"时，他就回答："办法总比困难多。"结果总是没有下文。

天津卫视的《非你莫属》是一档高规格、高难度的现场招聘节目。虽然招聘官对应聘者有着最犀利的评判和最严格的挑选，但还是有许多应聘者心想事成。推荐课余时间选看该节目。

案例思考：应该说徐露的回答无可挑剔，可为什么他总是拿不到招聘单位的"通行证"，而高难度的《非你莫属》招聘现场却有许多应聘者成功应聘呢？本章内容可以从哪些方面为应聘者指点迷津？

第一部分　求职口才基础知识

随着社会经济的发展，人事制度改革日渐成熟，高校毕业生与用人单位基本上都实行了双向选择。面对人才市场的激烈竞争，怎样在资讯发达的信息时代展示才华，推销自己？怎样在强手如林的竞争队伍中脱颖而出，得到用人单位的青睐，实现自己的理想？这是每位求职者普遍关心的问题。

一、求职口才的含义

求职，就是选择、谋取职业。求职口才就是求职者在应聘（面试）过程中进行语言沟通时所表现出来的才能。求职口才既是一个人诸多能力的外在标志，也是一个人综合素质的具体体现。招聘单位在注重学历层次的同时，更看重的是应聘者的素质和综合能力。

　　案例中这位应聘者的回答，以不变应万变，没有个性甚至让人感到没有诚意，落聘是自然的事情。

　　在《非你莫属》舞台上的成功应聘者，都深谙求职技巧，清楚企业最在乎的是应聘者能做什么、能解决什么问题；而自己所做的一切努力，目的只有一个，那就是让招聘者感到满意。

　　本章从自我介绍、面试应答两个环节入手，通过讲解技巧、模拟训练等形式，为求职者成功应聘助力。

二、求职口才的特点

　　求职口才除了具有口才的一般属性外，还具有其自身的特殊性，其特殊性主要表现在以下三个方面。

🎬 **音视空间**

求职口才范例 2

　　（1）目的性。在面试考场上，求职者运用简洁、坦诚而富有个性的语言进行自我介绍、回答提问等都是为了显示自己的实力和价值，让面试官认可自己，以获得理想的职位。

　　（2）自荐性。求职就是要把自己推销出去。应聘者除了必须具备较高的思想素质和专业技术外，还必须正确地评估自己，有针对性地美化自己，恰如其分地推荐自己。如电视剧《杜拉拉升职记》中的杜拉拉，到 DB 公司面试，由于敢于尝试和操作，她终被 DB 公司录用。

　　（3）艺术性。求职现场，面试官往往会出其不意地提出一些让求职者难以回答又不得不答的问题。面对这些五花八门的招聘"拷问"，求职者只有巧妙而艺术性地应对，才能应聘成功。

三、求职口才的意义

　　良好的求职口才，是当下用人单位对人才提出的一个"入围"条件。据广州一家职业测评咨询机构的负责人介绍，用人单位在选拔人才时，越来越重视求职大学生的综合素质，特别是良好的沟通能力。对求职者而言，掌握好求职口才有以下几点现实意义。

　　（1）成功推销自己。事业的成功与失败，往往决定于某一次谈话。从社会需求看，口才是衡量一个人思想水平高低的重要标准，也是检验一个人才干和人格魅力的标准。面试是求职者推销自己的良机，要让面试官在短暂的时间内认识和欣赏自己并非易事。求职者只有熟练地掌握求职的口才艺术，在"敢说、会说、巧说"上多做文章，才能在激烈的竞争中过关斩将，走向成功。

　　（2）获得有效信息。职业方向直接决定一个人的职业发展，选错了行业可能会错过自己本该有所作为的人生。在求职的过程中，招聘方与应聘者的关系是平等的。招聘方通过交谈了解应聘者是否适合岗位，应聘者也可以通过询问，了解招聘单位的情况，以决定自己是否接受这一工作。

　　（3）顺利发展事业。口才是一项人才资本，是职业生涯中必须储备的能力，也是成为社会人的必要条件。拥有良好的口才，可以获得更多的生存与发展空间。"讲话也是生产力"，好口才是大学毕业生制胜的法宝，有助于事业的成功。好口才行遍天下，好口才改变人生，好口才赢得好人缘。求职者善于沟通、善于说服，可以让更多的人认同自己、接受自己、帮助自己。

四、求职面试应该注意的问题

作家柳青说："人生的道路虽然漫长，但紧要处常常只有几步，特别是当人年轻的时候。"求职面试也是应聘者人生道路上关键的一步。规避求职风险，需要选准应答角度，运用正确方法。

（1）听清题意。口试的题目，许多是面试官准备好的，有题目卡片可供选择，有的是面试官即兴提问的。应聘者首先必须在听清题意或看清题目后，针对所问的题目回答，不要偏离中心。

（2）引发共鸣。优美的声音，全靠发音体之间适宜的振动共鸣；成功的自我推销，来源于求职者与面试官之间高效的信息共鸣。一般来说，共鸣度越高，共鸣面越广，应聘成功的概率也就越大。求职者可以用具体的数据，提醒面试官自己的知识、技能和素质对他们确实有用。

（3）展示亮点。亮点就是自己的优势，几乎每个人都有他人所不具备的优势。求职过程实际上就是一个自我展示的过程，亮点越多越好，亮点越耀眼越好。应聘者可以用生动、精练的语言，陈述、表露自己的实际能力、特殊本领或今后的发展优势。例如，应聘者可以说："我感觉这个岗位比较适合我，与我所学的专业和毕业设计的题目高度相关。"

（4）化解两难。"如果录用你，你能长期工作、不跳槽吗？"如果回答"会跳槽"，那么面试官肯定不会录用你；如果回答"我不会跳槽"，不仅把自己给套住，而且容易给人造成也许能力不强的错觉。在面试过程中，面试官会提一些别出心裁的两难问题，有意让应聘者经受极端的考验，以考察一个人的品质、创造性和自我控制能力。应聘者要临危不惧、从容镇定，奉行无伤害原则，快速巧妙地跳出圈套，创造"柳暗花明又一村"的新局面。

小贴士

说话和事业的发展有很大的关系，你出言不慎，将不可能获得别人的同情、别人的合作、别人的帮助。

——富兰克林

第二部分　求职口才的技巧

每一个人都希望自己能够找到一份理想的工作，可是谋取工作并不是一件简单的事情，只有做好求职前的一系列准备工作，方能如愿以偿。在求职的过程中，用人单位往往通过自我介绍、问题应答等面试形式来了解应聘者的素质和能力，以决定是否录用。

对于面试，有人说面试不过是谈谈话，见见面；有人说面试就是口试。其实面试既不等于谈话，也不等于口试。招聘方主要用这一筛选方式对应试者素质特质、能力状况及求职动机进行观察和判断。面试过程具有内容灵活、过程双向、对象单一、评价主观等特征。

一、求职自我介绍技巧

自我介绍是一种检测性被动交谈。谈自己，本来是既简单又丰富的话题，但许多人在这点上却做得不好，要么声音小，结结巴巴；要么事无巨细，东拉西扯。不能吸引和打动顾客的广告，是失败的广告；不能打动和吸引招聘方的自我介绍，当然是失败的自我介绍。

1. 求职自我介绍的特点

自我介绍是求职口才训练中一个重要的内容，主要有以下几个特点。

（1）简练性。一两分钟的自我介绍，犹如商品广告，要在有限的时间内，针对客户的需要，将自己最美好的一面简明扼要地表达出来，不但要给招聘方留下深刻的印象，还要让他们对你感兴趣。

（2）重点性。介绍的内容要详略得当，应重点介绍自己拥有的与应聘岗位相匹配的素质和能力，不能眉毛胡子一把抓，想到哪儿就说到哪儿。

（3）逻辑性。以口语为媒介的自我介绍，可谓稍纵即逝，更需要叙述时层次清晰，不能语无伦次、颠三倒四。

（4）新颖性。介绍内容要有新意，能够激起招聘方的"听趣"，让其产生较强烈的好感，留下较为深刻的印象。

2. 求职自我介绍的方式

求职自我介绍的方式有很多，我们主要介绍以下几种。

（1）直白型。直白型就是原原本本、直截了当地告诉招聘方自己的基本信息。这种介绍轻松洒脱，直接简单，不会给自己造成太大的心理压力。例如：我叫××，来自××，毕业于××学院，学的是护理专业，3 年制专科……

（2）文雅型。文雅型就是把话说得很规范且有文采，以显示自己丰厚的文化底蕴。例如：本人××，祖籍江苏省，就读于××大学，主修专业为××，学制 4 年……

（3）成果型。用成果去抓住并打动招聘方的心。这种介绍，重点突出，内容新颖，能够突出能力优势。例如：我叫××，来自××，毕业于××大学××专业，博士学位，三次获得上海市科技进步奖，发表核心论文 20 余篇……

（4）幽默型。幽默得体的介绍，能够表现出应聘者儒雅的气质和风度，也会给面试场合增添轻松愉快的气氛。这样的介绍能够在比较短的时间内迅速引起招聘方的注意，缩短与招聘方的心理距离。例如：我叫××，知名度小，来自大都市，却是一介草民……

（5）职务型。现实生活中人们往往把职务等同于水平。这种介绍方式即借助于列举职务来显示自己的学识水平和技术能力。这种介绍很容易让自己成为用人单位的候选人。例如：我叫××，来自××，毕业于××大学××专业。在校期间，我特别注重实践锻炼，在校内长期担任院学生会主席及大学生科技攻关小组组长；在校外，同时兼任两家信息技术公司的总经理助理……

二、求职应答提问技巧

用人单位招聘人才，往往会通过一次或多次面试交谈，来了解应聘者是否符合招聘要求。应聘交谈是求职应聘中最为关键的一环，回答是否有真知灼见，直接决定面试的成败。

1. 基本问题应答技巧

尽管不同的招聘单位面试程序和模式不尽相同，招聘方的风格也存在差异，但有些基本问题是面试中普遍会涉及或问起的。"求职场上无小事"，虽然这些基本问题比较简单，但还是应该有所准备。例如："谈谈你的家庭情况好吗？""你有什么业余爱好？""你最崇拜谁？""你的座右铭是什么？"等。回答这样的基本问题可以运用以下技巧。

（1）直言相告法。这种实话实说的方式，一般用来回答内容弹性很小的问题。例如："你是哪所学校毕业的？""你有什么兴趣爱好？"等。

（2）实例证明法。当招聘方提出的问题需要事实支撑时，可以采用此法。例如："你在大学期间有没有参加社会实践活动？"等。回答时，可举暑期的社会调查、家教经历、短期打工经历等例子。

（3）张扬个性法。独到的见解和具有个性的回答，可以引起招聘方的兴趣和注意。例如："说实话，今天我来这儿应聘很紧张，因为贵公司是我的第一选择。从上大学开始，我就开始关注它。为了今天的应聘，我一宿都没睡好。"

2. 难题应答技巧

从某种意义上来说，面试过程是一个智力较量的过程。招聘方提出的问题，林林总总，除了基本问题外，最让应聘者感到棘手的是一些难题和怪题。如何化解难题，巧答怪题？灵活运用难题应答技巧，可以助你完美求职。

（1）巧转话题。在求职过程中，当招聘方向你提出一些看起来很实在，但又不宜据实回答的问题时，就该换个角度，化弊为利。例如：

> 承认缺点，并把话题转向克服缺点的方法，回答很巧妙。
> —— 温馨提示

招聘方：你将如何克服自己的缺点？

应聘者：我的性格内向，社会活动能力较弱。因此，我总是尽可能多地去参加一些社会活动和公益事业，并主动向有经验的人学习。通过锻炼，我的性格变得越来越开朗，社会活动能力也有所提高。

（许利平，2007）

（2）虚实相间。为了解应聘者的理解能力、潜在能力和可塑性，招聘方往往会提一些难度比较大的问题。例如，一位应聘者到微软公司应试，在微软公司众多稀奇古怪的问题中，她遇到了这样一道怪题：

招聘方：在没有天平的情况下，你该如何称出一架飞机的重量？

应聘者：这要看你用中国式还是美国式的方法了。假如是中国人，他或许会从古老的"曹冲称象"中得到启发；假若是美国人，他或许会现实一些——拆下零件来分别过磅，也可以浪漫一些，发明特大型吊秤整体称重也是一种方法。

> 这是一个假设性的问题，应聘者以牙还牙，也用假设法做了应答。极富想象力和创意的应答，化虚为实，让招聘方为之叫好。
> —— 温馨提示

（3）巧饰不足。面试时，对难以用确切语言回答的问题，可以采取"曲言婉答、另辟蹊径、暗渡陈仓"的方法来应对。例如：

招聘方：你缺乏相关工作经验怎样开展工作？

应聘者：的确，我缺乏对工作的一些具体感受。但我认为，做好一项工作的关键不在于有无工作经验，而在于有无责任感和良好的工作态度。我相信没有哪位总经理一开始工作就是做总经理的，他们也是一步一步地成长起来的。他们在做总经理之前，也没有做总经理的经验。只要有强烈的责任感和良好的工作态度，其他都不是问题。

> 招聘者明知应聘者是缺乏工作经验的应届大学毕业生，却提这样的问题，这的确让许多同学感到为难。回答这个问题时不要回避，更不要试图证明自己有经验。
> —— 温馨提示

有备而来、有的放矢；巧问妙答、谦虚自信；表现能力、展示风度。

——求职口才"二十四字法则"

第三部分　求职面试技巧训练

一切社交活动都离不开交谈。在知识经济时代，许多用人单位为了树立自身良好形象，获得最大的社会效益和经济效益，对员工的交谈能力提出了更高的要求。

一、求职自我介绍训练

自我介绍是求职面试交谈中的一个重要环节，其介绍效果如何，直接决定着面试的成败。请运用求职自我介绍技巧分析下面几个案例的成功之处。

案例1

为什么不够上镜的杨澜能够击败美女对手，如愿以偿进入《正大综艺》栏目组？

杨澜在应聘《正大综艺》节目主持人并接受面试的时候，主考官对她初试的综合表现评价很高，但嫌她不够上镜。复试的时候，主考官对杨澜说："你将如何做这个节目的主持人？介绍一下你自己。"

杨澜回答："我认为主持人的首要标准不应是容貌，而是要看她是不是有强烈的与观众沟通的愿望。我希望做这个节目的主持人，因为我特别喜欢旅游。人和大自然相亲相近的快感是无与伦比的，我要把这些感受讲给观众听……父母给我起名'澜'，就是希望我能有海一样开阔的胸襟，自强、自立。我相信自己能做到这一点……"

学习笔记：_____

_____

_____

_____

_____

案例2

为什么小吴的自我介绍能够打动用人单位？

小吴是一家外资家电公司的业务员，说起应聘的事情，至今喜形于色。原来，去年他曾与十位本科生同时应聘现在这个岗位。就学历而言，自己是高职院校的专科生，不占优势，但由于自我介绍很有特色，最终他顺利通过面试，得到了这份心仪的工作。小吴的自我介绍具体如下。

招聘老师好！

我叫吴××，吴字是个象形文字，意思是一个猎人不断地回头看他的猎物跟来了没有。因此，姓吴的人是猎人的后代。实际上，我的父母都是煤矿工人，从小他们就一直告诉我，要认认真真做事，踏踏实实做人。我对公司的记忆，是从妈妈购买贵公司生产的洗衣机开始的，妈妈常说：这个牌子的洗衣机好用、耐用，又省电、节水。今天我很幸运，终于有机会来到贵公司应聘。

（吴宏彪，2007，有删改）

学习笔记：＿＿＿＿＿＿＿＿＿＿＿＿＿＿＿＿＿＿＿＿＿＿＿＿＿＿＿＿＿＿＿

＿＿＿＿＿＿＿＿＿＿＿＿＿＿＿＿＿＿＿＿＿＿＿＿＿＿＿＿＿＿＿＿＿＿＿＿＿

＿＿＿＿＿＿＿＿＿＿＿＿＿＿＿＿＿＿＿＿＿＿＿＿＿＿＿＿＿＿＿＿＿＿＿＿＿

＿＿＿＿＿＿＿＿＿＿＿＿＿＿＿＿＿＿＿＿＿＿＿＿＿＿＿＿＿＿＿＿＿＿＿＿＿

案例3

采用以下基本模式进行自我介绍，你觉得被录用的概率大吗？

我叫×××，是××大学××专业××级的应届毕业生。在四年的大学生活中，在个人的努力及学校的教育下，我具备了××专业较为扎实的专业基础知识，系统地掌握了××专业的相关理论，英语通过国家×级考试，计算机通过了×级考试，还获得了××职业资格证书，获得过×次奖学金。

我承担了班级的××工作，使自己各个方面的才能都得到了锻炼。我还参加了××公司的××活动，加深了对社会的认识，取得了××成绩，受到了××公司领导和同事们的一致好评。

我喜欢××，爱好××，是一个性格开朗、尊重师长、团结同学的人，喜欢与人共同努力去完成一项工作。这次应聘贵公司的××岗位。贵公司是一家××的公司，在这样的公司里我能学到许多有用的知识和技能，这将有助于我更加快速地成长。谢谢！

学习笔记：＿＿＿＿＿＿＿＿＿＿＿＿＿＿＿＿＿＿＿＿＿＿＿＿＿＿＿＿＿＿＿

＿＿＿＿＿＿＿＿＿＿＿＿＿＿＿＿＿＿＿＿＿＿＿＿＿＿＿＿＿＿＿＿＿＿＿＿＿

＿＿＿＿＿＿＿＿＿＿＿＿＿＿＿＿＿＿＿＿＿＿＿＿＿＿＿＿＿＿＿＿＿＿＿＿＿

＿＿＿＿＿＿＿＿＿＿＿＿＿＿＿＿＿＿＿＿＿＿＿＿＿＿＿＿＿＿＿＿＿＿＿＿＿

＿＿＿＿＿＿＿＿＿＿＿＿＿＿＿＿＿＿＿＿＿＿＿＿＿＿＿＿＿＿＿＿＿＿＿＿＿

二、求职应答提问训练

对应聘者而言，了解招聘方提问背后的目的，在分析中悟出规律，理出头绪，达到活学活用的效果，至关重要。请运用面试应答技巧分析下面几个案例中求职者应答的优劣之处。

案例1

招聘方：你说你爱好写作，可是我看了你的报考表，在"自我评价"栏中居然出现了三处语法错误，现在没有多余的表格，也不准涂改，你怎么办？

求职者：为了弥补失误，我可以在表后附一张更正说明，上面写上"××地方出现了三处语法错误，实属填表人的粗心，特此更正，并向各位致歉"。不过，在发出这份更正说明之前，我想知道是哪些错误，因为不能无的放矢，错误地发出一份更正说明，我不愿犯这种错误。

学习笔记：＿＿＿＿＿＿＿＿＿＿＿＿＿＿＿＿＿＿＿＿＿＿＿＿＿＿＿＿＿＿＿

＿＿＿＿＿＿＿＿＿＿＿＿＿＿＿＿＿＿＿＿＿＿＿＿＿＿＿＿＿＿＿＿＿＿＿＿＿

＿＿＿＿＿＿＿＿＿＿＿＿＿＿＿＿＿＿＿＿＿＿＿＿＿＿＿＿＿＿＿＿＿＿＿＿＿

＿＿＿＿＿＿＿＿＿＿＿＿＿＿＿＿＿＿＿＿＿＿＿＿＿＿＿＿＿＿＿＿＿＿＿＿＿

案例2

　　招聘方：贸易的范围很广，如果你被分配到需要体力而又不能很好发挥专长的仓库去工作，你有何看法？

　　求职者：我喜欢贸易工作，我觉得到仓库工作和做其他业务工作一样都离不开贸易专业知识。因为我懂专业，这样才能把复杂的仓库工作做得井井有条，加之我有足够的体力，只要想到是在为贸易做贡献，我就是快乐的。

　　学习笔记：＿＿＿＿＿＿＿＿＿＿＿＿＿＿＿＿＿＿＿＿＿＿＿＿＿＿＿＿＿＿＿＿＿＿

＿＿

＿＿

＿＿

案例3

　　招聘方：说说大学几年的收获（成绩、成就、感到自豪的东西等）。

　　求职者：大学四年，我感到自己最大的收获是学会了两件事：一是学会了怎样做事，二是学会了怎样做人。我真的感到做事认认真真，做人踏踏实实是最重要的。这是一个人，也是一个企业发展的关键。我感到我找到了一些做人和做事的感觉，这是我最大的收获。

　　学习笔记：＿＿＿＿＿＿＿＿＿＿＿＿＿＿＿＿＿＿＿＿＿＿＿＿＿＿＿＿＿＿＿＿＿＿

＿＿

＿＿

＿＿

案例4

　　招聘方：我们为什么要聘用你？

　　求职者：这几年的大学生活，我把主要的精力放在学习知识、掌握销售技能上。现在，我相信自己已经是一个完全合格的业务员。在××公司的实践中，每个月我可以完成××销售任务。

　　学习笔记：＿＿＿＿＿＿＿＿＿＿＿＿＿＿＿＿＿＿＿＿＿＿＿＿＿＿＿＿＿＿＿＿＿＿

＿＿

＿＿

＿＿

案例5

　　招聘方：你为什么选择我们公司？

　　求职者：我认为贵公司能为我提供一个发挥专长的工作舞台，我也能同公司共同发展和进步。更为关键的是，我认为最有价值的，是贵公司的核心价值观。

　　学习笔记：＿＿＿＿＿＿＿＿＿＿＿＿＿＿＿＿＿＿＿＿＿＿＿＿＿＿＿＿＿＿＿＿＿＿

＿＿

＿＿

＿＿

案例6

　　招聘方：说说你对于工资的期望。

　　求职者：我一定要为公司努力工作，我相信公司会根据我的表现给我应得的报酬。我最关心的是我能不能把工作做得更好。

学习笔记：_____

_____

_____

_____

_____

　　值得注意的是，面试交谈就像一个销售过程，不能只等着顾客提问，还应该学会向顾客提出问题。在面试交谈过程中，求职者可以提出一些问题。例如："请问这个职位，理想的标准是什么呢？""能否告诉一下，这个企业成功的关键是什么？""关于我自己的情况，您看还需要补充什么呢？""我能否了解这个职位的工作内容呢？""您认为我是否符合这个职位的要求？""能否请您对我今天的表现做个评价呢？""如果我想得到这个职位，我还需要付出什么努力呢？"等，以激发招聘官的倾诉愿望，加深其对自己的印象，使交谈在愉快融洽的氛围中进行。

 小贴士

　　"供需见面"的就业方式，是机遇，更是挑战。面对"僧多粥少"的职场现状，只有拥有良好的口才，才能够让自己"长风破浪会有时，直挂云帆济沧海"。

 **课外训练**

一、复习思考

　　1. 求职口才的含义及特点是什么？

　　2. 求职自我介绍及面试应答有哪些技巧？

　　3. 求职面试应该注意哪些问题？

二、实训练习

　　1. 请分析下面的两组面试对话，说说应聘者面试失败的原因。

对话1

　　招聘者：据我了解，你似乎挺有赚钱的本事，对吗？

　　应聘者：是的，我觉得自己颇有一些赚钱的招数。因为我读的是××大学××专业，又曾在××企业的营销部门兼职。所以，对于赚钱，我还是很有把握的。

　　招聘者：原来你是名牌大学的高才生，不过，我们单位规模较小、层次较低，目前暂时还容不下名牌大学的毕业生，很抱歉。

（许利平，2007）

对话2

　　招聘者：你明天要去旅游，机票已订好，公司突然要求你去加班，你怎么办？

　　应聘者：把飞机票退了，明天去加班。

2. 下面两组对话的应聘者面试应答时，灵活运用了哪种技巧？

对话 1

招聘者： 你今天应聘所穿的衣服还挺休闲！

应聘者： 大学期间我经常穿运动服、夹克衫等便装，若突然改穿西装，会感到很不自然。再说内在的东西重于外表，我想贵公司在用人时更看重的是内在的素质和能力。

对话 2

招聘者： 你觉得家庭和事业哪个更重要？

应聘者： 我会恋爱，会有自己的家庭，但同时我认为现代女性要有自己的追求和事业，要保持经济上的独立和生命的活力。同时我相信，我的家人也会支持我的工作的。

3. 围绕"知、行、能"三要素，以故事的形式进行 3 分钟的自我介绍。

4. 根据以下招聘启事，分别扮演招聘者、应聘者，进行求职面试模拟训练。

助理护士招聘启事

我院因工作需要，公开招聘助理护士 15 名，招聘条件如下。

一、基本条件：

1. 20××年应届护理专业毕业，中专及以上学历；

2. 热爱护理工作，品学兼优，责任心强，具有良好的团队合作精神；

3. 身体健康，相貌端正，男女不限，身高 1.60 米以上。

二、报名时间：20××年 4 月 6 日—4 月 10 日

三、报名地点：广东医学院附属医院人力资源部

四、联系电话：39161×××

五、联系人：王秘书　张老师

××医学院附属医院
20××年 2 月 15 日

会计招聘启事

我单位是承担武汉市国土资源和城乡规划编制、研究和展示工作的事业单位。现面向社会公开招聘会计 10 名，具体要求如下。

一、基本条件：

1. 全日制普通高校应届财务、会计或审计专业，专科及以上学历；

2. 具有基本的外语能力，能熟练运用计算机及相关软件；

3. 具有较强的沟通、协调和团队合作能力，能及时与客户、同事及管理层沟通；

4. 身体健康，男女不限。

二、报名时间：20××年 4 月 8 日—4 月 12 日

三、报名地点：武汉市规划编制研究和展示中心

四、联系电话：827191××

五、联系人：金秘书

××市规划编制研究和展示中心
20××年 2 月 6 日

营销人员招聘启事

我公司因工作需要，公开招聘营销人员 5 名，具体要求如下。

一、基本条件：

1. 20××年应届大中专毕业生；

2. 具有较强的口头表达能力、拓展能力和协调能力；

3. 吃苦耐劳、敬业爱岗，遵纪守法，无违法违纪行为和不良记录；

4. 身体健康，相貌端正，男女不限。

二、报名时间：20××年6月6日—6月10日

三、报名地点：武汉市中意万达贸易公司

四、联系电话：39162×××

五、联系人：谢秘书

××市中意万达贸易公司

20××年4月15日

求职口才范例 3

三、网络实践

　　观看求职口才范例 3，分析求职者求职失败的原因，思考今后塑造自我的要点，不断提高面试应答能力。

附　求职口才暨面试应答同频度检测标准

等级	检测内容：求职自我介绍
A级	1. 开口先问好，并致谢，表现出良好的个人修养 2. 介绍名字有个性、生动 3. 能真诚、自然、具体地赞美面试官、招聘企业，体现自己与企业的自然联系和未来相关度 4. 能用数字等证据证明自己与应聘职位相适应 5. 能用故事的形式，介绍自己的能力、经验，体现自己的才能和品德 6. 应答巧妙、自信、流畅，符合招聘单位要求
B级	1. 着装整齐，语言清晰，声音适中，有礼貌 2. 学历、学业、性格、特长、爱好、能力、经验等要素基本具备。介绍基本能够围绕岗位要求和企业文化价值观的要求展开 3. 能用故事的形式，介绍自己的能力、经验（初级岗位讲品德故事，中级岗位讲业绩故事，高级岗位讲管理故事） 4. 应答基本符合招聘单位要求
C级	1. 着装整齐，声音偏小 2. 学历、学业、性格、特长、爱好、能力、经验等要素基本具备，有格式化倾向 3. 能说出自己的优点，但不能围绕岗位和企业文化价值观的要求证明自己符合招聘单位的要求 4. 能回答基本问题，但难题应答卡壳

社交口才 | 第八章
Chapter 8

 **学习目标**

◎ 了解社交口才的含义及特征。

◎ 掌握拜访与接待、说服与拒绝等社交口才技巧。

◎ 能够运用社交口才技巧参加模拟训练。

◎ 提高人际交往和谐度，增强社会群体意识。

 **案例导入**

被誉为东方"神童"的魏××，2 岁就掌握了 1 000 多个汉字，4 岁具有了初中文化水平，8 岁跳级到县属重点中学，13 岁时又以高分顺利考进湘潭大学物理系。大学四年，母亲陪读，与同学交往缺乏最起码的交流能力，除了会说"你好""谢谢""是的""我不知道"外，几乎没有其他言语。2000 年，17 岁的他考入了中科院高能物理研究所进行硕博连读，由于远离家乡，母亲不便陪读，最后只好选择退学回家（陈文中，2005）。

案例思考：魏××遇到了什么困难，为什么要选择退学回家？社交口才对人生有何意义？

第一部分　社交口才基础知识

随着全球经济的一体化，人与人之间交往的频率越来越高，交往的形式也愈加丰富。拥有良好的社交口才可以在社交活动中游刃有余，让自己的事业如虎添翼，极大地提升自身社会交往的个性魅力。

一、社交口才的含义

社交口才指的是人与人之间在社会交往活动中，善于用准确、生动、形象的语言表达自己的思想、意愿和情感的一种能力或才能。

> **导入案例提示**
>
> 古人云：美言可以入市。就是说，漂亮的话可以拿去卖。说话是技能，掌握这项技能可以建立自信，可以事半功倍。魏××因为缺乏与他人交谈的基本能力，很难生存和适应社会。社交口才是人生的宝贵财富，是事业成功的发动机、是人际关系的润滑剂、是实现自我的凯旋曲。

二、社交口才的作用

口才是人们进行社交活动的基本能力，社交场合是施展口才的最佳舞台和场所。社交口才是人生的宝贵财富，是神奇的公关密码，是成功的敲门砖。睿智的商界精英、儒雅的政府领导、渊博的专家学者大部分都是拥有交际口才的高手。西方一位哲人说："世间有一种成就可以使人很快完成伟业，并获得世人的认识，那就是讲话令人喜悦的能力。"具体而言，社交口才对我们有以下几个作用。

（1）事业成功的发动机。语言是思维的直接体现，口才素质是对现代复合型人才最基本的要求。思维敏捷、能言善辩是一个人事业成功的有利条件。善于用准确、贴切、生动的语言表达自己思想感情的人，办事比较顺利，做事容易成功。

> 良好的社交口才，可以让人出口成章，巧于辞令；可以顾客盈门，财通三江；可以赢在职场，稳操胜券。

温馨提示

（2）人际关系的润滑剂。懂得语言艺术的人，更懂得与人相处之道。人生在社交中度过，感情在交流中渐浓。出色的社交口才，可以使熟悉的人，情更浓、爱更深；可以使陌生的人产生好感，结下友谊；可以使有意见分歧的人互相理解，消除矛盾；可以使心存怨恨的人化干戈为玉帛，友好相处。俗话说，多个朋友多条路。朋友有多种，净友、挚友、信友、玩友……只要真诚相待，用心经营，都可以成为自己的益友。

（3）实现自我的助燃剂。人活着总要有个理由，这个理由便是人要在一生中体验自我意义，提升自我价值。哪里有声音，哪里就有力量；哪里有口才，哪里就有胜利的曙光。社交口才是实现自我的助燃剂，它可以让人睿智风趣；可以让人于轻松中有收获，于快意间有品位；可以让人如鱼得水，走向成功。

三、社交口才的特征

社交口才的概念和内涵，渗透和充满着礼仪意识。礼仪意识是一种综合性的社会文明意识，主要由塑造形象的意识、尊重他人的意识、真诚谦逊的意识等组成。社交口才主要有以下几个方面的特征。

（1）主动交谈。人生一世，必须交际。主动出击，适应环境，最大限度地求同存异，既有利于提高工作、学习效率，也有利于尽情发挥个人的才能。在单位，作为下级，对领导要主动请示汇报；在学校，作为学生，要主动向老师请教；在家里，作为儿女，要主动与父母交心、谈心。

> 路上见到长辈或领导主动打招呼，只有主动说话，敢于与人交往，才能提高社交口才能力。

温馨提示

（2）讲究礼貌。一个人的能力是有限的，必须依靠别人的帮助，才能成就事业。拥有良好的人际关系，也就是好的人缘，可以帮助自己实现人生中的多种构想。要想与他人交际，并建立起良好的关系，语言表达一定要文明、优雅、有礼；在听对方讲话时，应专心致志，点头微笑，适时附和，使对方有如遇知音般的欣喜之感。

> 约定俗成的敬语："您好，初次见面，请多多关照！""很高兴认识您！""久闻大名，认识您真荣幸。"

（3）注意态度。谦虚谨慎、戒骄戒躁是我们的传统美德。俗话说："和气生财。"在与人交往时，要态度和蔼，面容和善，措辞平和，多用谦逊的语言，如"贵单位""对不起，让您久等了""打扰了，真不好意思"等，可以赢得对方的好感。

四、社交口才的要求

在社交活动中，了解社交口才技巧，并注意灵活运用，努力成为一个受人欢迎、独具魅力的人。社交口才的基本要求，主要表现在适可而止、声音适量、内容适度三个方面。

（1）适可而止，是指在社交场合"说在该说时，止在该止处"，与朋友的关系注意适可而止，这才符合社交口才的基本要求。身边没有朋友的人，要么不会主动与人交流，如与朋友见面不问候、分手不告别、失礼不道歉，不会鼓励、不会安慰；要么不知道如何交流，如朋友悲伤时，嘻嘻哈哈乱开玩笑，朋友烦闷恼怒时，哪壶不开提哪壶，总是火上浇油，让人心烦易怒。观看"社交口才讲座"，总结交友对自己人生的意义，进一步思考适可而止这一要求的落实方法。

（2）声音适量，是指说话时的音量高低要与说话场合相适应。在空旷的地方（如大厅、原野）与人交谈，为了让对方"可闻"，音量宜高；而在公众场所或朋友住所与人交谈，则音量宜适当放低，以不影响他人为原则，以能够让对方听到为宜。

音视空间
社交口才讲座

（3）内容适度，是指在人际交往中，要依据不同对象、不同场合、不同身份，把握言谈的得体度、分寸度。注意交谈六忌，忌抢话、忌傲慢无礼、忌讽刺挖苦、忌夸大其词、忌当众批评、忌涉及隐私。

五、社交口才的禁忌

在社交场合既要遵循语言交流时约定俗成的一些惯例，也要掌握一些语言禁忌，以免影响自己良好的社交形象。

（1）无谓争辩。争辩，特别是无谓的争辩，很容易伤害别人的自尊心，引起对方的反感。在大多数情况下，争辩不是解决问题的首选。因为许多观点、主张、事情等，并不一定非要用争辩的方法来解决。

（2）质问语气。尊敬别人，是谈话艺术必须注意的一个问题。质问的语气，或多或少都带有一定的攻击性，用这样的语气纠正别人的错误，被质问者的自尊心往往会受到打击，双方就很难建立良好的关系。

（3）直接批评。在交际过程中，要注意发现交谈对象的闪光点。如果想改变他人的主张，最好使用请教、谦虚的口吻，设法将自己的观点"暗移"给对方，让其自我发现、自觉纠正。

（4）难为他人。难为别人等于难为自己。在社交场合，无论是故意张扬个性的人，还是到处说别人不是的人，都不会受到别人的欢迎。

（5）冒充内行。世界无限大，知识无穷尽。不懂装懂是一种自欺欺人的行为。在与人交往的过程中，知之为知之，不知为不知，是最重要的。因为，人们一旦把你与诚实挂钩，你就有可信度了。

小贴士

有人说：一个人事业上的成功，15%取决于专业技术，85%靠人际交往。尽管我们无法测定其量化数值的精确程度，但是，良好的人际交往能力的确是现代人立足社会并求得发展的重要条件，这已经成为人们的共识。

第二部分　社交口才的技巧

社交中必须形成一种友好的情感氛围，这样才能产生较好的社交效应。在社交活动中，掌握社交口才中的称呼、寒暄、拜访、接待等技巧非常重要。

一、称呼与寒暄

称呼与寒暄是社交活动中不可缺少的内容。称呼是社交口才的"先锋官"，是人际交往中传情达意不可缺少的一个重要环节。

1. 称呼

称呼能反映一个人的道德修养，称呼时应做到"俗而不陋，雅而不迂"，适时得体，使社交活动顺利进行。在日常生活中，掌握一些得体的称呼，往往能为交际活动营造和谐的氛围。称呼用语在我国主要有敬称、谦称和泛称三种形式。

（1）敬称，指对人尊敬的称呼。使用敬称，表示对对方的尊重，可以使对方对自己产生好感，乐于与自己接触，使交往有一个良好的开端。常用的敬称有"您""贵单位""令尊""令堂""令媛""贤兄""贤弟""张老"等。

（2）谦称，即自谦式称呼，目的在于表示对他人的尊重，以赢得交际的第一步。谦称自己有"鄙人""在下""愚人"等；谦称自己亲属的有"家父""愚弟""小儿"等；还有从儿辈的称谓，即以说话人的子女或孙辈的口吻称呼听话的人，如有些地区嫂子称小叔子为"叔叔"。

（3）泛称，指对人的一般称呼，分为正式场合泛称和非正式场合泛称两种形式。正式场合的泛称方式：姓+职称/职务/职业，如林教授、滕书记、李老师；职务+泛尊称，如营业员同志、校长夫人。非正式场合的常用泛称：老/小+姓，如老刘、小彭；姓+辈分，如徐阿姨、罗叔叔、毛伯伯、金姐、夏哥。

2. 寒暄

寒暄就是说应酬话，在社会交往中，双方见面时可以以天气、生活琐事及相互问候为话题。寒暄的目的在于沟通感情，营造良好和谐的氛围。

（1）问候型寒暄，这是常见的寒暄方式。真挚深切的问候，对加深人与人之间的感情很有必要。例如："你好，好久没见，最近可好？""工作还顺利吧，可要注意身体啊！"

（2）激励型寒暄，即给他人鼓劲和激励对方的寒暄方式。例如："你的课讲得很精彩，上次开教学会，院长还专门表扬了你。""我在校刊上看到你的诗歌，写得真好。""女大十八变，越长越漂亮了。"这种寒暄既能取悦对方，又能融洽双方的关系。

（3）幽默型寒暄，即寒暄中加点幽默成分，可以活跃气氛，讨人喜爱，使他人产生情绪认同感。

例如："我说今天你怎么这么开心，原来是你高升了。"

二、自介与介他

介绍是一种涉及范围广、实用性很强的口头表达方式，是社交中人们相互认识，建立联系必不可少的手段。介绍主要指人与人之间的介绍，分为自我介绍、他人引介和介绍他人三种形式。

（一）自我介绍

自我介绍是把自己介绍给陌生的交际对象，以达到与对方认识、增进了解、建立关系的一种手段。自我介绍是开启社交之门的一把钥匙，人与人之间的相识交往常常是从自我介绍开始的。

1. 基本内容

自我介绍的内容主要包括姓名、职务、工作单位、住所、籍贯或出生地、毕业学校、特长与兴趣爱好，有时还需介绍经历、年龄。例如：我叫×××，毕业于×××学院，现在××单位工作，请多多关照。如果是非正式场合，自我介绍可以随意一些，以给别人留下深刻的印象。

2. 方法和技巧

（1）巧报名号。自报姓名是自我介绍的第一步。为了加深自己在别人心目中的印象，使对方听清并记住自己的姓名，往往要对"姓"和"名"加以解释，解释得越巧妙越有新意，给别人留下的印象就越深刻。例如，有位青年叫金晶，他这样解释自己的姓名："我叫金晶，听起来有名无姓，但写出来一定有姓有名，而且与某作家同名同姓。"这种有趣的姓名介绍，往往能够让对方记住自己。

（2）褒贬有度。自我介绍既要客观陈述自己的基本情况，也要褒贬有度地进行自我评价。自我评价时，要注意恰到好处，不宜用"非常""特别"等表示极端的词过分夸耀自己。自信又自知，饱满又留余，容易激起他人与你交往的兴趣。

（3）突出个性。社交场合的自我介绍，以独辟蹊径、突出个性、留下印象为最佳。因此，自我介绍时切忌千篇一律。先说姓名，再说工作单位、职业、文化程度的介绍虽然没错，但很难给他人留下深刻的印象。

（4）诙谐幽默。诙谐幽默的语言新鲜活泼，能够给交往对象留下难忘的第一印象。例如，艺人凌峰在1990年春节联欢晚会上自我介绍时说："大家好！……我是以长得难看出名……中华五千年来的沧桑和苦难都写在我的脸上。"

（5）说好"我"字。自我介绍少不了说"我"，说好"我"的关键，就是要让他人从"我"字里感受到自信、自谦等内在品质；尽可能用"我们"代替"我"，以缩短双方的心理距离，促进感情交流。

音视空间

自我介绍要领

今日英才教育集团总裁黄一鸣先生认为，自我介绍可以采用简单型（问好、感谢、介绍姓名、来自哪里、从事职业、祝愿）、塑造型（问好、姓名、来自哪里、从事职业、个人优点、人生梦想、人生格言、对别人的帮助）、宣传型（头衔、人物描述、过去经历、过去业绩、作品、目标与使命）等形式。

温馨提示

（二）他人引介

当有人将你介绍给别人时，作为被介绍人，应站在另一被介绍人的对面，等介绍完后，应和对方握手，并说"您好""认识您很高兴""久仰久仰"等，也可借机递上自己的名片，说声"请多关照""请多指教"等。

（三）介绍他人

介绍他人也叫居间介绍，得体的介绍能够让陌生的双方沟通了解，继而建立关系，不妥的介绍可能会使双方或一方感到尴尬，造成不快，影响进一步交往。

1. 基本内容

介绍他人，是介绍者站在第三者的立场，使被介绍双方相互认识并建立关系的一种交际活动。介绍他人像一条纽带，既要做好"媒人"，促进双方关系的建立，又要兼顾自己同双方的关系，让陌生的双方一见如故。

（1）介绍顺序。介绍顺序要合"礼"，一般应遵循"尊者有优先知情权"的原则，先把男士介绍给女士，先把职位低的人介绍给职位高的人，先把未婚者介绍给已婚者，先把年轻人介绍给年长者，遇到交叉情况时，则需要灵活变通。

（2）介绍内容。介绍的内容可以从双方兴趣切入，引之相识。例如，把一位教师介绍给一位生意人，可以这样说："××是位教授，她丈夫是××公司的总经理。"可以从介绍特长入手，促进双方的了解。例如："××曾是学校的乒乓球冠军，现在对乒乓球仍然很感兴趣。有机会的话你俩可以切磋切磋。"还可以从赞美评价提起，促进双方的合作。例如："你俩都是搞企业管理的。据我所知，王教授在这方面也是个行家，人称'管理通'，你们一定会谈得很投机。"

音视空间

社交口才范例：
介绍顺序

2. 方法技巧

（1）直接陈述。用简单明了的语言，直接介绍。例如："这位是我的同事××，他也喜欢唱歌，你们肯定兴趣一致。"三言两语说出一个人的兴趣，能在最短的时间里完成介绍任务。

（2）征询引见。采用询问句式，征得双方同意后再引见。这种方法不仅表示对双方的尊重，而且易于被双方接受。例如："院长，我可以把这位先生介绍给您吗？""经理，您想了解新产品的销售情况吗？这是推销员小谷，他可以给您介绍您想知道的情况。"

> 无论是自我介绍、别人为你介绍，还是居间介绍，都应注意镇定自若，落落大方，不卑不亢；口齿清晰，音量适中，语速恰当。
>
> 温馨提示

三、提问与回答

提问与回答在社交场合应用十分广泛，睿智提问，灵活回答，可以获得信息、建立关系、培养感情、分享智慧。

1. 提问的语言技巧

提问的方式决定了提问的效果。一个善于提问的人，不仅能掌握谈话的进程，控制谈话的方向，还能增加自己和对方的熟悉感，使交流更加顺畅，氛围更加轻松。社交场合的提问技巧主要有以下三种。

（1）看准对象。世界不止一种色彩，思考不止一种角度，行为不止一种方式。每个人的个性、工作岗位、生活环境、知识水平、社会阅历以及对人生的看法等各不相同，交谈提问时，一定要察言观色，看准对象，讲究提问方式，让对方有话可说。

（2）把握时机。提问的时机，主要包括谈话者所处的自然环境、社会环境、语言环境和心理环境。一般来说，当对方很忙时，不要提一些无关紧要的问题；当对方伤心或失意时，不要提会引起对方伤感的问题，尤其是一些过于具体的问题。例如："你老公住院了，听说挺严重的，什么病啊？""你没去上班了？是公司辞退你的，还是自己辞职的？"这些问题容易让对方伤感或不快。

（3）适当追问。如果你第一次提问没有得到自己想要的答案，可以采用继续提问的方式。例如，可以继续提问"这个问题你是如何解决的？""为什么会这样呢？"等。或者，可以适当地沉默一会儿，等待对方回答。

2. 回答的语言技巧

在社交场合，我们常常要回答交谈对象提出的种种问题，有时甚至是一些难以回答又不得不回答的问题。如何做到言之有理、言之有益、言之有物、言之有度，回答之中见功夫，取得良好的预期效果呢？主要有三种技巧。

（1）针对性回答。针对性回答既指针对问题直接回答，也包括针锋相对地作答。例如：一位厂长接受记者的采访，记者的提问非常尖锐，厂长采用针对性回答，取得了满意的效果。

> 记者：你有烦恼与痛苦吗？
>
> 厂长：越有追求的人，烦恼与痛苦越多。成功之后将是欢乐。
>
> 记者：实行厂长负责制以后，在你们厂是厂长大还是书记大？
>
> 厂长：你最好回家问问，在你们家是你的爸爸大，还是你的妈妈大。

（2）艺术性回答。被誉为文坛"常青树"的王蒙，不仅文学创作成就辉煌，话也说得很精彩，特别是在答问中，更显心平气和，妙语连珠。一位大学生就自杀问题向他提问，王蒙旗帜鲜明地反对自杀，并把自己的小说比喻成抗自杀的特效药，在调侃中艺术地表述了自己珍重生命、笑对人生的态度。

> 大学生：很多有名的作家都以自杀来结束生命，您对此怎么评价？
>
> 王蒙：即使自杀以后能成为伟大的作家我也不自杀。我个人的看法是，写小说有利于心理健康，写小说和读小说是一种抗自杀的因素，所以哪位心情不好时就读小说，如果读了别人的小说还想自杀，我建议你读我的小说！

（王淑君，2005）

（3）机智性回答。中野良子①曾是我国观众非常喜爱的日本电影演员。1985 年她到上海参加艺术活动时，观众朋友十分关注这位 35 岁还待字闺中的电影艺术家。有人问她准备什么时候结婚，中野良子笑容满面，十分友好而机智地回答："如果我结婚，就到中国来度蜜月。"

四、拜访与接待

拜访与接待是重要的社交活动。日常生活中，亲朋好友要相互探望，离不开拜访与接待；工作中迎来送往，也离不开拜访与接待。拜访与接待是社交活动中的两种常见的形式，借助这种交际活动，人们可以达到相互了解、沟通信息、加深感情、增进友谊的目的。

（一）拜访的语言技巧

拜访是为了礼仪或某种特定目的而进行的访问、会晤。日常拜访的语言，包括进门语、寒暄语、会谈语和辞别语四个部分。

---

① 1979 年，日本电影《追捕》在中国引起巨大的轰动，中野良子饰演女主角真由美。

1. 进门语

到了被拜访者的家门口，如果被拜访者的门上装有门铃，可短促地按一下。如果没有门铃，可以轻轻敲几下门。注意，即使被拜访者的家门开着，也应该礼貌地问一声："请问，××在家吗？""屋里有人吗？"得到回答后方可进入。

（1）首次拜访。第一次拜访他人，理应慎重，一般这样说："一直想来拜访您，就是抽不出空。""没打扰您吧，真是不好意思。""路上堵车，让您久等了。"等。

（2）再次拜访。再次拜访表明双方关系趋向密切，可以简单地打声招呼："好几个月没来看您，挺想的。""咱俩又见面了，真是很高兴。"关系再密切一点的，还可以开玩笑说："我又来打扰您了！"

（3）回复拜访。回访是礼尚往来，主要表示答谢之意。例如："上次您专门从上海来看我，今天我专程登门拜谢。""上次的事，真是让您费心，今天我们特来向您致谢。"

（4）礼仪拜访。礼仪性的拜访主要是为了表示祝贺、看望、吊唁之情。例如："听说您升职了，特地为您贺喜来了！""我干儿子考上重点大学啦，祝贺祝贺！""听说您身体不太舒服，今天特地来看看。""听说李爷爷病故，今天一早赶过来看看。来晚了，不好意思。"

2. 寒暄语

寒暄语，即表达嘘寒问暖的话语，见面后，恰当使用，能够给被拜访者送去关心、爱护、亲切的温暖之情。

（1）问候型。拜访者可以根据天气、对象等情况选择不同的问候语。

季节之问候——"热不热，吃饭还可以吧！"教师之问候——"这学期的教学任务重吗？累不累，身体还吃得消吗？"朋友之问候——"最近工作忙吧？要注意身体！""你这个发型真好看，显得更年轻了！"亲戚之问候——"这房间布置得很漂亮。""帅帅学习成绩还好吧，小孩要注意增加营养。"

温馨提示

（2）称赞型。称赞型寒暄，是通过赞美的话语，营造一种愉快和谐的氛围。例如："这套衣服很合身，也符合您的气质风格。""这套房子看过的人都说装修实用又艺术，王设计师真是名不虚传啊！"

（3）起兴型。起兴型寒暄，是指在交谈进入正题之前"先言他物以引起所咏之词"的寒暄方式。这种寒暄方式不直接讲明来意，而是由此及彼，让人容易接受。

3. 会谈语

一番寒暄后，要尽快进入主题，话题要集中，言简意赅，以免耽误主人太多时间。音量尽量小点，不要影响左邻右舍。

4. 辞别语

辞别语即拜访结束后的告别语，使用时要注意与进门语相呼应。如果进门时说："初次登门，让您久等，真不好意思。"辞别语就要说："今天初次拜访，耽误您很多时间，非常感谢！"

（二）接待的语言技巧

孔子云：有朋自远方来，不亦乐乎。客人来访，态度要友好，接待要热情，送客要诚恳挽留。

1. 热情迎客

客人登门拜访，一定要笑脸相迎，热情接待。开门见到客人，可以说："欢迎，请进，请进！""稀客，哪阵风把您给吹来了？""欢迎，欢迎，请上座。"如果记得来客姓名，直呼称谓或名字，会使客人感到更加自然、亲切。如果一时半会儿想不起来，可以婉转地说："上次没听清您的名字，对不起，能告诉我吗？""您今天这身打扮，我都快认不出来了，您叫？"询问客人的姓名，要见机行事，当着客人的面，不好意思询问，那就等客人走了以后再打听也无妨。

2. 诚心待客

传统待客讲究"茶、上茶、上好茶""坐、请坐、请上座"。客人进门后，要端茶递水。茶倒七分满，左手扶住杯子底部上方1/3处，右手托住杯底，将茶水送到客人手上或放在客人面前的茶几上，并说"请""不用客气，请品尝"，以表示诚心与敬意。

与客人交谈时，要态度真诚，语气平和，以聆听为主。客人前来求助，即使无能为力，也要体谅对方的心情，不要一口回绝，可以说："您老先别急，我尽量想想办法，一有消息马上告诉您。"客人前来提供信息，宜用感叹语气，表达自己的感激之情，如："非常感谢！您提供的消息真是雪中送炭啊！"等。

3. 礼貌送客

客人如要告辞，先要诚恳挽留，如果客人执意要走，则不必强留。送客要送至家门外，并说："您走好""您慢走""别忘了，常来玩"等。客人请主人留步，主人要目送客人走远，不要急于回转关门。关门时声音要轻，否则容易引起客人不必要的误会。

五、说服与拒绝

在现实生活中，矛盾无处不在，争论无时不存。有时在与他人争论问题时，往往会出现有理说不清、有情挑不明的情况。说服他人需要充足的理由，更需要掌握说服的方法和技巧。

（一）说服的语言技巧

在人际关系沟通中，双方为实现各自的利益而存在一定的对抗性，因此，双方会凭借自己的语言技巧试图改变对方的立场、态度，使对方接受自己的意见，按照自己的要求去想、去做。说服主要有五种技巧。

1. 晓之以理

用道理来说服对方是经常使用的说服方法，要注意使用委婉、征询的语气，循循善诱，以理服人。例如，针对年轻人的买房压力，冯仑说："房子到底是买还是不买，最好从需求出发，量力而行；追求有用，顺便有利。"

2. 动之以情

说服对方不仅要晓之以理，还应动之以情。用真诚的态度、满腔的热情来感化对方，使其从内心深处受到感动，从而改变立场、态度，接受建议。例如，小孩超高不买票，可能是所有司乘人员都遇到过的难题，如果要劝说其家长买票，不妨这样说："这位小朋友真可爱，长得可真高呀，估计超过1.3米了吧！买张票好不好？"

3. 权衡利弊

趋利避害是人类的天性。说服需要综合分析，需要有的放矢，更需要设身处地地为他人权衡利弊，以达说服之目的。如曾有一辆公共汽车刚启动，突然一位乘客大声喊道："师傅，我看病的3 000元钱丢了！"司机将车停在路边，锁好门，微笑着对乘客说："这位大姐看病的钱丢了，心里一定特别着急。如果在座的生活上真有困难，可以找我，我的工号是3366826，我每天都在6路运营，只要您来找我，我一定给您帮助。但是现在您一定要将钱还给这位失主。现在让我们将眼睛闭上半分钟。"过了一会儿，地板上出现了3 000元钱，汽车继续前行。

4. 善用比喻

面对他人突如其来的提问，有时很难用几句话说清楚，这时如果运用生动、浅显的比喻，则能化难为易，收到事半功倍的说服效果。例如，"快嘴"龙永图解释复杂的世界贸易组织的贸易问题时所说的一段话：

> 加入世界贸易组织，一旦发生贸易摩擦，对我们中国有什么好处？这就好比一个大个子和一个小个子打架，大个子喜欢把小个子拉到阴暗角落里单挑，而小个子则愿意把冲突拿到人多的地方去，希望有人出来主持公道。我们之所以愿意通过世界贸易组织多边争端机制解决问题，也就是想让大家来评评理。

5. 以退为进

当说服进入了僵持状态，应当采取以退为进的方法，让一步，进十步，千万不能盛气凌人，凭一时之气，一腔之怒，以狠制人。例如，战国时期著名的政治家、外交家蔺相如"完璧归赵"的故事，就是灵活运用了以退为进的说服技巧。

（二）拒绝的语言技巧

拒绝别人是件令人遗憾的事，但再遗憾，该拒绝时还是要拒绝。在生活中，如果掌握了拒绝艺术，就能化难为易、化险为夷，还可能化敌为友，使友谊长存。

1. 真诚拒绝

拒绝是一道难题，也是一门艺术。当他人提出某些要求，而自己又爱莫能助时，就应诚恳地说出实情，以求得对方的理解。如果语意暧昧，模棱两可，反而会引起对方的误解，甚至导致双方关系的破裂。

2. 委婉拒绝

当必须拒绝对方的要求，但碍于人情关系、利益关系等原因，又很难说出一个"不"字时，婉拒很奏效。

（1）拖而不答。例如："这件事我先跟领导说说，您看行吗？""今天没时间了，我们明天再谈，到时候我给您打电话。"

（2）沉默不语。沉默是金，沉默也是最好的拒绝。当不太熟悉的人送来请帖，邀请参加她的婚宴，当不太了解的人向你提出借钱等要求时，你都可以不予回答，不予理睬。

（3）模糊搪塞。生活中，当我们遇到不想回答或不愿回答的问题时，可以用"这个问题把我难住了，容我好好想想啊。"等类似的话来拒绝。

（4）抑己扬他。贬低自己而抬高对方，也是一种拒绝的方法。例如，拒绝媒人介绍，可以说："她太优秀了，我儿子根本配不上她。"这不管是不是事实，其效果都要比直接拒绝让对方容易接受。

> 人们的领悟能力存在差异，道理也有大有小。对领悟能力强的人，可以讲"大道理"；对领悟能力弱的人，可以讲"小道理"。各取所需，各显成效。
>
> 温馨提示

六、赞扬与批评

人需要真诚的赞扬，也需要善意的批评。赞扬是鼓励，批评是督促，它们是两种形式上对立、目的上统一的语言交际技能。

（一）赞扬的语言技巧

赞扬他人是社交成功的有效方法，也是一门十分有用的学问，主动地、适当地赞美别人，能够进一步促进双方关系向友好方向发展。

1. 直接赞扬

（1）表扬优点。老师对学生、领导对部下的赞扬，都可以直截了当，当面提出。在社交场合，多赞美他人的才华、事业、成就和气质。

（2）挖掘优点。在社交场合，必须学会用慧眼去发现别人值得赞美的地方，努力从对方身上挖掘出优点。

2. 间接赞扬

有的人不太习惯当着别人面说好听的话，认为直接赞扬或赞美，近似于谄媚，那么不妨运用恰如其分的间接赞扬，其效果不亚于直接赞扬。

（1）借地赞人。借地赞人是通过赞扬对方的职业、单位、习俗、地域等，达到间接赞美交往对象的目的。例如："你们南方人都很小巧漂亮。""听说你们学校很厉害，出了好几个高考状元了。"

（2）借比赞人。借比赞人，即把赞美对象和其他对象进行比较，在比较中突出其优点。常用"比××更……"或"在××中最……"等句式。

（3）借感赞人。借感赞人，即就赞美对象的某一点表达出自己的良好感受。这样的赞美表达的只是赞美者自己的感受，比较灵活，可以不受其他条件的限制。

（4）借口赞人。赞美的话由自己说出难免有恭维、奉承之嫌。借口赞人，即借他人之口，行赞美之实，也很巧妙。例如："你真是养眼又养心，难怪××总是夸你！"

（二）批评的语言技巧

如果说赞美是生命的阳光，那么批评则是人生的雨露。人生在世，孰能无过？有了过失，就需要旁人指点评说，方能明辨是非，健康成长。批评是一门艺术，最能体现一个人的说话艺术。

1. 先扬后抑

美国著名的学者戴尔·卡耐基说："矫正对方错误的第一个方法——批评前先赞美对方。"批评前，先由衷地赞扬对方的长处，营造融洽和谐的交谈氛围，既能化解被批评者的对立情绪，又能达到比较理想的批评效果。

2. 暗示启迪

暗示，是指借用委婉的语言形式，巧妙地表达批评之意。以故事或笑话暗示，老少皆宜，形象生动。

> 故事人人爱听，可用它来暗示一个道理；笑话诙谐幽默，能让人在笑声中自悟不足。有趣的故事、恰当的笑话，使心与心交融、情与情沟通，可以达到批评教育的目的。

3. 正面赞扬

有人曾说："真正懂得批评的人着重的是'正'，而不是'误'"。所谓"正"，实际上就是从正面来加以鼓励，使批评对象在不知不觉中改正自己的错误和缺点。

4. 幽默小刺

调查表明：被批评者在接受别人的批评时，心理状态往往是紧张、压抑、焦虑、恐惧的，甚至是对抗的。这些心理状态，在接受上级、长辈批评时表现得尤为突出。幽默小刺式的批评，往往以半开玩笑、半认真的方式说出。轻松的语言，诙谐的语调，温和含蓄、引人深思、发人深省，有利于消除被批评者的抵触和不安，让其在笑声中心情舒畅地接受批评。

 **小贴士**

> 荀子曰："故人无礼则不生，事无礼则不成，国家无礼则不宁。"良好的社交口才是构成和谐生活的音符。身居礼仪之邦，要做礼仪之民。身为现代公民，要做运用文明语言的高手。

第三部分　社交口才技巧训练

学习社交口才技巧，目的是使自己能够更好地参与社交活动，积极有效地与人交往。在社交中，掌握倾听、访友待客、劝说沟通等技巧尤为重要。

一、倾听技巧训练

倾听就是集中精力，认真听取交往对象的言语。在社交过程中，听对方说话，与向对方说话同等重要。"只有包含了双方话语在内的对话，才是真正的对话。"现代社会已进入信息化时代，人们获取信息的渠道和方法多种多样，但最基本、最常用的依然是倾听。

听，不仅要听表层的含义，也要理解对方隐含的或没有说出来的内容。说话人常常把话语的意思隐含在一段话里，即前面的话，往往是引子，是提示；当中一段话，有时是要点，有时是解说；后面一段话，也许是结论，也许是对主要意见的强调或引申。听话时，要注意从说话人的话语层次，重音、停顿的位置和语速快慢等方面来捕捉信息（国家教育委员会师范教育司，1996）。

（1）听记歌词训练（听一首歌，比比谁记住的字最多，字写得最准确）。

（2）听记复述训练（一位同学介绍某产品的市场信息资料，其他同学听后复述，资料中的数字要叙述准确）。

> 美国明尼苏达大学尼科尔斯教授和史蒂文斯教授认为，一般人每天有70%的时间用于某种形式的商务沟通。认真倾听、用心分辨，既能让人获得许多重要的信息，也能让人有效提升社交口才的水平。
>
> 温馨提示

二、访友待客训练

访友待客是为了联络感情、开阔视野、拓宽社交范围。交谈时，除了要有热情谦逊的姿态外，还要坚持以对方为中心的原则，以听为主，答语简明而有分寸。谈自己的见解可以以对方的某些话为起点，先顺承，然后再转向自己的认识，争取认同，使交谈更加和谐、愉悦。

（一）谈话训练

课内三人一组，其中两位同学，先就某个热门话题，运用如下技巧进行交谈，另一位同学进行点评。

1. 对方兴趣不浓——情绪感染　　2. 对方表达不全——补充完整
3. 对方谈锋甚健——鼓励赞扬　　4. 对方表述抽象——以例补证
5. 对方意犹未尽——设疑探究　　6. 对方有意回避——暂时搁置

温馨提示

（二）情境模仿训练

（1）三人一组，其中两位同学以毕业离校多年的学生身份分别去拜访一位久未联系的辅导员，另一位同学扮演辅导员，并对两位拜访者的表现进行点评。

　　进行前调整情绪。进门后热情问候、寒暄，语气带有较浓的感情色彩。不要急于坐下，维持热情，继续说关切的话。主动开口，让对方了解拜访目的。注意聆听，不插话，保持对对方话题的相应热情和理解，适时赞美对方，有分寸地对答，彬彬有礼地告别。

温馨提示

（2）指定四位学生为拜访对象，分别接待同学、朋友、同事、上级、亲戚等不同身份的来访者，并进行交流。

　　见面时，轻松、愉快地问候和寒暄。问候久未谋面的朋友时，注意问近少问远（以免重温不愉快）、问小少问大（以免问题宽泛难答）、问熟少问生（以免冷场）、问喜少问忧（以保持轻松、愉悦的氛围）。话别时，要热情。

温馨提示

三、劝说沟通训练

　　劝说是一种由心理置换到心理相容的说服过程，需要晓之以理、动之以情、导之以行。沟通是一种体察对方特定处境，迅速选择恰当表达方式以争取配合或认同的口语交谈形式。

音视空间

如何与人沟通

（一）劝说训练

　　在交谈过程中，劝说别人做某件事情或使别人对某件事情表示同意，需要运用一定的语言表达技巧。

（1）运用劝说技巧，劝说你的一位朋友改掉一些不良嗜好。

（2）劝说一位近来精神不振作的同学鼓起勇气，迎接新生活的挑战。交谈时，要在同情、理解对方的基础上，委婉地说出自己的想法。

（3）假设你是学院某社团的负责人，同学们由于对该社团不了解，加入社团的积极性不高，你打算怎样说服他们参加自己的社团？

　　劝说时，先谈共同性话题，形成亲切感；然后转接，再从侧面谈与主题有关的话题，就近迁移到正题。要多谈对方的长处、优势，调动其潜在的积极性。

温馨提示

（二）沟通训练

现代社会是一个沟通的时代。世界离开沟通，就会缺少发展空间；国家离开沟通，就会阻碍发展；个人离开沟通，就会丧失机遇。因此，有效沟通既是快乐生活的源泉，也是取得成功的关键。

1. 家庭沟通训练

（1）阅读下文，说说在这种情况下，应该怎样与父母沟通。

春节放假在家，父母对你百般呵护。作为家里的一员，你很想替他们分担些家务，却常被拒绝。为此，你十分苦恼。你既不想让父母伤心，又想让他们明白你的想法。

学习笔记：_____

_____

_____

（2）假设大学毕业生就业形势严峻，请模仿家长，虚拟交谈对象，进行独白式沟通，劝说因找不到工作或工作不顺心而心灰意冷的孩子。

2. 亲友沟通训练

小张的父亲因病住院，需要2万元住院费，他手头的钱一时不够，就向开餐馆的表哥借钱，结果不欢而散。你认为小张向表哥求助时的沟通方式存在哪些问题？如果是你，准备怎样与表哥沟通、求助？

小张：表哥，我爸住院了，想找你借5 000元。我知道你的生意兴隆，不会有问题。

表哥：真是不好意思。我刚刚添了两台电视和空调，钱都用出去了。等会儿我找朋友借借看。

小张：我看你就是一个忘恩负义的人！你不要忘了，你开餐馆时，我爸爸可是帮了大忙的！自己不愿借就算了，还说什么向朋友借，你哄鬼去吧！

学习笔记：_____

_____

_____

自古以来，我们既重视家庭建设，也注重维护亲友之间的良好关系。运用正确的亲友沟通技巧，既能处理好亲友关系，也能享受阖家欢乐的幸福。本例中，小张与表哥沟通，宜用商量的口吻向表哥提出借钱的请求。

温馨提示

3. 同学沟通训练

同学是学生时代人际交往的主要对象，同学关系是学生时代主要的人际关系。同学之间的交往如果顺利，大家就会心情舒畅、身心健康，否则，就会心情郁闷、身心受损。

（1）在选修课上，选择一位不太熟悉而又沉默寡言的同学进行交谈。

（2）阅读下文，如果你是寝室长，该如何与他们沟通？

况飞同学性格开朗，不拘小节，早上起床后经常拿别人的杯子刷牙。丰晓同学的父母都是医生，他从小就十分讲究卫生，对况飞的行为非常看不惯，心里充满了怨气，好几次因为杯子问题与况飞发生争吵，导致寝室同学关系非常紧张。

学习笔记：_____

_____

_____

从对方兴趣爱好谈起，激起对方交谈的兴趣。从对方的烦恼谈起，并给予理解，引起谈兴。从自己或别人对对方的看法谈起，启动双向交流。从自我暴露谈起，引起"回报效应"。

——温馨提示

小贴士

　　掌握社交口才技巧，成功展现自我魅力，驶向成功彼岸，是时代对我们的要求。

课外训练

一、复习思考

　　1. 社交口才的含义及作用是什么？

　　2. 社交口才的特征及禁忌是什么？

　　3. 在社交口才中，称呼与寒暄、自介与介他、拜访与接待、说服与拒绝、赞扬与批评有哪些技巧？

二、实训练习

　　1. 如果你被邀参加一项活动，并表演节目，你将如何自我介绍？

　　2. 假如你负责主持一项工程竣工仪式，到会的有省、市、县各级领导，你将如何把他们介绍给与会者？

　　3. 每人讲一件印象最深的关于拒绝他人或被他人拒绝的典型事例，然后互相点评。例如：你新买了一部照相机，一位不太熟悉的朋友想借用。你不愿借给他，是怎么拒绝的？你要同学替你考试，同学不愿意，他是如何拒绝你的？

　　4. 将来，你事业有成，在同学聚会上，你怎样谈自己的成功？别人赞扬你，你怎样表现谦虚的风度？

　　5. 下面寒暄的案例，哪个是恰当的，哪个是不恰当的？为什么？

案例 1

　　校园内，师生迎面走近。学生低着头，与老师擦肩而过时匆匆说了一声："老师好！"老师当时刚好看到那位学生后面不远处走过他正要找的同事，担心那位同事走远，眼睛看着同事边回答了一声"好"，边叫："张老师！"

案例 2

　　一天中午，某广播电台的播音员小金路过一个路口，一位老太太走过来对她说："小金，你好！"小金以为遇上熟人了，连忙礼貌地回答："您好！""我是你的听众。"老太太笑着说，"我喜欢你的语言风格，清清爽爽，干干净净。""谢谢！"小金感动地看着老人。临走时老人又说："你可不要变哟。"老太太走远后小金还忍不住回头张望老太太的背影。

　　6. 运用社交口才技巧，点评下列案例。

　　（1）剪彩是件高兴的事，可为什么这位市长会不高兴？

　　某大公司举行新项目开工剪彩仪式，请来了蔡市长和当地各界名流嘉宾参加。仪式开始时，公司经理秘书宣布："请蔡市长下台剪彩！"蔡市长仿佛没有听见，端坐着没有起身的意思；秘书很奇怪，重复一遍："请蔡市长下台剪彩！"蔡市长还是端坐没动，脸上露出一丝恼怒。直到秘书又宣布一遍："请蔡市长剪彩！"蔡市长才很不情愿地勉强站起来去剪彩。

（2）这位老师的批评为什么能使学员心服口服？

戴老师第一次给成教班学员上课。几位年轻学员和他开玩笑："瞧！老师您的字和您的人一样漂亮。"戴老师虽然对这种油腔滑调的话有些反感，但还是笑着说："你们和我开玩笑，无所谓，但可不要和学费、时间开玩笑。买了车票不坐车，那是什么人？"戴老师的话很中肯，让学员自觉不好意思，无言以对。

（3）小张为什么再也不愿意做饭了？

小张是个大一学生，暑假在家做饭切土豆时，不小心切破了手。"轻伤不下火线"，她还是坚持切好了土豆。妈妈回来了，一看见土豆上有血，就大声训斥说："你不会切就不要逞能。沾了这么多血，怎么吃啊？"小张原以为，妈妈肯定会表扬自己体贴父母。谁知……一气之下，她决定以后再也不做饭了。

（4）假如你是他们的邻居，你会如何劝解叶某搬走杂物并与张某和好如初？

居民楼三楼有一住户，女主人叶某四十岁左右，为人心胸狭窄，蛮横无理，常常把一些杂物放到楼道，让楼上住户上下楼很不方便。有一天，四楼的张某忍不住，要她把杂物搬走，但叶某不听，双方因此争吵起来。

三、网络实践

在央视网查找并选看2017年政论专题片《大国外交》，说说国际交往、人际交往的重要性，以及必须注意的事项。

附　社交口才暨人际交往和谐度检测标准

计定等级	检测内容
A 级	1. 快速说出社交口才的三大要求，时间不超过30秒
	2. 与指定交谈对象主动交流，称呼得体、寒暄应景、态度谦和，时间不少于3分钟
	3. 主动与老师交谈，倾听认真、音量适当、问答机智、话题灵活，时间不少于5分钟
B 级	1. 快速说出社交口才的三大要求，时间不超过30秒
	2. 自选交谈对象，主动进行交流，称呼得体、寒暄应景、态度谦和，时间不少于3分钟
	3. 与老师交谈时，倾听认真、音量适当、问答机智，时间不少于3分钟
C 级	1. 说出社交口才的三大要求
	2. 与同桌进行交流，称呼得体、态度谦和
	3. 与老师交谈时，倾听认真、音量适当

管理口才 | 第九章
Chapter 9

学习目标

◎ 了解管理口才的含义及特征。

◎ 掌握管理人员的谈话、激励、批评及上下级沟通的语言表达技巧。

◎ 能够运用管理口才技巧解决一些实际问题。

◎ 提高上下沟通共识度，增强大局统筹意识。

案例导入

沟通开启管理之门，口才成就领导之翼。某公司生产车间接受了一项科研项目，可有些人员觉得这是领导在给大伙儿惹麻烦，谁也不愿接手这项工作。面对这种状况，车间主任不动声色地在大会上讲道："我昨天碰到一位老同志，他苦恼地对我说，自己像老黄牛一样埋头苦干了一辈子，可因为没有科研成果，退休时职称很低，没有成就感。同志们，这位老同志的话给我很大的启发，我们在工作的同时不能不创造条件搞科研项目。我大学毕业就来到咱们车间，至今已有二十多年，对大伙儿、对车间很有感情，总希望大家今天好！明天好！退休时更好！所以，我好不容易向主管部门争取了一项科研任务……"主任的话还没说完，员工"领导给大伙儿惹麻烦"的念头就已烟消云散了，科研项目顺利落实到人。

管理口才讲座1

案例思考： 这位车间主任为什么能把大家想成功的欲望激发起来？管理口才有哪些技巧呢？扫描二维码观看管理口才讲座1，认真思考案例所引出的问题。

第一部分　管理口才基础知识

管理和科学技术是推动社会进步的两大车轮。管理活动主要通过管理者的口才去实施，从某种意义上说，管理活动就是一种"寓管于口，以口施管"的组织活动。良好的口才是管理人员应当具备的基本素质之一。在古代，选举酋长或氏族领导人要听其言，观其行，然后知其人；在美国，管理口才课程是工商管理硕士（MBA）学习中不可或缺的重要科目。管理口才在现代社会已越来越受到重视，大到城市、国家，小到单位、家庭都离不开管理口才。

一、管理口才的含义

广义地说，管理者是一个组织中，或一个家庭里的核心人物，其特殊的职务和身份决定了他必须具备较高的综合素质，才能把组织管理好、把家庭建设好。而在这些综合素质中，口才是重中之重。管理口才是管理者在计划、组织、指挥、决策、协调、激励、控制过程中所具有的良好的语言沟通技能。

西方管理学界有一句名言——管理即管人，或者说管理就是通过他人把事情办妥。从管理学的发生、发展直至今日，已经形成了这样的共识：管理者的首要任务就是协调人与人之间的关系，就是进行有效沟通。

唐代文学大家韩愈说："世有伯乐，然后有千里马；千里马常有，而伯乐不常有。"这充分说明了管理者的重要性。管理者必须根据实际需要和发展状况，从员工当中发现人才，在管理中正确地使用人才，这样才能保证组织的良好运行与正常发展。

> **导入案例提示**
>
> 车间主任一方面以事晓之，以理服之，另一方面又以情动之，以利导之，取得了良好的沟通效果。
>
> 巴纳德认为：管理者的最基本功能是发展和维系一个畅通的沟通管道。管理口才是管理者的基本能力或素养，口才、风度与魅力已成为现代管理者取得成功的重要条件。
>
> 管理口才的技巧主要有谈话的语言技巧、激励的语言技巧等。

二、管理口才的作用

管理口才是管理者自身素质、修养、学识的重要体现，成功的语言表达是管理者的半个职业生命。管理的行为过程也是沟通的行为过程，管理的核心是语言沟通，沟通能力是管理者的一项重要能力。只有把上下级关系、家庭关系处理好，大家和谐相处，才能创建良好的工作和生活氛围。具体地说，语言沟通在管理中的重要作用体现在以下几个方面。

1. 提高工作效率

随着社会的发展，人们不再是一味追求高薪、高福利等物质待遇的"经济人"，而是要求积极参与企业的创造性实践、满足实现"社会人"和"文化人"的高层次需求。良好的语言沟通，使员工能自如地和其他人，尤其是和管理者谈论自己的看法、主张，从参与社会实践中获得心理满足，从而进一步激发工作的积极性和创造性。

有效的沟通机制，可以使企业各阶层集思广益，共享集体智慧，迸发创意火花，开拓创新之路，这是企业创新的重要来源之一。如惠普公司要求工程师将手中的工作共享在服务器上，供大家品评，出谋划策，解决工作难题，有效提高了工作效率。

2. 获取重要信息

在激烈的市场竞争中，每个企业都希望打造出一支上下齐心、精诚团结的团队，希望能够处在良好的外部环境中，在与顾客、股东、其他企业、社区、政府以及新闻媒体的交往中，塑造出良好的企业形象。

任何一个组织只有通过信息沟通，才能成为一个与外部环境相互作用的开放的立体系统。各部门、人员间只有进行有效的沟通，才能获得顾客需求、制造工艺、财务状况等重要信息。在环境日趋复杂、瞬息万变的情况下，与外界保持良好的沟通，及时捕捉商机、避免危机是企业管理人员的一项关键职能，也是关系到企业兴衰的重要工作。

3. 融洽团队关系

团队作为最基本的社会组织单元和最重要的群体形式，其成员关系是否和谐、是否具有凝聚力与管理者是否重视管理口才的运用密切相关。

一般来讲，管理者运用管理口才的技巧越娴熟，其为团队注入的活力越多，营造的氛围越和谐，给员工带来的归属感就越强。

三、管理口才的特征

管理口才主要指大型会议、小组讨论、正式会谈、私人闲聊等场合的说话能力。管理者具有特定的身份权威，承担着相应的责任，要想使自己向上、向下沟通的渠道畅通有效，必须注意四个结合。

1. 权力性与非权力性相结合

权力性是管理者通过向下传达的方式输送各种指令及政策给下层组织，使下级部门和团队成员及时了解组织的目标和管理者的意图，增加员工对所在团队的向心力与归属感。作为组织机构的代表，管理者应自觉规范和约束自己的话语，不可信口开河。传达指令及政策时，语言表达要严密准确，抓住主要问题，阐明问题实质，体现权威性。

非权力性是指管理者作为文化人，管理工作中更应以人为本，克服专制、蛮横的作风，以坦率、诚恳、求实的态度，利用一切谈话机会，尤其是不要放弃非正式的谈话机会，在下属毫无戒备的心理状态下，征求意见、协调对话、个别谈心、调查访问、学习讨论等，获取更多的信息。

2. 原则性与灵活性相结合

原则性是指管理者不能用自己的话语否定上级或集体的决定与意见，不能随便表态答复或做出许诺，不能想当然地评价某人某事，不能随意传播小道消息或泄露机密。

灵活性是指管理者执行政策、传达指示要抓住实质，融会贯通，用自己个性化的语言加以宣传，而不是照本宣科。答复问题要灵活委婉，不能人云亦云；表扬批评要举一反三，不能过分机械呆板。例如：

> 某公司员工小闵每天骑自行车上下班。一天上班路上发生交通事故，道路被看热闹的人围得水泄不通，她只好绕道快速前行，结果到公司还是迟到了半小时。按公司规定，迟到一次，要扣50元，并且扣除当月全勤奖。小闵家境非常困难，为了避免损失，她找到主管，说明特殊情况，请求免除处罚。主管说："你看，规矩是公司定的，违反了规章制度，肯定要照章办事。我只是一个执行者，还希望你能理解。这样吧，你家庭有困难，罚款就从我的工资里扣除，否则咱们破了这个例，后面再出现类似的情况就不好办了，你说是吧？"小闵急忙说："别、别这样，主管，哪能让您出呢？我服从公司的规定，以后上班一定会再提前点从家里出发。"

主管先是从"理"出发，说明按规章制度办事是必须的，后从"情"上告诉小闵：从私人情感来讲，我愿意帮助你。这个理，就是原则性，而情，则是灵活性，二者常常可以兼顾。

温馨提示

3. 理论性与通俗性相结合

理论性与通俗性既矛盾又统一，管理者要正确处理两者的关系。面对文化水平参差不齐的干部群众，解读政策或宣布指令时，要采用雅俗得当的语言表达方式。

管理者面对理解能力强的人，用语可以专业些、深刻些，体现哲理性与理论性；面对理解能力较弱的人，用语可以简明些、形象些，体现启发性与通俗性。切不可一厢情愿地认为所有人都和自己的认识、看法高度一致。

4. 果敢性与兼容性相结合

果敢性是指面对是非选择的问题时，当机立断、毫不犹豫做出判断。果敢不是妄断。妄断是在情况不明、毫无把握时的乱碰乱撞。而果敢是在对情况有所了解的基础上，根据已有经验或快速思考后做出决断。例如：某织布车间有一工人由于违规操作，手指被机器绞断。车间主任果断决定先派人将伤者送往医院急救，而后再向上级主管汇报情况。该车间主任的果敢做法体现了以人为本的指导思想，无疑是正确的。

管理者的许多话是说给员工听的，是要在员工身上起作用的，因此，管理者的语言一方面应该体现高屋建瓴的水平，另一方面也应该有较强的兼容性，体现虚怀若谷的胸襟，既能听得进上级的批评教育，也能听得进下级的意见和建议。

> **📋 小贴士**
>
> 很多人常抱怨管理制度的原则性限制了他们的行为，而美国康柏公司总裁谢克曾经说："条条框框不会束缚一个管理者的手脚。规章制度只是规定了一些基本的东西而已，还留有很多空间供个人发挥、个人创意。很多人没有创意，没有把东西做出来，才归咎于规章制度对自己的束缚。"

第二部分　管理口才的技巧

管理者要想拥有良好的管理口才，必须从多方面下功夫。知识丰富、逻辑性强、幽默机智，发音清晰、语调平和、抑扬顿挫，真诚豁达、平易近人、心态开放等既是形成管理者特有影响力和魅力的基本条件，也是提高管理口才和管理水平的前提。

一、谈话的语言技巧

谈话是人们传递信息和情感、增进彼此了解和友谊的一种方式。谈话是双边活动，只有感情上

管理口才讲座 2

贯通，才能进行有效的信息交流。如果管理者在交往中缺少真诚，说话空洞，那么就无法让员工对自己产生认同感。因此，管理者与员工交谈时必须注意以下几个技巧（可参考管理口才讲座 2）。

1. 注入真诚，赢得理解

管理者说话成功的关键就在于在谈话中注入真诚，并将自己的心意传递给对方。只有当员工感受到这种诚意时，他才会打开心门，接受管理者的说话内容，实现和管理者的沟通，进而和管理者形成良好的关系。

为了表达自己的真诚，管理者要尽量贴近下属，平等相待。员工面对上司时，可能会有试探、戒备、恐惧、对立、懊丧、佩服、激动、喜悦等心理状态。因此，管理者要放下架子，以平易近人的态度寻求沟通，避免以自鸣得意或以命令、训斥的口吻说话。有时，管理者甚至可以通过自曝"弱点"的方式，赢得员工的信任。

2. 以心交心，产生共鸣

管理者如果能做到以心交心，换位思考，站在他人的立场上分析问题，就能给人一种为他人着

想的感觉，使话语具有极强的说服力。例如，某大学校长在改善学生伙食座谈会上的发言：

> 看到大家，就想起了我的大学时代，感觉自己年轻了许多。那时，我也非常关心伙食的好坏，因为伙食是我们每天生活的重要部分。我想你们也和我那时一样吧？今天，我就是来和大家一起商谈伙食问题的！

这位校长没有标榜自己的职权，而是在经历、态度、价值观乃至年龄等方面努力拉近和学生的距离，尽量缩小彼此之间的差异，以平等之心进行交谈。座谈会上，学生畅所欲言、气氛热烈，许多问题迎刃而解。

3. 指点迷津，豁然开朗

当下属遇到棘手的问题时，管理者要与下属共同面对、提供方法，帮助其突破瓶颈。例如，一位院长向招生办主任说：

> 李主任，咱们学院去年招生计划没有完成，你建议向兄弟院校学习，加大广告宣传力度，我们今年投入了二十万元，结果让人不是很满意。明年的招生形势更严峻，我们除了继续打广告外，是否线上线下双管齐下？比如说组织老师走进更多中学校园，加大向学生现场宣传的力度……

这位院长没有直接批评招生办主任，而是摆事实、说困难、给方法，为下属排忧解难，使下属深受启发，收到了良好的谈话效果。

二、激励的语言技巧

激励是一个心理学术语，指心理上的驱动力，含有激发动机、鼓励行为、形成动力的意思，即借用某些内部或外部刺激，使人奋发起来，去实现特定的目标。管理口才的激励，是指管理者运用认可、赞扬、鼓励、褒奖等语言表达技巧，从外部施加推力，促使员工在鼓励中努力拼搏，在激励中奋勇前行，实现组织目标。

激励是一方心灵的补剂，也是一种前行的动力。有人调查研究了不同工作环境下的 1500 名员工，试图找到他们心目中最有力的激励因素。结果显示，认可是最有力的激励因素。另一项调查发现，员工把上司对自己某项工作的赞扬列为所有激励因素中最重要的选项。在运用激励的语言时需注意使用以下几种技巧。

（1）讲明原因。讲明激励的原因可以体现管理者对下属认可和赞扬时的诚意。例如："小刘，你的服务态度、沟通能力、处理事情的应变能力，很是见长，令我刮目相看！今天上午的这起投诉，顾客情绪激动、言辞过激，条件又苛刻，处理起来真有些棘手，但你笑脸相迎、沉着应对、委婉解释，并采取积极的弥补措施，避免了矛盾扩大。处理问题及时到位，值得表扬，值得大家学习！"

（2）说清内容。如果管理者在认可赞扬的同时，能进一步具体说明下属为工作所花费的精力和心血，则更能打动下属。例如："小张，你这份报告写得很好，不仅调查数据翔实，而且写作角度新颖，分析有深度，建议具体可行，看得出你花费了不少的时间和心血。听说你昨晚加班到凌晨，孩子也顾不上，真是辛苦你了！"

（3）运用对比。运用对比可使表扬更有说服力。例如："小王，你撰写应用性公文的水平比以前有进步，计算机操作也比以前熟练了很多，继续努力，争取早日成为写作能手！"

（4）态度诚恳。管理者褒奖员工时，态度要诚恳，给人以温暖。例如：办公室一位普通员工住院了，领导去探望他，并动情地说道："平时你在工作岗位上，每天处理琐事，我习以为常。现在没有你在身边，就感觉工作没有了头绪，每天很忙乱。你一定要尽快把病养好，早日回到工作岗位上来啊！"这样的话语会让病中的员工深受鼓舞。

（5）褒奖及时。褒奖要及时，时过境迁，兴奋与激动度就会降低。例如：当《现代健康》杂志将佛罗里达州珊瑚角的李氏健康机构列为全美百家最完善的医疗机构之一时，该机构马上给 5 000 名员工每人发了一个定制的钥匙链表示感谢。钥匙链的顶部写着："自从……以来的有价值的员工"，下面写着该员工的受聘日期。公司制作这种钥匙链，每个只花了 4.5 美元，却发挥了有效的激励作用。该公司的首席执行官说："我们从事健康护理管理工作这么多年，从来没有看到员工像发钥匙链时这样兴奋过。我收到了许多便条和电子邮件，感谢我们花时间对每个员工表示的认可。"

三、批评的语言技巧

批评是对行为的否定性反馈或负面强化，目的是使该行为不再发生。俗话说："人非圣贤，孰能无过？"但如何指出这个"过"是有讲究的。有效的批评并不是一种随意的语言行为，管理者必须使用一定的技巧。例如，管理者必须明白哪些话能说，哪些话不能说；哪些事能提，哪些事不能提。这都需要管理者在实践中认真体会。一般来说，应该注意使用以下几个技巧。

1. 心平气和，以理服人

心平气和，以理服人，正确的思想才能被对方接受；否则，对方就会因情绪冲动而失去理智。不良的情绪有极强的传染力，一旦对方感觉到这一点，就会激起同样的情绪，抛开领导的批评内容而计较其态度。这种互相影响的情绪会把批评带入僵局。

管理者在批评员工时必须以事实为根据，只评论眼前发生的事情，指出其错误所在，不要说"真没见过你这样的大笨蛋""你这种人，今后肯定不会有多大的出息"等侮辱对方人格、否定他人前途的话语。

2. 选择时机，留有余地

批评既是一种方法，更是一种艺术。管理者要选择有利的时机批评，顾及员工的脸面。大部分人在感觉有面子的时候会变得宽容并容易接受质疑，感觉没有面子的时候容易产生对抗情绪甚至变得蛮不讲理。当着他人的面训斥下属，会容易让对方产生当众出丑的屈辱感，这可能会导致其为了维护自尊心，而采取不分是非曲直的态度，在众人面前拒绝认错，故意使管理者难堪。选择有利时机，避开他人进行一对一的批评教育，让员工在不失体面、情绪平稳的状态中接受批评，才能收到良好效果。

> 小姜是某公司办公室的一名文员。一次，公司邀请了一些知名人士来参加新年联谊会议。小姜作为负责制作桌签（与会专家的姓名台卡）的接待人员，在离会议开始只剩半小时的时候，才发现未带桌签。她想马上回公司去拿，怕时间来不及，又要被领导当众批评，急得满头是汗。这时，办公室主任悄悄走到她的身边，把桌签递给了她，小声说道："我昨天离开办公室时，看到你遗忘在办公室的桌签，就把它拿到车上，今天带来了。细节决定成败，下次可要注意了。"小姜是公司出了名的"常有理""玻璃心""硬头派"，这次听到主任"特给面子"的批评，不仅没有心生不满，而且还主动承认错误，并积极配合主任圆满完成了此次联谊会的所有接待工作。

3. 因人而异，讲究方法

"良药苦口，忠言逆耳。"对于旁人的忠言或劝告，不是人人都能乐意接受。根据下属的性格特点，采用正确的批评方法，可以使"忠言不逆耳"。

管理者对于性格开朗、直来直去的下属，可以直接批评，指出其错误，促使其改正；对于那些思维敏捷、自尊心极强的下属，裹着一层糖衣的批评效果应该更佳。具体来说，就是在批评之前先给对方一些安慰，例如："动机良好而效果不太理想，愿望很好，结果不够完美，我们一起分析分析原因，下次一定会做得更好。"对于性格急躁，容易情绪化的下属，最好采用商量式的批评，以商量、讨论的方式，把批评信息传递给下属，例如："这次的销售方案怎么改，效果会更好呢？我们坐下来好好聊聊，今晚你再加个班好好斟酌斟酌，争取明天能一次通过审核。"

4. 启发提醒，指明方向

忠告也好，批评也罢，都是为了帮助人、教育人，使其按正确的方向发展。如果起不到这个作用，批评的目的就没有达到。管理工作中，有些管理者在批评时，往往把重点放在指责下属"错"的地方，却不能善意地指明"对"的应该怎么做。这样的批评，只能让下属感受到管理者个人的不满意。因此，最好的批评应该是探讨式的，站在对方的角度分析错误的原因，寻求正确的做法。

管理者认为下级的汇报中有不妥，表达更要谨慎，应尽可能采用劝告或建议性的措辞："对这个问题能不能有别的看法，例如……""不过，这是我个人的意见，你们可以参考。""建议你们看看最近得到的一份材料，看看有什么启发。"这些启发性的话语让对方容易接受，也容易敞开心扉。

> **📓 小贴士**
>
> "口才就是领导力。"职场中倘若你具备卓越有效的管理沟通技巧、出口成章的口才艺术，会更容易成为一个上司喜欢、下属尊敬、同事关系融洽的成功人士。好口才是事业成功的催化剂。

第三部分　管理口才技巧训练

在现代信息社会，管理的本质和核心是沟通，管理者遇到的难题和困难也需要沟通。美国普林斯顿大学曾对 10 000 份人事档案进行分析，结果显示：智商、专业技术、经验只占成功因素的 25%，其余的 75% 取决于良好的人际沟通。由此可见，在管理过程中，管理者与上司、下属、平级的良好沟通非常重要。

一、与上司的语言沟通训练

由下而上的沟通是指团队成员、基层管理人员与管理决策层之间所进行的信息交流方式。

向上沟通的管理意义在于管理者可以直接把自己的意见向上级反映，赢得上级的认可和赏识，获得一定程度的心理满足；上级也可以利用这种方式了解企业的生产状况，与下属形成良好的关系，提高管理水平。

音视空间

管理口才范例

运用管理口才的技巧，分析下面几个案例。

案例 1

请分别指出小王和小李在与上司沟通过程中存在的问题。

小王和小李都是某公司刚提拔起来的部门经理，试用期半年。小王为了取得上级领导的欣赏与信任，让领导更多地了解自己的工作业绩，有事没事，往领导办公室跑。而小李则认为，说得好，不如干得好，有了成绩，领导自然看得见，也自然会被重用，因此平时很少主动去领导办公室，更别说主动向有关领导汇报工作的进展情况了。半年后试用期结束，两人都没有如愿转正。

学习笔记：＿＿＿＿＿＿＿＿＿＿＿＿＿＿＿＿＿＿＿＿＿＿＿＿＿＿＿＿＿＿

＿＿＿＿＿＿＿＿＿＿＿＿＿＿＿＿＿＿＿＿＿＿＿＿＿＿＿＿＿＿＿＿＿＿＿＿

＿＿＿＿＿＿＿＿＿＿＿＿＿＿＿＿＿＿＿＿＿＿＿＿＿＿＿＿＿＿＿＿＿＿＿＿

＿＿＿＿＿＿＿＿＿＿＿＿＿＿＿＿＿＿＿＿＿＿＿＿＿＿＿＿＿＿＿＿＿＿＿＿

案例 2

请指出小钱与上司成功沟通时所运用的语言表达技巧。

小钱进公司 5 年了，工作勤勤恳恳，对上司的安排从来都是来者不拒。开始时，小钱很高兴，觉得自己深受上司器重，前途一片光明。但后来上司交给他的任务越来越多，已经多到加班加点也难以按时完成的地步，而其他同事却比他清闲得多。小钱心想，也许忍忍就会有升职的机会。然而机会总是一次次走到他面前却拐了弯，职位和工资一直"原地踏步"。一次朋友半开玩笑地对他说："你想想，如果你升职了，你上司到哪儿再去找像你这么任劳任怨的'老黄牛'啊？"

听到这样的话，小钱回家向妻子诉苦和抱怨，妻子听了居然说："如果我是你上司也不会给你升职，一个不懂得拒绝的人怎么去管理别人？"小钱仔细思量，觉得妻子的话的确有道理。

过了几天，上司想再次给小钱增加工作任务，小钱鼓足勇气说："目前我手里已有 3 个大项目，6 个小项目，我感觉不能再胜任其他工作了。"听到这话，上司感到很惊讶，觉得小钱像是变了一个人似的，于是非常信任地说："这个项目只有你去做我才放心。""既然上司这么信任我，那好吧，不过，要按期保质完成，我需要几个帮手。"上司最后笑着说："我考虑一下。"

小钱心里知道，如果上司同意给自己派助手，那相当于变相升职；但如果他不答应这个条件，也就不好将新任务交给自己。

自从小钱婉拒上司的要求后，上司不仅没有给他增加新任务，反而经常主动关心他的工作进展，并叮嘱他有困难就要讲出来。小钱工作时的心情也愉悦多了。

学习笔记：＿＿＿＿＿＿＿＿＿＿＿＿＿＿＿＿＿＿＿＿＿＿＿＿＿＿＿＿＿＿

＿＿＿＿＿＿＿＿＿＿＿＿＿＿＿＿＿＿＿＿＿＿＿＿＿＿＿＿＿＿＿＿＿＿＿＿

＿＿＿＿＿＿＿＿＿＿＿＿＿＿＿＿＿＿＿＿＿＿＿＿＿＿＿＿＿＿＿＿＿＿＿＿

＿＿＿＿＿＿＿＿＿＿＿＿＿＿＿＿＿＿＿＿＿＿＿＿＿＿＿＿＿＿＿＿＿＿＿＿

＿＿＿＿＿＿＿＿＿＿＿＿＿＿＿＿＿＿＿＿＿＿＿＿＿＿＿＿＿＿＿＿＿＿＿＿

案例 3

人总是会犯错误。当发现自己上司错误地制定了一项方案时，作为下级，常会处于尴尬境地。小张应该如何对上司说"不"呢？

小张是某部门的经理，一天上司给了他一份近期销售工作方案，要求他马上执行。小张看完方案，感到左右为难。如果照章办事，一定会导致营销失败；如果不执行，直接指出方案的错误，又会使上司丢面子，甚至还会影响与上司的关系。怎么办呢？

学习笔记：＿＿＿＿＿＿＿＿＿＿＿＿＿＿＿＿＿＿＿＿＿＿＿＿＿＿＿＿＿＿

＿＿＿＿＿＿＿＿＿＿＿＿＿＿＿＿＿＿＿＿＿＿＿＿＿＿＿＿＿＿＿＿＿＿＿＿

＿＿＿＿＿＿＿＿＿＿＿＿＿＿＿＿＿＿＿＿＿＿＿＿＿＿＿＿＿＿＿＿＿＿＿＿

＿＿＿＿＿＿＿＿＿＿＿＿＿＿＿＿＿＿＿＿＿＿＿＿＿＿＿＿＿＿＿＿＿＿＿＿

＿＿＿＿＿＿＿＿＿＿＿＿＿＿＿＿＿＿＿＿＿＿＿＿＿＿＿＿＿＿＿＿＿＿＿＿

案例 4

小苏拒绝上司的做法可取吗？

　　小苏的总经理是一个等级观念很强的强硬派，常常说一不二，员工对他的安排也是言听计从。最近，公司要宣传新推出的某款产品，在动员大会上，总经理对小苏说："这个周末组织你们宣传部的人上街推销新产品，另外动员全体员工家属购买，打五折。"小苏一听气得真想跳起来，心想，就算我们天天摆地摊卖新产品，也提高不了多少销量。但是，面对总经理不容置疑的眼神，他忍住了，什么也没说。

　　星期五一下班，小苏就急匆匆地走了，周末也没有去街上推销新产品。星期一，小苏刚到办公室，总经理就问周末宣传部的销售结果。小苏没有回答，而是拿出一份详尽的推销计划书，罗列了横幅、宣传单、统一着装等需要准备的事项，并标注了重点销售群体和经费预算表等内容。小苏说："我们要做就要做好，所以我在周末赶制了这份计划书。"

学习笔记：_____

_____

_____

_____

_____

二、与下属的语言沟通训练

　　管理者除了要掌握与上司相处的原则和沟通技巧外，还要注意在尊重理解下属的基础上，由上而下地与下属沟通。作为管理者，根据不同的场合，注意自己的言辞表达技巧十分重要。倘若不看场合，随心所欲，信口开河，想到什么说什么，管理就很难奏效。阅读以下几个案例，并回答问题。

案例 1

为什么沃尔玛公司如此重视倾听员工的心声？

　　沃尔玛公司的创始人沃尔顿先生总是耐心地接待员工，而且每次都让员工把要说的话说完。公司规定：任何时间、任何地点，任何员工都有机会发言，都可以以口头或书面的形式与管理人员乃至总裁进行沟通，提出自己的建议和关心的事情，包括投诉受到不公平的待遇。对于可行的建议，公司一定积极采纳并用于日常管理。（方明，2010）

学习笔记：_____

_____

_____

_____

_____

案例 2

妇联主席的一番话，为什么赢得了别人的认可？

　　一位新上任的村妇联主席，面对一大群没有太多文化的妇女进行就职演讲。她既没有讲当时形势，也没说今后措施，而是爽快地说："大伙儿选我当妇联主席，算是瞧得起我，请婶子大娘姑娘姐妹们放心，我也是女人，有家，有丈夫，也怀孕生过孩子，我知道哪些利益该为咱妇女去争，哪些事该咱妇女干。我先试着干一年，干得好，我愿和各位继续同甘共苦；干不好，大伙儿再另选别人。"一番话贴近了人们的心，赢得了一阵阵的掌声。

学习笔记：_____

_____

_____

_____

_____

案例3

为什么厂长的一句话，丢掉了几十万元的大生意？

一位颇有影响力的企业家，在一次代表本企业与另一家工厂的厂长洽谈业务时，姗姗来迟，且一见面就一本正经地说："我忙得很，只能抽出很少的一点儿时间接见你。"此话一出，举座皆惊。对方厂长的心里更不是滋味，一笔几十万元的生意，就这样一语告吹。

学习笔记：_____

_____

_____

_____

_____

案例4

罗校长的劝说为什么有效？其运用了哪些管理口才技巧？

某学校的王老师申报副教授职称资格，学校专家投票时未通过，他感到很委屈，找到校长，要求学校给他一个候补的机会。罗校长接待了他，对他说："老王啊，不管您是不是副教授，在我心里您是非常好的老师，我们都很敬重您。您的教学经验丰富，学生反响也不错，我想作为一个教师来说，这比什么都重要。这次投票没有过，下次还有机会。僧多粥少，很难如愿，多多理解呀。明年我们会进一步完善投票机制，一定会公平、公正地对待每一位老师。"听完校长的话，王老师气消了，觉得与其他老师相比，自己在科研方面的能力还不够硬，心想再写几篇论文，明年再申报。

学习笔记：_____

_____

_____

_____

三、与平级的语言沟通训练

平级之间既是合作者，也是潜在的竞争者。运用管理口才技巧，适时有效地与平级进行有效沟通，既有助于营造和谐、互助的工作氛围，又有利于各项工作的顺利开展。阅读以下案例，并回答问题。

案例1

夏阳与吕荣冰释前嫌的主要原因有哪些？体现了哪些管理口才技巧？

夏阳是公司渠道部经理，吕荣是售后部经理，工作中两人关系较好。一次渠道部的小汪，因母亲病重，要请假一周。吕荣考虑到渠道部人少，事情多，就派负责售后的小张临时帮忙。小汪回家后，手机不慎摔坏，大山里也没有维修点，就没有与公司同事联系。小张对小汪的业务不熟，遇到难题想联系小汪，却怎么也联系不上，结果忙没帮成，还影响了工作进程，受到渠道部员工的埋怨，这让小张心生不满，找吕荣诉苦抱怨。吕荣听后，也非常生气，觉得夏阳太不尊重人，太不够意思。后来吕荣遇到夏阳，不是爱理不理，就是冷嘲热讽。夏阳很纳闷，找售后部员工一了解，才知道了事情的原委。于是主动找到吕荣诚恳道歉，并邀请他和小张共进午餐，感谢他们对自己工作的理解与支持，并表示马上召开内部会议，向大家说明原因。事情至此，两部门误会消除，两经理友好关系恢复。

学习笔记： _____

_____

_____

_____

案例 2

有人说适当的聚会是增进友谊的好方法，张迅主动融入中层团队的做法可取吗？

张迅是公司最近才提拔起来的中层干部，虽然每次参加中层会议自己都主动与其他部门的负责人打招呼，但总感觉别人对自己不冷不热，融不进圈子。一次中层例会刚结束，人力资源部的徐副部长告诉大家，今天是自己的三十岁生日，晚上想请大家一起吃顿便饭。与会者听后，都非常高兴，并开始商量买什么样的蛋糕，把张迅冷落在一边。张迅心想：去吧，徐副部长没有专门邀请自己；不去吧，恐怕会越来越被边缘化。张迅最后一咬牙，在手机上订购了一束鲜花，笑着对大家说：大家伙儿送蛋糕，祝部长事业有成；我就送一束鲜花，祝徐副部长永远美若鲜花，祝大家开心快乐。话音刚落，掌声四起。经过这次生日聚会，张迅终于逐步融入了中层团队。

学习笔记： _____

_____

_____

_____

 小贴士

实现上下级良好语言沟通的宝典：少说批评的话，批评只是一种阻力；多说鼓励的话，鼓励才是基本动力；少说抱怨的话，抱怨只会带来记恨；多说宽容的话，宽容才会增进了解；少说拒绝的话，拒绝只会形成陌路；多说关怀的话，关怀才能获得友谊；少说讽刺的话，讽刺显得轻视傲慢；多说赞美的话，赞美才能相互激励前行；少说命令的话，命令只是强行令人接受；多说商量的话，商量才显管理本质。

 课外训练

一、复习思考

1. 说说管理口才的含义和特征。
2. 管理者激励员工的语言技巧有哪些？
3. 对上司说"不"时有哪些方法和技巧？
4. 举例说明管理者与下属有效沟通有哪些语言表达技巧。

二、实训练习

1. 分析下面的具体情境，找到关键的表扬或批评视角，先分小组交流，然后全班交流，最后教师点评。

（1）某厂想调一些干部去营销部，但干部们都觉得压力太大，没人愿去。厂长灵机一动，贴出一则启事，希望有口才、有能力的干部报名参加"我也来闯一闯"活动。第二天，干部们踊跃报名。请你以厂长的身份对此事作一次全厂表扬发言。

（2）在某商场鞋柜，顾客正在购物。突然，一名顾客怒气冲冲地走过来对着营业员大声嚷道："你们卖水货，欺骗顾客，如果不立马给我退货，我就要到消费者协会去告你们！"营业员说："怎么回事？你可以说清楚一点吗？"顾客仍然大喊大叫："我在你们这儿买的水货鞋！退货！你赶紧给我退货！"营业员说："请问你买了多长时间？三个月内我们是可以'三包'的；三个月以后……"话没说完，顾客一巴掌打在她头上。这时，争吵声惊动了商场主管，他赶来对营业员训斥道："顾客就是上帝，你怎么能跟上帝争吵呢？赶紧向顾客道歉！"请你对商场主管的做法做一个简评。如果你是商场主管，将如何处理这件事？

2. 同学们进行角色扮演，倾听并反思措辞是否恰当。

刘刚是某房地产公司的会计，整天坐在财务处与数字打交道，觉得挺没劲。他有不少朋友在本地和外地做钢材、水泥生意，于是他想调到建材科去。他该怎么对经理表达自己的意愿呢？（要求：把握与上司说话的原则和语言技巧，理由充分，措辞恰当）

3. 运用本章所学知识，点评下列案例。

案例1

宋某是某知名酒店的总经理。虽然身居要职，但他在下属面前从不摆领导架子，平易近人，对服务生的态度也非常客气。他常常表达"辛苦你了""谢谢你的辛勤付出""麻烦你帮我"等谦恭有礼的话，使服务生觉得受到了领导的尊重，也以为其工作为乐。

案例2

西睿是销售部经理，最近在忙着制定下一季度的促销方案。他赶了几个通宵后，总算完成了。当他拿着自己的劳动成果向本部门和其他部门同事征求意见时，几乎一半人投了反对票。西睿失望极了，但他并没有就此消沉，而是努力寻求反馈意见。他积极地向反对者咨询："能不能谈谈你对这个方案的看法？""你觉得这个方案应该怎样改进？""你认为这个方案有哪些不足？"大家踊跃发表意见，并且被他的谦逊、真诚所打动，在以后的工作中给了他更多的支持。

4. 综合技能训练。

（1）某中小企业总经理安排电气专业毕业的小王负责某机械项目。

小王对他的总经理抱怨说："机械方面的事我实在无法承担，我的专业是电气，对电气方面的工作我义不容辞，但对机械我是一窍不通啊！"

总经理温和地说："你之所以不想承担这一机械项目，是因为你在大学读的是电气，只懂电气不懂机械，是吗？"

"是的，我对机械方面的工作完全外行。"

"那么，你读电气专业之前对电气完全了解吗？当时你对电气也完全外行，对吗？"

小王答道："那当然。"

总经理继续说："……"

请你扮演总经理的角色，采用迂回诱导的方法巧妙说服小王。（提示：从"任何事情刚开始做都

是外行"和"身为中小企业的人员要做到全面发展"两方面进行诱导）

（2）假如你是这家公司的总经理，请你用激将法和小乾谈一次话。

小乾进入公司后非常勤奋，工作表现也很出色，很快被提升为一个重要部门的主管。但是，小伙子因此产生了骄傲自满的情绪，看着那些工作了十几年的老员工还在原地踏步，而他进入公司才3年就"麻雀变凤凰"了，每天都和公司的上层打交道，给下属布置任务，他觉得自己能力不凡、高人一等。于是，他每天对着下属颐指气使，工作态度也开始松懈，三天打鱼，两天晒网，业绩开始直线下滑。

（3）作为律师事务所负责人，你会从哪些方面着手与赵军进行谈话？

赵军从一所大学的法学院毕业后，到一家享有盛誉的律师事务所工作。律师事务所的绝大多数当事人都来自一些商业组织，基本上都是为了诸如合同、税务等问题来请求帮助的。赵军对法律事务无疑是能胜任的，当事人也挺尊重他。但最近，他和当事人打交道的方式却粗鲁和冷淡，许多当事人不愿意与他再合作。

管理口才讲座 3

三、网络实践

扫码观看"管理口才讲座 3"，反观自己在处理人际关系时的不足。

附 管理口才暨上下沟通共识度检测标准

计定等级	检测内容
A 级	1. 运用批评的语言技巧，主动与上课经常玩手机游戏的同学进行平级沟通，语言亲切，言之有理
	2. 运用相关技巧，主动与班主任就晚自习班级管理制度进行上行沟通，观点鲜明，措施具体，达成共识
	3. 运用激励的语言技巧，以学习委员的身份主动与获得三等奖学金的同学进行下行沟通，语言表达清楚、流畅
B 级	1. 运用批评的语言技巧，与上课经常玩手机游戏的同桌进行平级沟通，表达清楚、流畅
	2. 运用相关技巧，与体育委员就早操如何考勤进行上行沟通，基本达成共识
	3. 运用激励的语言技巧，以课代表的身份与获得单项奖学金的同学进行下行沟通，表达清楚、流畅
C 级	1. 与上课经常玩手机游戏的同学进行平级沟通，语言表达清楚、流畅
	2. 与寝室长就晚上关灯时间进行上行沟通，基本达成共识
	3. 以小组长的身份，鼓励获得奖学金的同学，语言表达清楚

第十章
Chapter 10 | 导游口才

学习目标

◎ 了解导游口才的含义和特征。

◎ 熟悉导游口才的基本要求。

◎ 能够运用景点解说、服务接待等技巧，参加模拟训练。

◎ 提高景点讲解清晰度，增强诚信服务意识。

案例导入

各位朋友：

我们的旅程马上要结束了，蒋导也要跟大家说再见了。临别之际没什么送大家的，就送大家四个字吧。首先第一个字是"缘"，缘分的"缘"，俗话说"百年修得同船渡，千年修得共枕眠"，那么和大家 7 天的共处，算算也有百年的缘分了！接下来这个字是原谅的"原"，在这几天中，蒋导有做得不好的地方，希望大家多多包涵，在这里说声对不起了！再一个就是圆满的"圆"，此次行程圆满地结束，多亏了大家对我工作的支持和配合，小蒋说声谢谢了！最后一个字还是"源"字，财源的"源"，祝大家的财源犹如滔滔江水连绵不绝，也祝大家工作好，身体好，今天好，明天好，现在好，将来好，不好也好，好上加好，给点掌声好不好？

案例思考： 假如你是游客，听了这段导游词有何想法？作为导游，应如何提高自己的语言表达能力呢？

第一部分　导游口才基础知识

音视空间

导游口才范例 1

改革开放以来，我国旅游业日渐兴旺，职业导游的素质和水平也随之不断提高，导游成为一门学问，解说也成为一种艺术。导游在带旅游团的过程中，无论是迎送游客，还是景点讲解，抑或是生活服务都离不开一副好口才，只有拥有一副好口才，才能成为受游客欢迎的导游。

一、导游口才的含义

所谓导游口才，是指导游在与旅游者交流思想感情、指导游览、进行讲解、传播文化等服务中使用的一种具有丰富表现力、生动形象性的语言艺术。观看导游口才范例 1，思考景点讲解与一般介绍的区别。

二、导游口才的特征

导游口才是在社会实践中逐渐形成的有职业特点的行业语言，导游服务的核心在于"说"。导游口才的特征主要表现为以下几点。

（1）语言形象生动。"看景不如听景"，讲的就是导游语言生动对景点所起的升华作用。如果导游的语言表达平淡无奇、单调呆板，或者十分生硬，游客听了必定意兴索然，甚至在心理上产生不耐烦或厌恶感。

> 生动形象、妙趣横生、发人深省的导游语言不仅能引人入胜，还会起到情景交融的作用。为此，导游应多用形象化的语言，以创造美的意境；使用鲜明生动的语言，以增加语言的情趣性。
>
> 导游在带旅游团的过程中，无论是迎送游客，还是景点讲解，抑或生活服务都离不开好口才，只有拥有好口才，才能成为受游客欢迎的导游。

（2）形式富于美感。导游的解说词大多是事先准备好的，但作为导游，讲解的方式应该针对不同游客的特点而有所变化，使讲解活泼、多样。

> 导游口才的美感特征主要表现为描绘性语言的华丽美、叙述性语言的流畅美、质疑方式的得体美、缩距技巧的熨帖美、点化技巧的升华美等。

（3）内容准确规范。准确性是对导游在宣传、讲解及回答游客的问题时的基本要求。对于史料的考证要真实可靠，做到准确无误、以实论虚、合情合理。切忌随意解说、夸大其词、无中生有和主观臆断，防止出现词不达意、以偏概全甚至杜撰史实的解说词。

> **导入案例提示**
>
> 开篇案例中的欢送词，不仅真情表达了导游对游客的感激、美好祝愿，而且还巧妙地用了"缘、原、圆、源"四个谐音字，结尾一连串的"好"字流畅而俏皮，充分展现了导游的良好口才。

三、导游口才的要求

导游语言既是一种行业语言，又是一种口头表达艺术，导游语言的表达要符合导游语言的特点和导游服务的宗旨。

（1）音量有高度。导游时，无论是对话还是解说，大多是在室外一些喧哗热闹的景点，或者马达轰鸣的车上、船上，因此音量应比日常说话要高一些。作为导游，首先要学会放开喉咙大声讲解，平日注重提高肺活量，使游客无论是在景区还是在车上、船上都能听到讲解声音。

（2）普通话要标准。用普通话讲解，是对每一个导游起码的口才要求。因为导游的讲解目的是让游客听懂，虽然有的游客听不懂普通话，但错不在导游。当然，如果有时游客来自不同地域，需要使用外语或少数民族语言与之交流时则另当别论。

（3）善于把握节奏。导游在解说时的语音、腔调、节奏要随着室内室外、人多人少、感情的激越或低沉而变化。不能以一种语音、一个腔调、一种节奏一讲到底。要根据内容需要，当快则快，当慢则慢，快慢相宜，让游客放松与享受美感。

（4）语言要文明、热情。带团时，导游要以主人身份，接待那些远道而来的客人，无论采用什么方式向游客讲解，语言都要热情主动、文明得体，直到说"再见"的那一刻，脸上都要一直挂着笑容，这是导游的本职工作。

（5）景点知识要丰富。导游在带团之前，对各个景点的知识已经滚瓜烂熟、倒背如流，但还要注重不断充实新的内容，争取成为"一部集自然景观与人文景观于一体的百科全书"，使游客获得丰富的知识，感觉不虚此行。

（6）应变能力要强。导游在讲解时，要不拘谨、不慌张，并依据游客的情绪好坏调整讲解内容。当看到游客满脸疲惫时，应停止介绍；当看到游客兴奋或满脸疑惑时，应抓住时机介绍，让他们在旅途中感觉快乐。

 小贴士

富于美感的导游语言具有使游客从中得到美的熏陶和享受的特质，但导游的无声语言也不可忽视：第一，微笑服务；第二，善于发现游客的长处，懂得欣赏和尊重游客；第三，真诚的情感交流。

第二部分　导游口才的技巧

导游口才不像辩论口才、谈判口才那样逻辑推理严谨缜密。游客是来游览自然景观或人文景观的，需要的是轻松和自然。因此，导游的语言表达方式可叙事托景，融情入景，妙趣横生；可运用修辞手法，形象生动，寓庄于谐。导游的讲解要使游客充分享受到旅游的快乐。

一、欢迎词的表达技巧

导游员带团之初都要有礼貌地致欢迎词。欢迎词以问候、欢迎、自我介绍、介绍同伴、介绍景点、介绍旅程、介绍服务意愿以及祝福等内容为主。

（1）介绍式，用简洁清晰的语言对自己和工作伙伴进行介绍，包括姓名、好记忆的称呼及手机号码等，如：

各位朋友，大家一路辛苦！我是××旅行社导游×××，大家可以称我小王，也可以叫我王导，我的手机号是1397×××，这是我们的司机牛师傅，他姓牛，开车也很"牛"，一路上由我们为大家服务。

音视空间

导游口才范例2

（2）表达式，表达服务意愿和祝福，并提出要求，如：

××是个美丽的城市，有着与众不同的自然景观和丰富的人文底蕴，在旅程中我会尽心尽力做好导游工作，希望能够给大家留下深刻而美好的印象（表达服务意愿）。同时也祝愿在座的各位朋友在旅游中都有一份好心情，都能高兴而来，满意而归（祝福）！为了旅途顺利、安全，希望大家服从旅程安排，有要求请拨我的手机（提出要求）。好，咱们出发！

（3）幽默式，用诙谐幽默的语言消除游客刚到目的地的疲惫，营造轻松的旅游氛围，拉近和游客的距离，如：

亲爱的游客朋友，大家好！我是导游××，欢迎各位到桂林参观和指导，我会全心全意热心服务，让您不白跑。旅游之前有些事情在这和您聊一聊，好让您的这次旅游含金量更高。桂林是个旅游城市，环境特别好，希望各位能够入乡随俗、注意环保；旅游旺季就要来到，景区人山人海，您千万别烦恼，如果您烦恼，别忘了笑一笑……景区小摊小贩吆喝声挺高，土特产没有保障，建议您别瞧，您瞧了也别买，买了也别吃，要是吃了出了问题我也管不了。总之，希望您在桂林感觉会很好，到底好不好，逛了就知道……

（4）文学式，欢迎词中如能包含一些谚语、名人名言等充满文采的语言，也会收到意想不到的效果，如：

"有朋自远方来，不亦乐乎""千年修得同船渡""有缘千里来相会""世界像部书，如果您没外出旅行，您可只读了书中之一页，现在您在我们这里旅行，你可就读完中国这部书的其中一章了。"

二、景点讲解表达技巧

景点讲解是指导游带领游客欣赏景点时对景点的讲解，它是导游口才中最重要的主体用语。观看"导游口才范例3"，分享其所运用的景点讲解技巧。

（一）景点讲解的基本要求

景点讲解以书面解说词为蓝本，其基本要求主要体现在内容、语言、表达三个方面。

1. 内容翔实丰富

景点讲解的内容一般包括景点的历史渊源、历史人物、诗文出处、发源地质、地貌形成、风光的观赏品位和审美等，这些都需要导游进行详尽的讲解，这也是旅游者获得知识的主要途径，如：

女士们，先生们，我们很快就要到达目的地了，现在我给大家简单介绍一下几个主要的景点……诸位现在见到的这座巨石就是"南天一柱"。根据我国传统的说法，天是圆的，它由地上四个角的四根柱子支撑着，这就是"南天一柱"的由来，它支撑着南天，让人民安居乐业。同时，它代表了海南人民坚强、勇敢的性格，是海南人民的象征。到了天涯海角，诸位会看到两块巨石，上面分别刻有"天涯""海角"的字样，这就是我们的目的地。在此我有一个提议，到了天涯海角咱们来个集体合影好吗？希望这张合影能给各位留下永久的记忆。谢谢！

2. 语言通俗易懂

解说词在讲解前要充分润色加工，但一旦导游将解说词通过口头语言表达出来时，就必须做到通俗易懂，不能像背台词一样机械抽象。例如：在北京向美国游客推荐游览王府井时，美国游客感觉"王府井"令人费解，你只要说"请你们去看看北京的纽约第五大街"就可以了。因为纽约第五大街是全美最著名的商业街，他们一听不仅有亲切感，而且还能很快理解王府井的性质和特点。

3. 表达富于变化

在解说景点的过程中，导游不可能完全依据自己的事先准备，完整地说出解说词，因为在解说的过程中会遇到游客提问或其他意料之外的事情，因此，在表达过程中，要依据实际情况适时调整解说方式，使解说灵活多变，富有对话色彩。如"This is Ding Ling， the one of Zhu Yijun and his empresses， Xiao Duan and Xiao Jing（这是定陵，是朱翊钧和他的皇后孝端和孝靖的陵寝）。"不熟悉中国历史的外国游客很难理解这句话的意思，不如变一种表达方式："This is the tomb of the thirteenth emperor of Ming Dynasty， where he was buried with his two empresses（这是明朝第十三个皇帝的陵寝，他与他的两个皇后葬在这里）。"

（二）景点讲解的基本原则

讲解解说词时，导游要遵循知识性、趣味性、科普性和参与性等基本原则。

1. 知识性

导游的口才体现在解说词上，解说词里所包含的知识是游客最想知道的，因此，导游的任务就是深入研究景点知识后，以自己独到的讲解方式向游客描述，使游客听导游的讲解就如同读书，开卷有益。例如：

> 各位朋友，欢迎你们来到布达拉宫。举世闻名的布达拉宫是西藏的标志性建筑，同时也是宝贵的世界文化遗产之一。布达拉宫是西藏地区现存最大、最完整的宫堡式建筑群，也是地球上海拔最高的大型古代宫殿。这座无与伦比的神宇宫阙被誉为世界十大杰出土木石建筑之一，集中体现了西藏建筑、绘画等艺术精华。当你决定将双脚踏上布达拉宫山脚那巨大的花岗石阶的时候，你应该在内心默念：布达拉宫是世界上最高的宫殿群，它神秘、肃穆、伟岸，傲立尘世；它荟萃世间最美好的珍宝与伟大的心灵……它的存在本身就是不可思议的奇迹！

2. 趣味性

导游在解说时可适当地穿插一些有关景点的传说故事、笑话、当地的顺口溜，或者名人留下的诗歌、散文等，以增加情趣，此外导游还要善于借题（借景或借事）发挥，用夸张、比喻、讽刺、双关等方式，活跃讲解气氛，增强艺术表现力，让游客在欣赏美景的同时又能得到精神上的愉悦享受。例如：

> 游客朋友，我们旅游的目的地山西永济就要到了。地处黄河中游的山西，有许多值得去的地方……传说中"沉鱼落雁""闭月羞花"的四大美人之一的杨玉环就出生于永济的独头村。"一巷三阁老，对门九尚书。站在古楼往南看，二十四家翰林院。大大小小知州县，三斗六升菜籽官。"这句流传至今的顺口溜可以证明这里是人才辈出的地方。

3. 科普性

导游在介绍景点时不能只注重神话故事、历史传说和民俗风情的解说而忽略科学知识的讲解，应让游客在通过旅游放松心情的同时增长知识。例如，对有关地质遗迹景观的特点、成因演变、科学保护等内容应多讲解。这需要导游多学习地质学、地理学、生态学、环境学等方面的知识，以满足游客增长科普知识的需要。例如：

> 朋友们，九寨沟的水美在色彩，赤、橙、黄、蓝、紫、绿一应俱全。赤的赤得发紫，黄的黄得灿烂，绿的绿得青翠，蓝的蓝得清纯。九寨沟的水为什么色彩斑斓？这是石灰岩的化学溶解引起的一系列地貌现象。九寨沟地表大量堆积的钙形成了钙化堤、钙化滩、钙化池，在九寨沟地表地理环境下，较强的蒸发作用、地下水溢出后压力的减小、地形陡变处水流流速的增大，特别是水生植物的光合作用对二氧化碳的大量吸收，更加速了钙的堆积，这种现象形成了喀斯特地貌，成为大自然的一大杰作。

4. 参与性

导游对景点妙处的评说可以"蜻蜓点水"般点到即止，余下的让游客慢慢体味和思考，这样就可以吊足游客胃口，让游客带着问题饶有兴趣地赏玩。如果是年轻游客，很难静下来听导游的长篇大论，这时不妨采取问答的方式与他们交流、互动，这样往往会收到意想不到的效果。例如：

> 导游："女士们，先生们！岳阳有句俗话，叫作'三醉岳阳成仙人'，各位是不是也想成仙呢？"

游客：“成仙？当然想，梦寐以求啊！”

导游伸出两个指头：“大家若想成仙，有两个条件：一是醉酒，二是吟诗。”

导游：“如果谁既能饮酒，又会吟诗，而且到过岳阳三次，那么就会像吕洞宾一样成仙。如果只会饮酒，不会吟诗，或者只会吟诗，不会饮酒，那就只能半人半仙了。”

（三）景点讲解的技巧

景点讲解应该针对景点的特点、游客的类型、游客的情绪等采用不同的讲解技巧，使讲解活泼、多样。

1. 简述讲解

简述讲解就是用准确简练的语言，把景观介绍给游客，使他们在具体欣赏景观之前对景观有一个初步印象。可以按前后顺序，或按时间、地点、人物、事件等，或按因果关系对景物进行系统解说。例如：

音视空间

风景欣赏：航拍
凤凰古城视频

要求：观看完本视频后，想一想采用哪种技巧讲解此景最佳。

这就是驰名中外的岳阳楼，它与武昌的黄鹤楼、南昌的滕王阁合称江南三大名楼，素有"洞庭天下水，岳阳天下楼"的美誉。它原是三国时代东吴时鲁肃训练水师的阅兵台。唐代建为岳阳楼，宋代由巴陵县令滕子京主持重修，整个楼阁为纯木结构，重檐盔顶，1984 年落架大修后重新开放。现在楼高 20 米，由四根楠木柱支撑，楼顶就像古代将军的头盔。全楼没有一颗铁钉，这在力学、美学、建筑学、工艺学等方面都是杰出的成就。现在，楼内藏有清代刻的《岳阳楼记》雕屏，大家要想领略"衔远山，吞长江，浩浩荡荡，横无际涯"的风光，请随我登楼观赏。

2. 描绘讲解

描绘讲解就是用具体形象和富有文采的语言对眼前的景观进行描绘，使其细微的特点显现于游客面前。在旅游过程中，有些景观如果没有导游的讲解和指点，游客就很难发现其美的所在，也很难唤起美的感受，而经过导游的一番画龙点睛或浓墨重彩的描绘之后，其感受就大不一样了。例如：

朋友们，我们现在身在仙山妙境。请看，我们的前面是一望无垠的太湖，身后是一片葱翠的丛林。青山绕着湖水，湖水映着青山；山石伸进了湖面，湖水"咬"住了山石；头上有山，脚下有水。真是天外有天，山外有山，岛中有岛，湖中有湖；山如青螺伏水，水似碧海浮动。真是"茫茫三万顷，日夜浴青葱。骨立风云外，孤撑涛浪中。"

3. 诗化讲解

诗化讲解就是在景点解说词中适当引用古诗词，并通过导游声情并茂的讲解，调动游客的情绪，引发其联想。例如：

我们先来观赏"梧竹幽居"。"梧竹幽居"，俗称"月到风来亭"……梧桐，是圣洁高昂的树；翠竹，是刚柔忠义之物。正所谓："家有梧桐树，何愁凤不至。"两旁有一副对联："爽借清风明借月，动观流水静观山。"慢慢品味，细细咀嚼，眼前似乎出现了两幅山水图画：一幅是皓月当空，夜色朦胧，清风徐来，沁人心脾；另一幅是阳光明媚，鸟语花香，心动水动，心静山静。用心琢磨一下园主此时此刻的心境，大概同张大千的"心似闲蛩无一事，细看贝叶立多时"有着异曲同工之妙……

（林森，2006）[195]

4. 联想讲解

联想讲解就是指用畅想式的语言引导游客展开丰富的联想，让游客得到更多的愉悦与体验。例如：

我们奇石林的石头，不看不知道，一看真奇妙。这些石头奇形怪状，鬼斧神工，请大家展开想象的翅膀去联想、遐思。

　　请大家看这块石头，我们称它为"象鼻石"，看了它，就会想起桂林的象鼻山；再看这块……它们把奇石林装点得生机勃勃，令人心旷神怡！

5. 感慨讲解

感慨讲解就是用寓情于景、富有哲理性的语言激发游客的情绪，使其得到愉悦的启迪。例如：

　　朋友们，眼前这锦鳞片片，白帆点点的水面就是东海，多少年来，这海拥抱着、冲刷着佛顶山，以它特有的气势启迪着人们：海是辽阔的，胸怀无比宽广；海是厚实的，什么都能容纳；海是深沉的，永远那么谦逊……常看大海，烦恼的人会开朗，狭隘的人会豁达，急躁的人会沉稳……

6. 述古讲解

述古讲解就是向游客叙述有关历史人物、事件、神话故事、逸闻典故等，以丰富游客的历史知识，使其更好地了解眼前的景观。例如：

　　这座古琴台相传是春秋战国时期楚国琴师俞伯牙鼓琴的地方。有一次，俞伯牙坐船遇风，被阻隔在汉阳，在这里，他遇见了一个叫钟子期的人。俞伯牙知道钟子期喜欢听琴，就用古琴弹了两支曲子，一曲意在高山，一曲意在流水。钟子期听完，很快把乐曲的含义说了出来，俞伯牙十分钦佩，两人从此成了莫逆之交。一年后，钟子期病逝，俞伯牙十分难过，特意到钟子期的墓前弹奏了一曲"高山流水"，弹完后就把琴摔掉了，发誓不再鼓琴。这就是后人所说的伯牙摔琴谢知音的故事。北宋时，为了纪念他们的友情，人们就在当年他们鼓琴、听琴的地方建了这座琴台，取名伯牙台。

7. 猜谜讲解

猜谜讲解就是根据旅游景观的内容和特点，以猜想推测的方式引发游客的兴致。例如：

　　这儿的山路蜿蜒幽静，路边的溪水叮咚作响，远近的山峦郁郁葱葱。清代文人俞樾游到这里时，诗兴大发，挥笔写道："重重叠叠山，曲曲环环路，叮叮咚咚泉……"这几句诗都用了叠词，朋友们猜猜看，最后一句写树时，诗人用的什么叠词？游客们议论纷纷，有的说"郁郁葱葱树"，有的说"大大小小树"，最后在导游的启发下猜出是"高高下下树"。大家都惊叹诗人用词的精妙，这"高"和"下"贴切传神，写活了沿山而长的树。

8. 悬念讲解

悬念讲解就是根据不同的导游内容，有意识地创造连环套似的情境，先抑后扬地提出问题，以造成"欲知结果如何，且听下回分解"的悬念，使游客由被动听讲解变为主动探寻，以激起其好奇心和求知欲。例如：

　　（定陵可分为门前、展室和地宫三大部分。在门前，先讲概况，然后点出发掘年代）想知道发掘过程吗？请到展室来。

9. 设问讲解

设问讲解就是运用讲中有问，问而不答，或自问自答、互问互答的方式，让游客在游览中思考，在思考中体悟，在体悟中参与，以形成良好的互动关系。例如：

　　朋友们，你们知道"黄山"名字的由来吗？你们知道"猴子观海"的传说吗？各位团友，天涯海角很快就要到了，为什么要将此地称为"天涯海角"呢？在这个世界上真有"天涯海角"这样一个地方吗？

10. 对比讲解

对比讲解即在介绍眼前景物前，简述天下知名景点中的同类景物，在对比中既能唤起去过该地游客的美好回忆，又能对眼前景物进行烘托映衬，以引起游客的游兴。例如：

九寨沟，人间仙境，素有"九寨归来不看水，黄山归来不看山"之说。可能你看过漓江，看过黄河，看过长江，但今天你将要看到的是不同于以往所看到的任何水——九寨沟，为你展示的是一个色彩斑斓、多彩多姿的水世界。

11. 幽默讲解

劳累、景观重复等原因会使游客情绪不佳，此时用幽默与调侃的语言，能够让游客在笑声中消除疲劳，在游玩途中获得知识。例如：

朋友们，这个疯和尚有个雅号叫"十不全"，就是说有十样毛病：歪嘴、驼背、斗鸡眼、招风耳、瘌痢头、跷脚、爪手、鸡胸、斜肩胛，外加一个歪鼻头。大家别看他相貌不完美，但残而不丑，从正面、左面、右面看，你会找到喜、怒、哀、愁等多种表情……另外，那边还有五百罗汉，大家不妨去找找看，看看哪个最像自己。

12. 变换讲解

变换讲解就是将外国游客难以理解的词或句子意译或变换成他们所熟悉的易懂的词或句子。例如：

"三个臭皮匠，赛过诸葛亮"，如果直译成日语，日本游客不一定懂，若意译成日本民谚："三人凑一块，可顶上文殊菩萨的智慧。"日本游客就好理解得多了。

三、欢送词的表达技巧

欢送词是旅游结束，送别游客时导游所说的结束语。一段好的欢送词犹如一篇好文章的精彩结尾，会让游客长久地回味，也会为前面的导游讲解工作锦上添花。

1. 小结旅游

小结旅游是指与游客一起回忆一下所游览的项目和参加的活动、收获及成果。例如：

趁大家休息的间隙，让我们回忆一下这趟旅程。我们从哪里回忆起呢？是一望无际的大草原，还是草原上如珍珠般点缀的小白羊？是从包头南下在鄂尔多斯见到的浩瀚无边的沙漠和沙漠之舟——骆驼，还是那里的沙子会唱歌的响沙湾？是一代天骄成吉思汗陵园，还是闻名遐迩的藏传佛教神宇——五当召？是蜿蜒流淌的九曲黄河，还是……我想不管是哪个景点，哪段经历，都或多或少给我们留下了难忘而美好的记忆，将成为我们人生中宝贵的精神财富。

2. 感谢合作

感谢合作是指对旅游中游客给予的支持、合作、帮助、谅解表示感谢，并表示没有他们的支持就很难保证旅游的顺利和成功。例如：

相逢是缘，相处是福。上海一日游，虽然时间很短，但我们还是一起游玩了上海国际大都市著名的旅游景点——城隍庙，一起品尝了上海满口余香的特色糕点蝴蝶酥，一起兴步登上了雄伟壮丽的东方明珠塔，体验到了"一览众山小"的诗意与美妙。我们的行程马上就要结束了，再次谢谢大家对我工作的理解和支持。说一声再见，道一声平安！希望不久的将来，我们能在上海再次喜相逢！

3. 表示惜别

表示惜别是指对分别表示惋惜之情、留恋之意。在讲到这方面的内容时，面部表情应深沉一些，有"相见时难别亦难"的感慨，给游客留下深刻、难以忘怀的记忆。例如：

天下没有不散的筵席，送君千里，终有一别。在你们即将踏上返程的时刻，我不由得想说：朋友，别忘了这里的冬雪，还有夏凉，还有秋实，还有春暖，还有接待你们的导游——小赵。

4. 期盼重逢

期盼重逢是分别时表示留恋之意可又不得不分开的心情，希望与游客建立长久关系的最后告别。例如：

我国有句古语，"两山不能相遇，两人总能相逢"，我期盼着不久的将来，我们还会在这里相见，欢迎大家重游美不胜收的九寨沟。再见，祝一路顺风！

小贴士

> 幽默是一种气质、一种智慧、一种内涵、一种品质，运用得当能带给游客轻松愉快和欢声笑语。导游的幽默口才艺术要高雅，不要粗俗；要服务主题，不要哗众取宠；要有真智慧，不要附庸风雅；要有深度，不要肤浅。

第三部分　导游口才技巧训练

导游如何让自己的语言表达更加清楚、更加有趣、更加有深度，使游客在听讲解的过程中，获得知识、增长见识，激发游兴，得到精神享受？刻苦训练，注意运用相关技巧非常重要。

一、解说词的训练

我国的旅游胜地众多，名山秀水令人神往。设计解说词、背记解说词、说好解说词是导游的基本功。

音视空间

国内风景名胜欣赏（解说词参考资料）

（1）许多名山，往往会因为山间的特殊气候环境而出现天气一天三变的状况。请同学们分别以晴天、雨天、雪天的张家界的山为题，设计景点解说词。

（2）学生用10分钟的时间背记下列解说词中的1~2例，准备参加班级比赛。

解说词1

美丽神奇的仙境——西双版纳

西双版纳位于云南省的南部，面积约2万平方千米，聚居着10多个民族，其中以傣族人口最多。作为一个风景旅游胜地，西双版纳很有地方特色，你在这里可以欣赏和感受到傣族竹楼、奇木异草、孔雀舞、泼水节、斗鸡、龙舟比赛，还可以放孔明灯、吃竹筒饭……

解说词2

人间天堂是苏杭——浙江杭州

杭州西湖位于浙江省杭州市的西部，它以其秀丽的湖光山色和众多的名胜古迹而闻名中外，是我国著名的旅游胜地，也被誉为"人间天堂"。2011年6月24日，杭州西湖被正式列入《世界遗产名录》，是目前我国被列入《世界遗产名录》的世界遗产中唯一一处湖泊类文化遗产，也是现今《世界遗产名录》中少数几个湖泊类文化遗产之一。而断桥上的白娘子更为西湖增添了几许浪漫色彩。

解说词3

桂林漓江独秀美——广西桂林

桂林漓江风景区是世界上规模最大，风景最美的岩溶山水旅游区，千百年来不知令多少文人墨客陶醉。桂林漓江风景区以桂林市为中心，北起兴安灵渠，南至阳朔，由漓江一水相连。桂林山水向来以"山青、水秀、洞奇"三绝闻名中外。其中一江（漓江），两洞（芦笛岩、七星岩），三山（独秀峰、伏波山、叠彩山）最具代表性，它们基本上是桂林山水的精华所在。

解说词 4

心驰神往张家界——湖南张家界

张家界国家森林公园是我国第一个国家级森林公园，距张家界市区 32 千米，东连索溪峪，北邻天子山，面积 130 平方千米，集神奇、钟秀、雄浑、原始、清新于一体，以岩称奇。园内连绵重叠着数以千计的石峰，奇峰陡峭嵯峨，千姿百态，或孤峰独秀，或群峰相依，造型完美，形神兼备。

解说词 5

苏州园林甲天下——江苏苏州

苏州园林是指我国苏州城内的园林建筑，以私家园林为主，起始于春秋时期的吴国建都姑苏时（公元前 514 年），形成于五代，成熟于宋代，兴旺于明代，鼎盛于清代。到清末苏州已有各色园林 170 多处，现保存完整的有 60 多处，对外开放的园林有 19 处。占地面积不大，但以意境见长，以独具匠心的艺术手法在有限的空间内点缀安排，移步换景，变化无穷。1997 年，苏州古典园林作为中国园林的代表被列入《世界遗产名录》，是中华园林文化的翘楚和骄傲。

解说词 6

神秘心灵的圣地——西藏

西藏既有独特的高原雪域风光，又有妩媚的南国风采，而与这种大自然相融合的人文景观，也使西藏在旅行者眼中具有了独特的魅力。至今，还有许多藏族人的生活习俗与高原之外的汉族人有着较大的差异，也正由于差异的存在，才使西藏的一切具有了欣赏价值。

解说词 7

黄山归来不看山——安徽黄山

黄山位于安徽省黄山市西北风景秀丽的皖南山区，向以"三奇""四绝"名冠于世，其劈地摩天的奇峰、玲珑别透的怪石、变化无常的云海、千奇百怪的苍松，构成了无穷无尽的神奇美景。1990 年，黄山被列入《世界遗产名录》。

解说词 8

九寨归来不看水——四川九寨沟

"九寨归来不看水"，是对九寨沟景色真实的诠释。泉、瀑、河、滩、108 个海子，构成一个个五彩斑斓的瑶池玉盆，飞动与静谧结合，刚烈与温柔相济，能见度高达 20 米。长海、剑岩、诺日朗、树正、扎如、黑海六大景观，呈"Y"字形分布。翠海、叠瀑、彩林、雪峰、藏情、蓝冰，被誉为九寨沟"六绝"。

解说词 9

风光旖旎海南岛——海南

三亚是海南省风景名胜最多而又最密集的地方，在约 200 千米的海岸线上，密布亚龙湾、大东海、三亚湾、鹿回头公园、天涯海角、海棠湾、龙仔湾、南山文化旅游区等闻名中外的旅游景点。它不仅具备现代国际旅游五大要素——阳光、海水、沙滩、绿色植被、洁净空气，而且还拥有河流、港口、温泉、岩洞、田园、热带动植物、民族风情等各具特色的旅游资源，在国内外堪称一绝。三亚是一个被大自然宠坏的孩子！大自然把最宜人的气候、最清新的空气、最和煦的阳光、最湛蓝的海水、最柔和的沙滩、最美味的海鲜……都赐予了这座海南岛最南端的海滨旅游城市。"三亚归来不看海，除却亚龙不是湾"的美誉更是吸引了众多国内外游客！三亚的天空很蓝、阳光很灿烂。三亚的大海更是美丽无比。

📖**音视空间**

风景欣赏：
新疆喀纳斯

要求：欣赏新疆喀纳斯迷人风景，再查找相关资料，试着自行设计一段解说词。

解说词 10

锦绣丽江入梦乡——云南丽江

丽江绝对是一个值得慢慢品味的地方，古老的青石板路，震撼的虎跳峡，最诱惑的是，在这里，每天抬眼都能看到雪山，在城市，这可能是一种奢侈，在丽江人的心中，玉龙雪山是一座圣山。除了雪山，还有"三江并流"的举世奇观和世界上落差最大的峡谷——虎跳峡，都静静地等您慢慢欣赏。可是每年春节从上海出发的机票价格总是吓人一跳，还好市场上出现了从成都中转的丽江旅游线路，价格实惠，品质也不错，还能品味四川美食，性价比着实很高。

音视空间

国外风景名胜欣赏（解说词参考资料）

（3）模拟旅游团队，1 名导游，9 名游客，分别从世界十大景点简介中，选择其一用自己的语言进行解说。

景点 1

美国大峡谷是一个举世闻名的自然奇观，位于西部亚利桑那州西北部的凯巴布高原上，总面积 2 724.7 平方千米。由于科罗拉多河穿流其中，故又名科罗拉多大峡谷，它被联合国教科文组织选为受保护的天然遗产。大峡谷于 1540 年被一支远征队发现。只有从高空俯瞰大峡谷，才有可能完整地欣赏这条大地的裂缝。飞越百条激流的科罗拉多河从大峡谷谷底流过，就是这位江河巨人，在 500 万年前，以它天才的想象力和非凡的意志力，切割高原，重整河山，穿岩凿石，颠覆时空，写下了这部长约 443 千米，平均宽度 16 千米，深度 1.6 千米的大峡谷传奇。有趣的是，居住在这座大峡谷底部的印第安人，他们的语汇中没有大峡谷这个词，于是便依据他们的思维方式造了个新词，这个新词恰巧对大峡谷做了最生动的描述——"倒着长的山"。

景点 2

澳大利亚的大堡礁是世界上最大、最长的珊瑚礁群。它纵贯蜿蜒于大洋洲的东海岸，全长 2 011 千米，最宽处 161 千米。南端最远离海岸 241 千米，北端离海岸仅 16 千米。在落潮时，部分的珊瑚礁露出水面形成珊瑚岛。大堡礁，全球最大的珊瑚礁群，延伸于澳大利亚东北外的珊瑚海中，如同一道天然防波堤，护卫着昆士兰州东海岸，使之免受狂涛巨浪的冲击。它由数千个珊瑚礁体组成，总面积 20.7 万平方千米。低潮时，约有 8 万平方千米露出水面；高潮时，大部分没入水下，剩下数百个岛礁忽隐忽现。大堡礁的珊瑚多达 400 余种，在温暖、清澈的海水中，呈现出各种不同的色彩和形状。礁体多为圆形或椭圆形，大礁套小礁，环礁围着风平浪静的潟湖。礁上海水淹不到的地方，椰树、棕榈树参天，藤葛密织，海鸟众多。

景点 3

美国佛罗里达州最亮丽的棕榈海滩是全球著名的旅游天堂之一，那里有适宜的气候、美丽的海滩、精美的饮食、丰富的艺术展览和文艺演出，即使是最挑剔的游客，在棕榈海滩也能满意而归。每年 4 月，棕榈海滩的艺术活动是最丰富多彩的，包括各种海滩工艺品展览，其中于 4 月 4 日启动的棕榈海滩爵士节以展示美国最杰出的爵士音乐而赢得了艺术爱好者的青睐。佛罗里达的美景分布在从北美大陆往东南凸出的半岛上，半岛将墨西哥湾和大西洋分开，指向古巴共和国和加勒比海。佛罗里达州只与佐治亚州和亚拉巴马州两州交界，两者都在北方。最近的外国领土是巴哈马，离州的顶端东部约 50 英里（约 80 千米）。除了夏威夷，佛罗里达州是美国最南端的州，它的最北界比加利福尼亚州的最南界偏南 100 英里（约 161 千米）。佛罗里达珊瑚礁，形成了州的最南部分的新月形群岛，散落在赤道附近的长达 1 700 英里（约 2 736 千米）的海域中。

景点 4

新西兰位于南太平洋，西隔塔斯曼海与澳大利亚相望，西距澳大利亚 1 600 千米，北邻汤加、斐济，国土面积为 27 万平方千米，海岸线长 6 900 千米，海岸线上有许多美丽的海滩。新西兰主要由南岛和北岛组成，库克海峡将两岛分开，还有许多较小的岛屿。全境多山，山地面积占全国面积的 50%。南岛西部绵亘着雄伟的南阿尔卑斯山脉。库克山海拔 3 764 米，为全国最高峰。无论是茂盛的雨林、清澈的湖泊，还是绿草如茵的山坡、水清沙白的海滩，无不显示新西兰的清新和美妙。

景点 5

游览南非，千万不可错过到非洲尖端好望角参观的机会。好望角距离开普敦约 60 千米，是大西洋和印度洋的交汇处。其实，好望角是一个突出的小山岬，过去曾被称为暴风角，因为这里的天气恶劣，昔日不少航船都在此处遇险。但在印度洋航线通航后，闻说当时的葡萄牙国王便把它改名为好望角，因为登上角点，可以眺望大西洋和印度洋的壮丽景色。好望角为大西洋与印度洋冷暖水流的分界，气象万变，景象奇妙。耸立于大海的更有高逾 2 000 英尺（约 610 米）的达卡马峰，危崖峭壁，卷浪飞溅，令人眼界大开。

景点 6

金庙位于印度边境城市阿姆利则，由锡克教第 5 代祖师阿尔琼 1589 年主持建造，1601 年完工，迄今已有 400 多年的历史。因该庙门及大小 19 个圆形寺顶均贴满金箔，在阳光照耀下，分外璀璨夺目，一直以来被锡克人尊称为"上帝之殿"。

金庙塔楼高耸，镀金的圆塔顶映着蓝色的晴空，显出一派庄严富丽，据说，金色的庙顶共用去了 880 千克的黄金，所以人们称它为"金殿"。

景点 7

在通过一片干燥的不毛之地后，大地的边缘突然出现一个金碧辉煌的不夜城，你一定会为这个特别的城市所震撼。是的，这就是拉斯维加斯，一个不可思议的人工化城市。当沿着 15 号高速公路逐渐接近市区时，任何人的目光都会被那闪耀的霓虹灯及极有特色的豪华观光旅馆所吸引，甚至于在完全脱离日常生活的幻境中迷失自我。这里是全世界的娱乐中心，所有的城市设计都是为了尽情地享乐。拉斯维加斯，一块无垠沙漠中的耀眼明珠，无论日夜，不分阴晴，永远散发着无穷的魅力，吸引着你我前来。

景点 8

作为 2000 年奥运会的主办城市，悉尼市最重要的标志就是悉尼港——世界上最著名的海港之一。悉尼港上美丽的悉尼歌剧院和海港大桥更增加了它的知名度，海港有许多小的海湾、海港和海滩，这些都让当地的居民和来自各地的旅游者着迷。悉尼歌剧院和海港大桥是澳大利亚的象征。悉尼歌剧院是公认的 20 世纪世界七大奇迹之一，是悉尼最容易被认出的建筑，它白色的外表，建在海港上的贝壳般的雕塑体，像飘浮在空中的散开的花瓣，多年来一直令人叹为观止。它内设音乐厅、歌剧场、戏剧场、儿童剧场和一个摄影场，每个月甚至每星期这里都要举行拍卖会、音乐会和其他各种活动，是悉尼最受欢迎的地方。海港大桥则是为数不多的得到世界广泛赞誉的大桥，这座与众不同的灰色的拱形桥是将悉尼港连接在一起的空中长廊，它高 134 米、长 503 米的雄伟身姿也是各类影视作品中的常客。自 1930 年建成以来，海港大桥一直见证着澳大利亚特别是悉尼的发展。

景点 9

纽约除了帝国大厦和自由女神像，横跨纽约东河的布鲁克林大桥当数纽约的又一个标志性建筑了。至少在电影和电视画面中，人们对这座以曼哈顿的璀璨灯海为背景的长达 487 米的悬索桥已经不陌生了。除了充当影视作品中的场景外，布鲁克林大桥还无数次被艺术家们再现在自己的画布上。美国著名诗人克莱恩于1930年发表的诗作《致布鲁克林大桥》更是给这座连接纽约曼哈顿半岛和布鲁克林区的双层悬索桥披上了一层神秘的面纱。

音视空间

风景欣赏：意大利

要求：欣赏意大利风景，再查找相关资料，试着自行设计一段解说词。

景点 10

坐落于印度古都阿格拉的泰姬陵，是世界七大奇迹之一，到印度旅游的人士，大都是慕它的盛名而来的。这座世界七大建筑奇迹之一的背后其实有一段哀怨缠绵的历史，了解它的历史背景，确能增加观赏泰姬陵的趣味。17世纪莫卧儿帝国皇帝沙杰汉为纪念其爱妃慕塔芝玛，动用了数万名工人，以宝石镶饰修建陵寝，图案之细致令人叫绝。泰姬陵最引人瞩目的是用纯白大理石砌建而成的主体建筑，皇陵上下左右工整对称，中央圆顶高62米，令人叹为观止。泰姬陵的前面是一条清澄水道，水道两旁种植有果树和柏树，分别象征生命和死亡。

二、旅途交谈训练

导游面临的是形形色色的消费者，是个性、心境、期望值各不相同的个体。与游客交谈时，敏捷的思路、伶俐的口齿、幽默的语言，往往可以消除游客的误会，让游客享受到真诚的服务。导游与游客的交谈，主要涉及餐饮、交通、住宿等话题。

（1）有人说，导游中的交际话题范围广，从日常生活的吃穿住行到地方风俗，从业余爱好到个人隐私等都可交谈。你以为如何？

（2）阅读以下案例，分析说明其语言表达技巧。

案例1　你认为这位导游的语言表达巧妙吗？

导游："刚才我们已经吃了到这里的第一顿饭，大家觉得怎么样？"

游客："挺好，不过稍微辣了点。"

导游："这是特意为大家这样安排的，因为我们湘菜的特色之一，就是——辣。"

学习笔记： _____

_____

_____

案例2　说说美国老年游客不满意的原因。

登山途中，一对美国老年夫妇气喘吁吁，汗流浃背，导游特别关照他们："岁月不饶人，不必勉强，实在上不去，就找个地方坐下休息，等团队下来时再一起下山。"结果招致这对夫妇的不满。

学习笔记： _____

_____

_____

案例3　假如你是带团的导游，你该怎么与这位外宾交谈？

一个旅行团，宿于广东一家著名的大酒店，一位外宾吃完最后一道茶点，顺手把精美的景泰蓝食筷悄悄插入了自己的口袋。

学习笔记： _____

_____

_____

案例4 假如你是导游，你该怎样与这位游客交谈，使其愉快地接受你的劝告？

夏日炎炎，常有客人买西瓜回房间享用。瓜皮、瓜汁极易弄脏地毯和棉织品，形成难以清除的污渍。于是，服务员对客人说："先生，对不起，您不能在房内吃西瓜，会弄脏地毯的。请您去餐厅吧！"客人很不高兴地答道："你怎么知道我会弄脏地毯，我就喜欢在房间里吃。"服务员再次向客人解释："实在对不起，您不能在房间里吃西瓜。"客人生气地说："房间是我的，不用你教训。酒店多的是，我马上就退房。"说罢，愤然找到导游，坚决要求退房，并要求重新安排住宿。

学习笔记：_____

_____

_____

案例5 假如你是小江，遇到这样的问题准备如何交谈？

导游小江接了一个旅游团。按照接待计划，该团在当地有两天的安排。第一天游览活动结束后，全陪导游告诉小江说，有些游客希望明天换个导游，请你与旅行社联系安排一下。小江感到很委屈，但还是将客人的意见报告给了旅行社经理。不过由于正值旅游旺季，所有导游都带团了，临时换导游根本不可能。第二天出发时，游客发现还是小江来接待，有些人不高兴，小江对他们说："我已经把大家的意见转达旅行社领导了。大家知道，现在是旺季，人手十分紧张，你们再将就一天吧。"游客听了更加不舒服，个个都无精打采。

学习笔记：_____

_____

_____

小贴士

导游与游客交谈得体应做到：在和游客交往时以引发游客的兴致为目的的话题可以多说，其他无关的话题可以不说或少说；选择话题要适当，根据对方职业、文化程度、性别、年龄，选择适当的话题；审时度势，对方愿意倾听则与之多谈，对方疲惫时则少谈或不谈；对游客不太合理的意见，应巧妙地解释。

 课外训练

一、复习思考

1. 导游口才的特征主要表现在哪些方面？
2. 导游口才要达到哪些基本要求才符合导游语言的特点和导游服务的宗旨？
3. 讲解解说词要把握哪些基本原则？
4. 景点解说词针对游客类型、游客情绪、景点特点有哪些表达技巧？请举例说明。

二、实训练习

1. 以导游员的身份，说好下列欢迎词、欢送词。要求：声音洪亮，普通话标准，语音、语调、节奏有变化。

欢迎词

各位团友，大家好！欢迎大家参加中国旅行社组织的新疆之旅。我是中国旅行社的导游，我姓赵，大家叫我小赵就可以了。在我身旁正在开车的师傅姓马，他有多年的驾龄，我们的马师傅可称得上是"三好"师傅——驾驶技术好，脾气好，长得也好！由马师傅为我们开车大家可以放心。俗话说："有朋自远方来，不亦乐乎！"有幸与大家相识，在接下来的几天里，我将陪同大家一起游览美丽的新疆，希望在这短暂的时间里大家可以随着我的讲解走进新疆，了解新疆。在行车途中为避免意外发生，请不要把您的头、手、肘伸出窗外，在游览途中旅游车就是我们第二个家，请大家注意一下车上的卫生，如果您有什么要求可以直接告诉我！我会尽力为您服务。希望大家在这几天里可以玩得开心、住得舒心、吃得顺心！

欢送词

虽然舍不得，但还是不得不说再见了，感谢大家几天来对我工作的配合以及给予我的支持和帮助！我自认为是一个有责任心的人，但是在这次旅游过程中，还是有很多地方做得不到位，比如说××时候我忘了，大家帮助我；在××时我有所疏漏，大家不但理解而且还支持我的工作，在这里就不一一列举了，就是这些点点滴滴的小事使我感动！也许我不是最好的导游，但是大家是我遇见的最好的游客。能和最好的游客一起度过这难忘的几天，也是我导游生涯中最大的收获。现在我要说，相识即是缘，同"车"共渡不但是缘而且是一种幸运，能为你们导游是我最大的幸运（鞠躬谢谢大家）。再次由衷地感谢大家对我的支持和配合，也许大家以后很难再有见面的机会，不过我希望大家回去和自己的亲朋好友说起这次旅行，除了描述故宫的雄伟壮丽、颐和园的饱经沧桑，不要忘了加上一句，在那里还有个我认识的导游——小张。最后，预祝大家归途愉快，再见！

2．综合技能训练。

（1）假设有一兄弟院校参观团来你校参观，你作为一名学生导游，如何设计欢迎词、主体用语和欢送词？如何引导他们参观校园？与同学分组训练，并将自己的导游词录下来，进行自我评价或互评。

（2）以10人为一组（导游1人，游客9人）进行模拟训练，组团到张家界天门山旅游。要求：导游员按照《张家界天门山解说词》的内容及导游技巧为游客做全程导游。

张家界天门山解说词

朋友们：

相信大家对天门山并不陌生。1999年11月举行的世界特技飞行大奖赛，完成了人类首次驾机穿越自然溶洞的壮举，天门山的名字一下子走进了世人的视野。多少人希望能一睹天门山的风采，今天，我陪大家一起欣赏天门山秀丽的风光！

天门山距张家界市区南侧约8千米，山顶南北宽1.93千米，东西长1.96千米，面积2.2平方千米，海拔1 518.6米，它以发育较齐全的岩溶地貌区别于武陵源的砂岩峰林景观，是一座四周绝壁的台形孤山。

天门山东汉时称嵩梁山，三国时因山壁洞开一门，吴王孙休认为是吉祥之兆而更名为天门山，并撤武陵郡置天门郡。天门山是大自然的杰作，在漫长的地质历史中，它经历海相沉积上升为陆相沉积，形成高山，并经受亿万年风雨剥蚀，尤以三叠纪燕山运动为最甚。白垩纪末，大规模的喜马拉雅山造山运动，使天门山进一步抬升，分别被两条断层峡谷切为孤山，使高山与谷地拉开极大高差，几千米之内高差达1 300多米，从而造就了天门山孤峰高耸、临空独尊的雄伟气势。

天门山气象独特，门洞奇绝，植被丰富，历史悠久，是历史文化与佛道文化的神秘载体，是自然景观与人文景观的完美结合。

（天门洞）在天门山1 264米高的绝壁之上，生出一个南北洞穿的天然门洞，称作天门洞。洞底至洞顶131.5米，宽37米，纵深30米。洞北面顶部边缘，有倒垂的龙头竹，它的根像龙头，树叶像凤尾，因此又叫凤尾竹。东侧是高约200米的沟槽，有泉水从上面落下形成点点梅花雨。据说谁能张口接下 48 滴梅花雨，便可羽化成仙。天门洞口，经常能看到岩燕飞舞，山鹰盘旋。随着天气的变化，天门洞有时候吞云吐雾，有时候明朗似镜，构成循环往复、瞬息万变的气象景观。

那么，天门洞是怎样形成的呢？地质学家覃功炯先生认为是"漏斗"溶蚀作用的结果。他认为，天门洞东侧地形微向西倾，西侧地形微向东倾，向斜的核部正对天门洞道。东西两壁为两条走向 320 度左右节理所切，同时有一条走向 40 度的节理在天门洞处与其相交。洞顶的两处岩溶漏斗也对岩溶过程起了重要作用。雨水落下后，地表水顺地面斜坡向漏斗流动，一部分涌入土中的水，顺着地层的层间裂隙朝着向斜的核部汇集下流，长期不断的溶蚀过程使局部崩塌，最终使两组溶洞并为一体，形成了天门洞。

但是，也有人对此产生异议：假设天门洞照此理形成，那为什么洞的底座却是一块巨大的平台？这些岩石能平展展地"崩"出洞外吗？所以说，天门洞的形成至今还是未解之谜。

（天门山寺）天门山寺最早建于唐代，古称云钵庵、灵泉院、嵩梁堂。明代时，因择址不当而屡遭风摧又常遭水荒，才将天门山寺从东部山顶迁移至此。以前这里古木参天，浓荫蔽日。古寺门楣上刻有"天门仙山"四字，大门两边的对联是："天外有天天不夜，山上无山山独尊"，传为李自成部将野拂撰书。进门为大佛殿，后面有观音堂，两边有六间平房，最后一栋是祖师殿，规模宏大。民间概括为"三进堂、六耳房，砖墙铁瓦锅如圹"。山寺原建筑十分讲究，飞檐翘角，雕龙画凤，并塑有佛道神像菩萨等。还有大鼓一面，千斤大钟一口，一座七级石塔和一个大化钱炉。据碑刻记载，自清乾隆至 1916 年的 163 年间，天门山寺共修葺过七次，香火曾盛极一时，湘鄂川黔边境十多个县的信徒络绎不绝，都来这里进香拜佛。现天门山旅游股份有限公司正在大规模地修复天门山寺，昔日的繁华又将重现。

（龙头岩）这叫龙头岩。以前在石塌上安有石雕的可以转动的龙头。龙头岩面临百丈悬崖。据说过去有不少香客为表示求神拜佛的诚意而手抱龙头绕悬崖转一个圈。后来，龙头被人掀下悬崖，现只能看到安放龙头的石坑。龙头岩是观日出海的最佳观景台。明代岳州知府李镜有天门山唱和诗咏赞：

小山历尽到高峰，万仞天门咫尺通。

仰望蓬莱红日下，远瞻庐阜白云中。

苍崖突兀松杉古，曲径迢遥马迹空。

欲造最高峰上立，飞腾须是仗天风。

（赤松峰金水池）这个小水池，长约 1.3 米，宽 0.6 米，深仅几厘米，无论怎样干旱，池水终年不涸，据说这是远古时期神农的雨师赤松子炼丹的金水池。北面绝壁下有一形如丹灶的山峰叫丹灶峰，峰顶时有云雾缭绕，像灶膛升起的青烟，相传是赤松子炼丹用的灶。前人有诗："荒烟杳霭处，昔有仙人住。遗迹留丹灶，还疑常来去。"丹灶峰下有雷洞和电洞，传说赤松子炼丹，除了用金水池的水，还要借助雷、电才能达到一定的火候。

（野拂藏宝处）天门山有许多稀奇古怪的事儿，说不清道不明，其中有四大古谜，代代相传，没有人破解。一是天门洞开之谜，二是鬼谷子显影之谜，三是山顶翻水之谜，四是野拂藏宝之谜。传说这大榉树下就是当年野拂藏宝处。清光绪《永定县乡土志》"天门山"篇有这段文字："明季野拂自夹山寺飞锡此山。野拂为闯贼余党，事发，削发为僧，竟逃天诛。"

相传李自成部将李过（出家后法号"野拂"）当年上山时，带了 100 多人马和许多金银财宝，雇乘九只木船逆澧水秘密潜入大庸（今张家界市）境内，神不知鬼不觉上了天门山。野拂这次出家，并非真正要"立地成佛"，而是每日"枕戈待旦""拔剑登坛"，准备有朝一日"恢复中原""扫平寰宇"。但形势急转直下，农民军土崩瓦解，清朝建立，野拂最终忧患成疾而逝。据说，临死前，他将带来的财宝全部分散秘藏于天门山中几个秘密处，并用毒酒将藏宝民工全部毒死。数百年来，不知有多少江洋大盗、香客和天门山的神秘僧人都借故上天门朝拜，实际上是为偷窥地形，寻找宝藏，但都空手而归。财宝究竟藏在哪里始终是个谜。

（鬼谷洞）站在这里远望 300 米开外的百丈绝壁上，有个倒梯形的山洞，洞口有树，并有瀑布向洞外飞洒，缥缈如烟。相传战国名士鬼谷子曾在洞中面壁学《易》，潜心练功，创立闻名天下的"鬼谷神功"。又藏有武林秘籍《天门三十六量天尺》，后人就叫此洞为鬼谷洞。鬼谷子是战国时期纵横术的创始人，其主要著作《捭阖策》被称为奇书，研究的是在政治、外交中运用联合或分化手段搞垮对方的学问。史学界评论说，一部战国乱史就是从鬼谷洞演绎出去的，足见鬼谷子十分了得。清人罗福海有《鬼谷洞》诗一首："桃花流水去飘然，笑入云深访洞天。隐逸流多埋姓宇，纵横术竟出神仙。道书壁上文留篆，丹诀炉中火化铅。满耳恍闻钧奏乐，一条瀑泻万峰巅。"得鬼谷神功真谛的山脚西溪坪、官黎坪一带，是有名的硬气功之乡，气功大师赵继书曾多次出访欧洲各国，为祖国赢得了荣誉。

从古至今，闯荡鬼谷洞的勇士不知有多少，都没有探出个名堂来，20 世纪 80 年代末至 90 年代，天门山南麓赤松村有位退伍军人李光玉曾先后 6 次缒索下洞考察，一次探洞时他偶尔用相机拍到了鬼谷子面壁学《易》的头像。这是一个侧面像，五官轮廓，清晰可辨，与至今流传甚广的鬼谷子画像有异曲同工之妙。鬼谷子的影像如此惟妙惟肖，是偶然还是巧合，抑或是上苍有意的安排，又成为天门山的一个难解之谜。

（空中园林）请大家留意，游道两边有许多裸露出地面的石芽和石林，高高低低，形态各异，像是列队欢迎我们的到来。这是天门山岩溶地貌的又一显著特征。山顶有多处成片的石芽和石林，分布于密林中间，形成独特而又原始的空中园林，它们像一座座迷宫，又像是扑朔迷离、变化万千的八阵图。游人穿行其间，情趣无限。民间相传，谁要是能顺利地穿过这些迷宫，他就能畅通无阻地闯过佛家所谓的四十八道众生关。朋友们，不妨现在就试一试，我祝大家的人生之路畅通无阻！

三、网络实践

自行确定游客身份，选择故宫博物院一处景点，通过其官网了解该景点资料，编写 5 分钟内的解说词并进行解说比赛。

附　导游口才暨景点讲解清晰度检测标准

计定等级	检测内容
A 级	1. 快速准确地说出景点讲解的 12 种技巧
	2. 从教材中各选一则国内外名胜解说词，进行声情并茂的讲解
	3. 运用诗化讲解，对所限定的校园一景以导游的身份进行讲解，语言表达准确、形象、流畅
B 级	1. 快速准确地说出景点讲解的 8 种技巧
	2. 从教材中选择一则国外名胜解说词，进行声情并茂的讲解
	3. 自选校园一景，以导游的身份进行讲解，语言表达准确、流畅
C 级	1. 快速准确地说出景点讲解的 6 种技巧
	2. 从教材中选择一则国内名胜解说词，进行讲解
	3. 自选校园一景，以导游的身份进行讲解

谈判口才 | 第十一章 Chapter 11

学习目标

◎ 了解谈判口才的含义和特征。

◎ 掌握谈判口才的思维和攻防技巧。

◎ 能够正确分析答复、说服、拒绝、掌控等谈判口才技巧。

◎ 提高磋商协调掌控度，增强互利共赢意识。

案例导入

金秋十月的一天，在北京正举行着一场关于中国进口某汽车的质量问题的谈判。我方代表首先简单介绍了全国各地对该种汽车损坏情况的反映。对方深知汽车的质量问题是无法回避的，他们采用避重就轻的策略，每讲一句话都言辞谨慎，看来是经过反复推敲的。

对方在谈到汽车损坏的情况时说："有的车子轮胎炸裂，有的车架偶有裂纹……"

我方代表立即予以纠正："先生，车架出现的不仅是裂纹，而是裂缝、断裂！请看，这是我们现场拍摄的照片。"说着，拿出一摞事先准备好的照片递给对方。

对方一震，没料到自己的对手竟如此精明，连忙改口："是的，偶有一些裂缝和断裂。"

我方在关键问题上毫不让步："请不要用'偶有'和'一些'那样的模糊概念。最好用比例数字来表达，这样才更准确、更科学。"

"请原谅，比例数字，未准确统计。"对方以承认自己的疏忽来搪塞。

"那么，请看我方的统计数字和比例数字，贵公司可进一步核对。"于是，我方又出示了准备好的统计数字和比例数字。

对方提出异议："不至于损坏到如此程度吧？这是不可理解的。"

我方拿出商检证书："这里有商检公证机关的公证结论，还有商检时拍摄的现场录像，请过目。"

谈判口才范例1

对方想步步为营，我方却乘胜前进。最后，在大量证据面前，对方不得不承认他们的汽车质量确有严重问题，签署了赔款协议。

案例思考： 这一场谈判我方为什么能够成功？谈判口才有哪些技巧？（可参考谈判口才范例1）

第一部分　谈判口才基础知识

所谓谈判口才，就是在一定的时空条件下，谈判主体运用准确、得体、恰当、有力、生动、巧妙、有效的口语表达策略，同对手进行磋商，以达到特定的经济、政治等目的，取得圆满的口语表达效果的艺术和技巧。要想成为一个谈判高手，必须强化谈判口才训练。

一、谈判口才的含义

谈判是什么？广义地说，凡是生活中的讨价还价都是谈判。狭义地说，谈判是指有准备、有步骤地寻求意见、协调利益，通过口头协商，并以书面形式予以反映的磋商过程。

> **导入案例提示**
>
> 谈判的胜利归功于我方代表充分的谈判准备和巧妙有力的口才艺术。
>
> 当今世界犹如一张硕大的谈判桌，人人都会自觉或不自觉地围坐在桌边。无论人与人之间、企业与企业之间、社会集团与其他组织之间、国与国之间建立什么样的联系，或发生什么性质的矛盾，大到国际争端，小至家庭纠纷，都可能通过谈判方式来解决问题。灵活运用答复、说服、拒绝等谈判口才技巧，可以争取到更多的主动权。

二、谈判口才的特征

谈判是"谈"出来的，离开了话语言谈，就不能称其为谈判了。谈判与口才密不可分，一切谈判都要经过双方人员的口才较量，才能达成协议。谈判的过程就是口才的运用和发挥作用的过程。谈判口才具有以下四个方面的特征。

（1）目的的功利性。谈判各方都是为了满足自己的需要而走到谈判桌前的，因此，无论是个人间、组织间，还是国家间的谈判，都是为了不同功利需要而进行的言语交锋。

音视空间

谈判口才范例 2

要求：观看本范例，分析谈判双方的语言是否符合谈判口才的四个特征。

（2）话语的随机性。谈判必须根据不同的对象、内容、阶段、时机来随时调整自己话语的表达方式，包括不同的句型、语气、修辞，随机应变地运用谈判口才技巧与对方周旋。

（3）策略的智巧性。谈判与辩论一样，既是口才的角逐，也是智力的较量：或言不由衷，微言大义；或旁敲侧击，循循善诱；或言必有中，一语道破；或快速激问，针锋相对……出色的谈判专家总是善于运用口才，利用手中的筹码，从而取得理想的谈判成果。

（4）战术的实效性。谈判注重效率，在战术上具有实效性的特征，这是它独具的特征之一。谈判之初，参谈各方都会制定自己的谈判预案，其中包括各谈判阶段所安排的内容、进度、目标，以及谈判的截止日期等。

三、谈判者的心理素养

一位谈判高手曾说："自信使人心服，要相信你在谈判论辩进程中的表现，如果做不到这一点，你就失去了机会。"的确，我们无法想象一个畏畏缩缩的人如何能在谈判中获得成功。自信从哪里来？自信来源于谈判前的充分准备和谈判中的沉着与冷静。要使谈判顺利、有效地进行，必须具备以下心理素养。

（1）保持充分自信。谈判前的准备越充分，谈判者的自信心就会越强。谈判前的准备包括积极分析资源（如利我资源、利他资源、弊我资源、弊他资源等），搜集主题信息，丰富相关知识（包括谈判的技巧知识和谈判主题所涉及的各方面知识）。如果遇到应急性的谈判，来不及进行充分的准备工作也不用惊慌，只要做到后面两点，再运用一些防御技巧，也能化被动为主动，取得较好的谈判效果。

如果你对谈判主题有关的各种信息的把握比对方更加迅疾和丰富，那么在谈判中往往就会占主动地位，你将能够明确地指出对方的问题所在，从而迫使对方做出让步。

温馨提示

（2）善于控制情绪。尽管谈判桌不是战场，但是对不同的观点进行论辩、妥协，总会出现许多情绪异常激动的场面。在这种情况下，谈判者必须很好地控制自己的情绪，什么时候该收敛情绪，什么时候该释放情绪，都要根据谈判的需要而定，千万不能被情绪控制。

（3）注意认真倾听。心理学研究发现，在语言交流中，人们更愿意被倾听。因此，谈判者不仅需要运用机智幽默的语言阐述自己的观点，同时还需要养成认真倾听对方谈话的优良品质，以体现对对方的尊重，彰显自身良好的人格修养和人格魅力，从而让对方信服。

小贴士

谈判最重要的是对自己真诚，对对方信任；谈判不是只求攻不求退，而是一种协商和互惠；谈判不是一张利嘴而是一颗带耳的心倾听对方的需要与理由；谈判就是找出双方利益最大的共同点，找出双方利益最小的损害点，即所谓的双赢。

第二部分　谈判口才的技巧

很多时候，谈判会因意见不一致而陷入僵局，影响谈判进程。在这种情况下，运用谈判技巧，可以拉近谈判双方的距离，缓和谈判过程中的对立情绪，促进谈判的顺利进行。

一、谈判口才的思维技巧

"知己知彼，百战不殆。"只有明白对方需要什么，我们才能够在允许的范围内从容进退。这种思维技巧，可使我们逐步学会站在对方的立场上思考问题，了解对方的期望值，对谈判进行整体的认识，以更广阔的思维和视野全盘考虑，使整个谈判过程更多地呈现出合作的性质。同时也要能够善于运用主动出击、把握底线、灵活变通等思维技巧，以收到事半功倍之效。

（1）主动出击。谈判中几方的立场往往会有"主动—被动"交替的现象，这是正常的。但是如果一味地处于被动立场，被对方牵着鼻子走，对方问什么，你就答什么，缺乏提问意识，缺乏控制全局的能力，这对谈判是非常不利的。

（2）把握底线。谈判是彼此做出一些妥协和让步的决策活动。谈判者应该明确自己在谈判中的基本需求（即根本需求或首要需求）和派生需求（即次级需求）分别是什么，这样才能在谈判中灵活把握什么是必须保证的，什么是可以退让的。如果你的需求是多方面的，那么就必须对这些需求按照强弱程度进行排序，使自己对谈判的进程心中有数。

（3）灵活变通。立场是指谈判的落脚点。谈判中，双方刚开始都是站在各自立场上发言的。可以假设，如果双方都死死地坚持自己的立场不改变，那么谈判的让步是很难实现的，谈判的成功也往往需要谈判者付出更多努力。谈判

音视空间

谈判口才范例3

要求：分析本例中谈判双方使用的谈判口才思维技巧。

中灵活变通并不等于放弃自己的立场，而是要学会从不同的思维角度重新考虑某个问题，这样也许会收到出人意料的效果。

二、谈判口才的攻防技巧

谈判口才的技巧不胜枚举，根据双方所处的地位可分为攻势技巧和防御技巧两大类。

1. 攻势技巧

当谈判一方实力较强，处于主动地位时，可以发起攻势，迫使对方做出更大让步。

（1）软硬兼施。在同一谈判团队中可由一人扮演固执己见的顽固角色，而由另一个人扮演通情达理的好人角色，即我们通常所说的一个唱白脸，一个唱红脸，两人一唱一和，如演双簧，真假难辨。谈判中，人们往往不会对帮自己说话的"好人"产生反感，采用恩威并济、软硬兼施的手法，容易消除谈判对手心理上的警戒线，这是一种常用且很奏效的技巧。（林森，2006，有删改）

（2）反向诱导。为了说服对方接受某主张，可以提出一项恰恰相反的主张，这种方法即逆向谈判法。有的谈判对手总怀疑对方，这时很难说服他相信自己建议的诚实性。为此，可以故意提出一条截然相反的建议，这样反而会诱使对方接受先前的建议。

（3）最后期限。大多数谈判，常常到了谈判的最后期限或临近这个期限时才达成协议。拖延谈判时间，或者在谈判开始时规定最后期限，也是一种谈判技巧。例如：

一位英国公司的代表被派往美国谈判。美方在接待的时候得知对方两周后必须返回，就故意没有马上安排谈判，而是先用10天时间陪对方在各知名景点旅游，每天晚上还安排宴会或舞会盛情款待。第11天开始谈判，但每天都早早结束，让对方去打高尔夫球。当第14天谈及重要问题时，英方归期将至，已经没有时间和美方周旋，只好答应了美方的全部条件，签订了协议。

心理学家指出：随着最后期限的迫近，人们内心的焦虑感就会渐增，并表现出急躁不安，到了截止日期，这种不安和焦虑会达到高峰；或者当某一最后期限来到时，人们迫于这种期限的压力，会迫不得已改变自己先前的主张，以求尽快解决问题。

温馨提示

---

2. 防御技巧

当谈判中的一方处于被动局面时，往往会采用防御技巧。

音视空间

谈判口才范例4

问题：本例中主人公使用了什么谈判技巧？

（1）先发制人。对方处于绝对优势时，往往会提出十分苛刻的条件。这时己方可以先发制人，抢先开出条件，并以此作为谈判的基础。

（2）避重就轻。谈判的目的是使双方得到利益上的满足。当谈判出现僵局时，在重要问题上仍要坚持立场，而在次要问题上可以做出适当让步。

（3）抑扬对比。"抑"是贬低对方所说的条件，"扬"是适当时候强调突出己方的优势。在谈判过程中，如果对方趾高气扬，以宣扬自己的优惠条件来胁迫己方，己方要根据自己掌握的详细资料，采用抑扬对比的策略进行应对。

（4）原地退后。有一种舞蹈动作，看起来在后退，实际上还在原地。在谈判中也可以做出这种无损失的让步，让对手心里感到满足。

（5）虚设转嫁。当对方实力雄厚而咄咄逼人时，可以虚设后台，拒绝对方，并把责任推到虚设的后台上。例如，向对方讲"上级有指示"或"不在自己权限范围内"等，使自己的处境转劣为优。

（6）缓兵解围。当对方占据主动，己方一时不能接受对方的要求导致谈判陷入僵局时，可采用宣布休会、中止谈判等缓兵解围的技巧，以争取更多时间来制定应对策略，使谈判从"山重水复疑无路"转到"柳暗花明又一村"

（7）适度让步。在商务谈判中，常常会出现谈判双方因某个问题而争论不休的情况。如果这时没有一方愿意做出让步，那么谈判就会陷入僵局。因此，为了取得谈判的成功，学会适度让步是非常必要的。不过谈判中的每一次让步，都不是一件容易的事情，作为谈判者要深思熟虑，充分考虑让步对全局的影响后，再做出让步决定。

 小贴士

出色的谈判者有这样的共同特征：表述流利、条理清晰、知识渊博、肯定自我。渊博的知识是谈判口才的资源：知识为你提供丰富多彩的话题；知识为你的言语插上美丽的翅膀；知识使你的谈话更有深度。

第三部分　谈判口才技巧训练

谈判中的应答技巧不在于指出对方的"对"或"错"，而在于应该说什么、不应该说什么和如何说，这才是谈判技巧的关键所在。

一、答复技巧训练

谈判中回答问题，不是一件容易的事，谈判者对自己回答的每一句话都负有责任，因为对方可以把你的回答理所当然地认为是一种承诺。因此，谈判者水平的高低很大程度上取决于其答复问题时的水平高低。

阅读以下案例，分析答复口才技巧。

案例1

甲方对某种产品的价格表示关心，直接询问乙方价格。乙方回答："我相信产品的价格会令你们满意，请先让我把这种产品的几种性能说明一下好吗？我相信你们会对这种产品感兴趣的……"

学习笔记：_____

_____

_____

_____

案例2

甲方想了解乙方目前的经营状态时说："祝贺你们呀，听说贵公司每个月的生产利润超过了六位数？"乙方："我猜想您会这样问，我可以给您满意的答复。不过，在回答之前请允许我提一个问题。"甲方不满意，乙方继续回答："也许您的问题提得很好，可是现在我没有一手资料来答复。我想，您是希望我为您做详尽并圆满的答复的，但这需要时间，您说对吗？"

学习笔记：_____

_____

_____

_____

案例3

乙方问话时发现了甲方答话时的漏洞，于是刨根问底。甲方回答："这是一个无法回答的问题。""这个问题只好留待今后解决。""现在讨论这个问题为时尚早，是不会有什么结果的。"

学习笔记：＿＿＿＿＿＿＿＿＿＿＿＿＿＿＿＿＿＿＿＿＿＿＿＿＿＿＿＿＿＿＿＿＿＿＿＿

＿＿＿

＿＿＿

案例 4

　　甲方询问某种商品的供应条件时，乙方答应可以给优惠价，但希望甲方多买一点，并不要求成批购买。而甲方理解为成批购买是享受优惠价格的先决条件，并表现出了购买的意愿。乙方没有解释，也没有纠正。

学习笔记：＿＿＿＿＿＿＿＿＿＿＿＿＿＿＿＿＿＿＿＿＿＿＿＿＿＿＿＿＿＿＿＿＿＿＿＿

＿＿＿

＿＿＿

二、说服技巧训练

　　谈判中能否说服对方接受己方的观点，是谈判能否成功的关键。谈判中的说服就是综合运用听、问、叙等各种技巧，使对方改变起初的想法而接受己方的意见。说服是谈判过程中最艰巨、最复杂，同时也是最富有技巧性的工作。

　　（1）阅读案例，说说谈判桌上应如何营造和谐氛围。

　　　　某轴承厂与某农机厂的首次商务谈判，因在交货时间上存在分歧而陷入僵局。第二次谈判时，轴承厂一方对谈判环境做了精心设计，营造出一种特别温馨和谐的氛围，让农机厂厂长深受感染，愉快地答应了轴承厂厂长所提出的交货时间。

学习笔记：＿＿＿＿＿＿＿＿＿＿＿＿＿＿＿＿＿＿＿＿＿＿＿＿＿＿＿＿＿＿＿＿＿＿＿＿

＿＿＿

＿＿＿

　　（2）以学习小组为单位，以你所知道的谈判技巧为话题进行交流讨论。

> 　　谈判中应做到：寻求共同点，赢得对方信任；强调一致性，建立良好关系；说清利弊，赢得信任；静待花开，以求瓜熟蒂落；巧抓突破口，循序渐进；切忌坑蒙骗，规避风险危机。
> 温馨提示

三、拒绝技巧训练

　　谈判中，讨价还价是难免的，也是正常的，有时对方提出的要求或观点与己方相反或相差太远，这时就需要拒绝、否定。但若拒绝或否定时显得死板、武断甚至粗鲁，则会伤害对方，使谈判出现僵局，甚至导致谈判失败。高明的拒绝或否定应审时度势、随机应变、突显礼节，让双方都有回旋的余地，最终达到成交的目的。

　　阅读以下案例，分析其所运用的谈判口才技巧。

案例1

中方采用什么方法迫使日方降价？

在一次中日关于某种农业加工机械的贸易谈判中，中方主谈面对日方代表高得出奇的报价，巧妙提出了四个问题：不知贵国生产此类产品的公司共有多少家？不知贵公司的产品价格高于贵国某品牌的依据是什么？不知世界上生产此类产品的公司共有多少家？不知贵公司的产品价格高于世界某名牌的依据又是什么？这些问题使日方代表非常吃惊，他们不便回答也无法回答这些问题，因为他们明白自己报的价格高得过分了，所以，他们设法自找台阶，把价格大幅度地降了下来。

学习笔记：_____

_____

_____

案例2

柯伦泰用什么方法完成了她的前任们历尽千辛万苦也未能完成的谈判任务？

曾经有一个时期，苏联与挪威就购买挪威鲱鱼进行了长时间的谈判，在谈判中，深知贸易谈判诀窍的挪威人，卖价高得出奇。苏联谈判代表与挪威代表进行了艰苦的讨价还价，挪威人坚持不让步。谈判进行了一轮又一轮，代表换了一个又一个，就是没有结果。

为了解决这一贸易难题，苏联政府派柯伦泰为全权贸易代表。柯伦泰是苏联的著名女大使，也是一位杰出的外交家和谈判家。聪明的柯伦泰，面对挪威人报出的高价，针锋相对地还了一个极低的价格，无疑双方进入了一个漫长的、艰苦的讨价还价阶段，而且由于双方都不愿做出大幅度的让步，谈判像以往一样陷入了僵局。挪威人并不在乎僵局，更不害怕僵局，因为不管怎么样，苏联人只要吃鲱鱼，就得找他们买。而柯伦泰拖不起也让不起，而且还非要成功不可。于是她对挪威人说："好吧！我同意你们提出的价格，如果我的政府不同意这个价格，我愿用自己的工资来支付差额。但是，这自然要分期付款，我可能要支付一辈子。"

挪威的绅士们从来没有遇到过这样的谈判对手，堂堂绅士能把一位女士逼到这种地步吗？所以，在忍不住一笑之余，就一致同意将鲱鱼价降到最低标准了。

学习笔记：_____

_____

_____

_____

案例3

高位报价，何以成功？

房地产开发商在与电梯供销商谈判时，对供销商报价较其他同业稍高极为不满。供销商信心十足地说："我们的产品采用的是优质原料，进口生产线，相对来说成本较高，但我们的产品美观耐用，安全节能，而且售后服务完善，一年包换，终身维修，每年还例行两次保养维修，可解除您的后顾之忧，相信您能做出明智的选择。"房地产开发商思考片刻，签订了购买协议。

学习笔记：_____

_____

_____

_____

案例 4

谈判桌上"不"字有何魅力？

一位律师帮助一名房地产商人进行出租大楼的谈判。当时有两家实力雄厚的大公司对此表示出了浓厚的兴趣，两家公司都希望将公司迁到地理位置较好、内外装修豪华的办公楼。

律师思索一番后，先给 A 公司的经理打电话说："经理先生，我的委托人经过考虑之后，决定不做这次租赁生意了，希望我们下次合作愉快。"然后，他给 B 公司的经理也打了同样的电话。当天下午，两家公司的经理同时来到房地产公司，一番讨价还价之后，A、B 公司以原准备租用 8 层的价格分别租用了 4 层，这使房地产公司的净收入增加了一倍，同时也使律师自己的报酬增加了一倍。

学习笔记：_____

_____

_____

_____

四、掌控技巧训练

谈判者接触的谈判对手可能千差万别，无论经验如何丰富，也很难做到万无一失。因此，对于各种不同的谈判对手，可以视其性格的不同而加以调整。

说说以下几类对手的性格特征，并讨论掌控谈判局面的技巧。

对手 1

谈判桌上，谈判者不露"庐山真面目"，城府很深，难以捉摸他们想说什么或想做什么；精于装糊涂，善于伪装，有时看上去好像没听懂对方所表达的意思，回答问题吞吞吐吐，闪烁其词；惯于后发制人，开始不动声色，默默观察，揣测对方，时机一到便出其不意地发起谈判攻势，使对方无法招架而败北。

学习笔记：_____

_____

_____

_____

对手 2

在谈判中具有"韧"性，精力充沛，能锲而不舍地坚持到底，即使遇到困难也不灰心，在谈判进程上既不一鼓作气，也不拖拖拉拉，而是将精力和毅力有机结合，适应谈判进度；固执己见，不轻易改变自己的观点，有时即使事实已证明他的办法行不通，也要顽固到底，我行我素，不给别人留下任何余地。

学习笔记：_____

_____

_____

_____

对手3

在谈判的喧嚣阶段表现沉默，从不激动，讲话慢条斯理。在开场陈述时十分坦率，愿意使对方了解他们的立场，擅长提建设性意见、做出积极的决策。

学习笔记：_____

_____

_____

_____

对手4

特别重视开端，在谈判伊始往往会在交际上花很长时间，其间也穿插一些摸底性沟通。经过长时间广泛、友好的会谈，在彼此有了好感和敬意的基础上，才进入谈判正题。

学习笔记：_____

_____

_____

_____

对手5

由于具有自身优势，十分注重保护其在贸易领域上的垄断权或其他合作事项中的排他性。

学习笔记：_____

_____

_____

_____

小贴士

谈判在进入实际的磋商阶段后，谈判各方有时会因为某种原因而相持不下、进退两难。破解这种谈判僵局的方法主要有变换议题、更换主谈人、暂时休会、寻求第三方案、借助调解人调解、将问题上报上级主管部门等。

课外训练

一、复习思考

1. 什么是谈判口才？谈判口才具有哪几个方面的特征？
2. 具备良好谈判口才需要什么样的心理素养？自己还需要加强哪方面的修养？
3. 谈判口才的思维和攻防技巧各有哪些？举例说明。
4. 谈判的答复技巧有哪些？
5. 谈判中说服对手和拒绝对手的技巧各有哪些？举例说明。

二、实训练习

1. 阅读、思考并回答农夫顺利卖出玉米的原因。

一个农夫在集市上卖玉米。因为他的玉米特别大，所以吸引了一大堆买主。其中一个买主在挑选的过程中发现很多玉米上都有虫子，于是他故意大惊小怪地说："伙计，你的玉米倒是不小，只是虫子太多了，你想卖玉米虫呀？可谁爱吃虫肉呢？你还是把玉米挑回家吧，我们到别的地方去买好了。"

买主一边说着，一边做着夸张而滑稽的动作，把众人都逗乐了。农夫见状，一把从他手中夺过玉米，面带微笑却又一本正经地说："朋友，我说你是从来没买过玉米吧？我看你连玉米质量的好坏都分不清，玉米上有虫，这说明我在种植中没有滥用农药，我的玉米是绿色食品，连虫子都爱吃，可见你这人不识货！"接着，他又转过脸对其他人说："各位都是有见识的人，你们评评理，连虫子都不愿意吃的玉米就好吗？比这小的就好吗？价钱比这高的就好吗？你们再仔细瞧瞧，我这些虫子都很懂道理，只是在玉米上打了一个洞而已，玉米可还是好玉米呀！"

他说完了这一番话，又把嘴凑在那位故意习难的买主耳边，故做神秘状，说道："这么大、这么好吃的玉米，我还真舍不得这么便宜地就卖了呢！"

众人被他说得心服口服，纷纷掏出钱来，不一会儿，农夫的玉米便销售一空。

2. 对案例进行分析并讨论交流。

案例 1

我国某厂与美国某公司就设备购买进行谈判时，美方报价 218 万美元，我方不同意，美方降至 128 万美元，我方仍不同意。美方佯怒，扬言再降 10 万美元，118 万美元不成交就回国。我方谈判代表因为掌握了美方交易的历史情报，所以并不为美方的威胁所动，坚持再降。第二天，美方果真回国，我方毫不吃惊。果然，几天后美方代表又回到中国继续谈判。我方代表亮出在国外获取的情报——美方在两年前以 98 万美元的价格将同样的设备卖给了匈牙利客商。情报出示后，美方以物价上涨等理由狡辩了一番后，将价格降至合理价位——100 万美元。我方这才同意接受。

案例 2

某工厂要从德国 A 公司引进机械设备，并为此与其进行谈判。在谈判开始之后，德国 A 公司坚持要按过去卖给某厂的价格来定价，坚决不让步，谈判陷入僵局。该厂为了占据主动地位，开始与德国 B 公司频频接触，洽谈相同的项目，并有意将此情报通过有关人员传递给 A 公司，A 公司信以为真，不愿失去这笔交易，很快接受了该厂提出的价格，这个价格比过去从其他厂商引进的价格低了 25%。

案例 3

在一家画廊，一位画商正和一位酷爱收藏字画的客户讨价还价。这位画商所出售的几十幅作品，几乎每幅售价都在 1 000 至 1 万元，而唯独客户看中的三幅画他要价每幅 2 万元。客户对画商的这种做法十分不满，认为他是在敲竹杠。所以在谈判中，客户颇多微词，双方迟迟无法达成协议。突然间，画商做出一个惊人之举，他怒气冲冲地把其中最好的一幅画点火烧了。客户眼睁睁地看着自己喜爱的画付之一炬，非常惋惜，然而他却不为所动地问画商余下的两幅画最低价格是多少，画商仍然坚持 2 万元，客户还是不愿买下。这时，画商发疯似的说宁可烧掉亦不愿卖了，并点火烧了第二幅画。酷爱收藏字画的客户此时再也沉不住气了，他乞求画商不要再烧最后一幅画，他愿意用 4 万元的高价买下它。

3. 阅读案例并讨论交流以下问题。

日本一家著名的汽车公司刚刚在美国"登陆"，急需找一个美国代理商为其推销商品，以弥补其不了解美国市场的缺陷。当日本公司准备同一家美国公司谈判时，日方的谈判代表因为堵车迟到了，美方谈判代表紧紧抓住这件事不放，想借此获取更多的优惠条件。日方代表发现无路可退，于是站起来说："我们十分抱歉，耽误了您的时间，但这绝非我们的本意。我们对美国的交通状况了解不够，导致了这个不愉快的结果。我希望不要再因为这个无谓的问题耽误宝贵的时间,如果贵方因为这件事情而怀疑我们合作的诚意,那么我们只好结束这次谈判。我认为,以我们所提出的优惠条件,在美国是不会找不到合作伙伴的。"日方代表的一番话,让美方代表哑口无言,为了不失去这次赚钱的机会,美方代表收敛了咄咄逼人的气势,于是谈判顺利进行下去。

(1)美国公司的谈判代表在开始谈判时试图营造何种谈判气氛?

(2)日本公司的谈判代表采取了哪一种谈判策略?

4. 从下面两个案例中,你能得到什么启示?请加以评析并与同学相互交流。

案例1

一位著名谈判专家有一次替他的邻居与保险公司交涉赔偿事宜。谈判时,理赔员先发表了意见:"先生,我知道你是谈判专家,一向都是针对巨额款项谈判的,恐怕我无法承受你的要价,我们公司若是只出100元的赔偿金,你觉得如何?"

专家表情严肃地沉默着。根据以往经验,不论对方提出的条件如何,都应表示出不满意,因为当对方提出第一个条件后,总是暗示着他会提出第二个,甚至第三个。

理赔员果然沉不住气了:"抱歉,请勿介意我刚才的提议,我再加一点,200元如何?"

"加一点,抱歉,无法接受。"

理赔员继续说:"好吧,那么300元如何?"

专家等了一会儿道:"300元?嗯……我不知道。"

理赔员显得有点惊慌,他说:"好吧,400元。"

"400元?嗯……我不知道。"

"就赔500元吧!"

"500元,嗯……我不知道。"

"这样吧,600元。"

专家无疑又用了"嗯……我不知道"来回答,最后这件理赔案终于以950元的条件达成协议,而邻居原本只希望要300元!

这位专家事后认为,"嗯……我不知道"这样的回答真是效力无穷。

案例2

甲方航空公司的三位代表与美国麦道公司的销售经理进行了有关飞机购买的谈判。

一开场,美方代表的表现是压倒性的,他们有备而来,气度不凡。借用图表、图像和种种数字,证明其价格的合理性。他们光念完所有的资料就花了两个半小时。而在这段时间里,甲方三位代表一句也不反驳,默默听着。

美方代表终于说完了,他们长出一口气,靠在软软的座椅上,以谈判结束的那种语气问一言不发的甲方代表:"你们认为怎么样?"

其中一位甲方代表彬彬有礼地答道:"我们不明白。"

"什么?"美方代表惊奇地问道:"你们是什么意思?你们不明白什么?"

另一位甲方代表同样彬彬有礼地答道:"全部事情。"

锐气大挫的美方代表差点喘不上气,问道:"从什么时候开始不明白?"他勉强挤出这几个字。

第三位甲方代表还是那么彬彬有礼:"从谈判开始的时候。"

美方代表无奈地苦笑着,但又能怎么样呢?他泄气地靠在椅背上,松开领带结,无精打采地又问道:"好吧。你要我们怎么样?"

三位甲方代表同时彬彬有礼地答道："您再重复一遍吧。"

现在甲方反过来处于主动地位了，美方起初的那股冲劲早已烟消云散，谁能再一字不漏地重复那堆长达两个半小时的材料呢？于是美方的开价开始下降……

最后，甲方根本没有理会美方的出价，完全按照己方的原定方案，从不可一世的美方手中低价买到了麦道公司的飞机。

5. 情景模拟训练

将学生分为两个小组，组建虚拟的商务公司，综合运用所学的谈判知识，模拟相关的商务交往活动。

第一步：以几个相关行业（相互间会发生商务往来的行业）作为工作背景，选出组长担任各公司（如小白象公司）经理，负责设定职务；然后通过应聘活动招募下属人员，安排工作内容（如确定经营业务、行业关系、产品和服务、职务需求）。

第二步：公司组建后模拟开展相关行业的谈判、营销等商务活动（如进行信息搜集、制定价格及谈判策略、制定营销策略、举行现场交易谈判等）。

模拟商务谈判两则
1　2

第三步：你作为一家公司的谈判代表到另一家公司进行一项有关货物购置的谈判，尽量降低价格，并说服对方公司接受你的价格要求。

三、网络实践

观看模拟商务谈判视频，总结四组谈判队伍的优缺点和各自使用的谈判技巧并进行模拟训练。

附　谈判口才暨磋商协调掌控度检测标准

计定等级	检测内容
A 级	1. 分别说出五种不同谈判对手的性格特征
	2. 快速说出谈判高手在说服对手的过程中应该具备的心理素质，时间不超过1分钟
	3. 主动邀请一位同学扮演城府很深的谈判对手，就商品质量纠纷进行谈判，使其接受赔偿建议
B 级	1. 分别说出四种不同谈判对手的性格特征
	2. 准确说出谈判高手在说服对手的过程中，应该具备的心理素质，时间不超过2分钟
	3. 邀请一位同学扮演沉着老练的谈判对手，就商品价格进行谈判，使其接受己方定价
C 级	1. 分别说出三种不同谈判对手的性格特征
	2. 说出谈判高手在说服对手的过程中，应该具备的心理素质
	3. 邀请一位同学扮演慢条斯理的谈判对手，就商品数量进行谈判

医护口才 | 第十二章
Chapter 12

学习目标

◎ 理解医护口才的含义和特征，了解医患交谈的内容和种类。

◎ 掌握开场、攀谈、倾听、提问、阐述、对焦等医护口才技巧。

◎ 能在模拟训练中灵活运用医护口才技巧。

◎ 提高医患沟通信任度，增强救死扶伤意识。

案例导入

有位患者两年前右下腹部出现一包块，平卧时包块消失，后来症状逐渐加重，平卧时包块也不消失，且包块处皮肤疼痛、发红，该患者便到某医院外科门诊就医。医生听完病人叙述后，对包块部位进行了检查，然后告诉病人："病情很重，需要立即手术，立即通知家属来办理住院。"医生也不多解释，草草在住院单上写下诊断"疝"，递给病人后急忙招呼下一位患者。病人一看住院单，将"疝"字误看作"癌"字，非常绝望，走出诊室万念俱灰。

案例思考： 西方医学之父希波克拉底说过，医生有"语言、药物、手术刀"三大法宝。此例中医患之间的不良沟通让患者万念俱灰，有鉴于此，医护人员在实际工作当中应注意哪些技巧？

第一部分　医护口才基础知识

著名健康教育专家洪昭光教授认为，语言是医生最重要的法宝，医生一句鼓励的话，可以使病人转忧为喜，精神倍增，病情立见起色；相反，一句泄气的话，也可以使病人抑郁焦虑，卧床不起，甚至不治而亡。

一、医护口才的含义

医护口才是医护人员在治疗、护理患者的过程中，与患者进行口头交谈沟通时所表现出来的一种语言才能。常言道："治病三分靠治疗，七分靠沟通。"医生询问病情、了解病变、进行治疗及健康指导都是通过交谈来实现的。恰到好处的交谈可以解除患者的思想包袱，增进医护人员与患者之间的相互理解，增加患者对医护人员及院方的信任，增强患者战胜疾病的信心，让患者尽力配合，为患者的顺利康复奠定基础。

音视空间

医护口才范例 1

要求： 观看本范例，总结学习医护口才的重要性。

二、医护口才的特征

医护口才是在临床医疗实践中形成的具有职业特点的行业语言，其作用是使医护人员与患者的沟通畅通有效。医护口才的特征表现为以下三种。

（1）服务性。医护口才是医疗服务的手段和医患双方交谈沟通的主要载体。在整个医疗服务过程中，无论是接诊、问诊还是检查、治疗、回访，医护工作者都是通过真诚性、解释性、安慰性和保护性的语言为患者提供优质服务的。

（2）职业性。在医院、诊所、社区服务等特殊环境之中，医护人员为了给患者诊疗疾病、解除病痛、恢复健康，与患者交谈沟通而建立的特殊的服务性人际关系，是一种工作关系，具有职业特性。

（3）广泛性。口头交谈沟通是医护人员日常工作中最常用的交流手段。据统计资料表明，每个医护工作者一天累计说话时间平均不少于1小时。

> **导入案例提示**
>
> 　　开篇案例中医生向病人履行了"告知"义务，病人却在看到住院单后万念俱灰，虽然这只是个特例，但它的发生却令人难以接受。医护人员的话语对病人的心情乃至病情都有很大影响，医护人员在履行"告知"义务时，更应该注意语言艺术和沟通技巧。

三、医护口才的种类

医护口才的种类很多，其中临床应用最多的是医患交谈。医患交谈具有一般性交谈的特征，其主要目的是解决病人的健康问题，即预防疾病、促进健康、提高生活质量。医患专业性交谈主要分为摄入性交谈和治疗性交谈。

（一）摄入性交谈

摄入性交谈的目的主要是收集信息资料，以确定病人现存的和潜在的健康问题。交谈所涉及的问题大多与病情有关，主要包括：病人的既往和当前的健康问题、家族史、遗传史、心理与精神状况、自理能力、生活习惯等。例如，病人说："近来我的胃肠活动不好。"医护人员深入地追问："你平时解大便规律吗？你……"经过进一步询问，才得知他是因痔疮出血而心情紧张，胃肠并无大碍。所以与病人交谈时，医生应认真地分析原因，找到引起问题的根源，正确地估计病情，以便为诊断疾病提供可靠依据。

（二）治疗性交谈

治疗性交谈是医护人员为病人提供健康服务的重要途径。治疗性交谈一般分为指导性交谈和非指导性交谈两种类型。

1. 指导性交谈

指导性交谈是指医护人员解答病人提出的问题或者围绕病人病情阐明观点，说明病因，告之与治疗有关的注意事项以及治疗的措施等。指导性交谈的特点是省时、信息量大，医护人员占主导地位，病人主要属于倾听者。

2. 非指导性交谈

非指导性交谈是医患之间为了探讨病情而进行的交谈，其出发点是鼓励病人积极接受治疗和护理，改变过去不健康的生活方式和行为，并且也能使医护人员获得与病人相关的心理、社会、家庭、精神等方面更为广泛的信息，为找出病人现存的健康问题和潜在的健康问题提供依据。非指导性交谈属于非正式交谈，医患双方处于平等地位，便于医护人员获得更多的信息，有利于提高病人的参与度，比较费时。

在医护工作中指导性交谈与非指导性交谈经常是交叉进行的，两者作用互补，可以达到全面收集可靠信息、指导病人康复的目的。

 小贴士

有的病人的情绪特征表现为焦虑、恐惧、抑郁和多怒。有的病人的意志特征表现为敏感多疑、缺乏主见、顺从依赖、主动性低，脆弱、易激惹。病人的心理需要主要包括确保安全的需要、身心康复的需要、爱与归属的需要、尊重与理解的需要。

第二部分　医护口才的技巧

医护人员对待患者要耐心诚恳、平易近人，具有帮助患者减轻痛苦和促进康复的愿望和动机，具有为患者服务和奉献的精神。运用语言艺术与患者交谈沟通既是医学界的传统，也是广大医护工作者必须具备的一项语言基本能力。

一、开场的技巧

患者就诊时，往往带有紧张、焦虑、痛苦的心理，因此医护人员应把消除患者紧张焦虑情绪、解除患者的痛苦、给患者以精神上的安慰放在首位。开场技巧是绝不可忽视的，首先要面带微笑，给对方以温暖的感觉，营造良好氛围，拉近双方的距离，尽快消除初次见面的陌生感。然后要有必要的寒暄，寒暄的目的是促使对方尽快稳定情绪，调整思路和心态，也初步确定双方谈话风格。开场的技巧主要有以下几种。

（1）自介式。例如："你好，是新来的病友吗？我叫李红敏，是这个病室的责任护士，我已经了解了你的病情，医护人员正在积极治疗，以解除你的病痛，如果不出什么意外，用不了多久你就可以痊愈出院了。""有什么要求请尽管告诉我，我会尽全力帮助你的，你先休息吧，有事请叫我，好吗？"

（2）问候式。例如："昨天晚上睡得好吗？""今天早晨吃药了没有？""今天感觉好些了吗？"

（3）关心式。例如："你哪儿不舒服，让我给您测量一下血压好吗？"

（4）言他式。例如："哟，这么多好吃的东西呀，是你家人送来的吧，他们多关心你呀，他们一定希望你能配合医生和护士积极治疗，争取早日康复出院，你说呢？"

（5）赞美式。例如："小明，你今天在手术台上的表现真勇敢！"对于老年和儿童患者应多用赞美技巧。

二、攀谈的技巧

医患交谈应有目的、有计划地进行。在交谈前医生应做好充分准备，明确

音视空间

医护口才范例 2

要求： 分析范例中冲突的原因，总结医患沟通中应注意的问题。

音视空间

医护口才范例 3

要求： 参照范例进行开场技巧训练。

交谈的目的、步骤和方式，话题的选择要能满足患者内心的强烈需要。例如，一位医生抓住糖尿病患者的需要，进行攀谈，有效解决了病人的疑惑。

> 医生："今天吃什么主食了啊？"
>
> 患者："米饭，可以吗？"
>
> 医生："要多吃粗纤维的蔬菜和含糖少的蔬菜，如韭菜、芹菜、大白菜、山药、南瓜。少吃淀粉类的主食，控制饮食，遵照医嘱按时服药或注射胰岛素。病情会很快得到控制的。"
>
> 患者："你能讲讲注射胰岛素要注意什么问题吗？听说这药注射多了有危险，少了又不管用，是真的吗？"
>
> 医生："我正准备与你谈这个问题呢，注射胰岛素的剂量取决于尿糖含量，注射前应该留取小便做尿糖试验，根据尿中糖含量的多少，决定注射胰岛素的剂量。注射量多了会发生低血糖，甚至昏迷；注射量不足，治疗效果不好，可能会引起并发症。"
>
> 患者："知道了，谢谢大夫！"

三、倾听的技巧

上天赐人以两耳两目，但只有一个口，欲使其多见多闻而少言语。对医护人员来说，倾听是最重要也最基本的一项技巧，医护人员应尽可能耐心、专心地倾听病人的讲述并有所反应，它好比暗示病人"我在关注你，关心你""有什么心里话你都说出来吧，我在听你说"。这样，病人会消除顾虑，在医护人员面前畅所欲言。医护人员应耐心听病人介绍自己的情况，而不要急于插话。因为话头一被打断，陈述者欲表达的信息可能中断，收集的病情信息就可能不够全面。可见，医护人员能收到多少有价值的信息，取决于医护人员是否在耐心地倾听。做一个好的听众，应注重如下倾听技巧。

1. 得体的体态语言

医护人员要善于运用体态语言（如真诚的微笑、信任的眼神、适时的搀扶、轻拍肩膀等）拉近与病人的距离，增进与病人的感情，减少医患之间的误会，降低医患纠纷的发生。如病人说到痛苦之处，十分伤感，医护人员可以握住病人的手给予安慰，以此体现出对病人的同情。

2. 适时地提问插话

在听病人叙说时，医护人员首先要全神贯注，热情友好、耐心及时地倾听对方讲话，表现出对病人的尊重。但是，如果听病人说话而一直沉默不语，也会使病人感到受了冷落而不快。因此，适时地插话和提问，不仅表示在认真倾听，而且会让病人感受到医护人员的真诚和对自己的尊重。

3. 敏锐地理解真意

"人人心中都有一杆衡量语言的秤。"医护人员要尽快发现对方谈话的意图，只有理解病人表述的真实内涵，才能从容自如地跟随对方将话题引向深入。对方也会因为你能敏锐地理解他的话而对你表现出敬佩和赞赏。例如，一位患阑尾炎的病人需要急诊手术，病人对医护人员说："打针能治好我的病吗？"看来病人是害怕手术，有恐惧心理。这时医护人员就应从如何消除病人的恐惧心理入手，而不是解释打针能否治病。

4. 耐心地分析判断

医护人员与病人交谈时，不应该刚听一两句话就匆忙下结论，而要在听的过程中进行分析判断：哪些是病人真正要反映、要表述的深层面的信息；哪些是浅层面的信息；这些是他的心里话，还是别有隐情。总之，要冷静倾听，理智分析，慎下结论，以免造成误解。

5. 理智地区别对待

就诊病人来自四面八方，各行各业，性格各异。对于性格急躁的病人，即使其言语过激，医护人员也得耐心听完，因势利导地说明自己的看法；慢性格的病人，可能会东拉西扯，不切入正题，此时医护人员切忌表现出不耐烦的情绪。医护人员可以追问，引导病人从速表达主题，以便有针对性地交谈，达到了解病情的目的。

6. 准确地复核强调

当病人说完话以后，医护人员要用简明扼要的话语总结一下病人表达的内容，以核实自己的理解是否与病人反映的问题一致，最好把对方隐藏的意图也恰当地表达出来，以示自己确实在仔细听，而且明白了他的意图，使他满意。

四、提问的技巧

提问在治疗性交谈中不仅是收集信息和核实信息的手段，而且可以引导病人围绕主题展开讨论，及时了解病人的需求。提问技巧主要有封闭式提问技巧和开放式提问技巧。

1. 封闭式提问

这是一种将病人的应答限制在特定范围内的提问，病人回答问题的选择性很小，有时甚至只是要求回答"是"或"不是"，"好"或"不好"，"同意"或"不同意"，等等。例如，"今天你按时服药了吗？""伤口的疼痛感减轻了吗？""有没有在花园里散散步？"在某些情况下，询问者还可以在一定的范围内提问，例如，"你昨天晚上睡得好吗，大概睡了几个小时？""请回忆一下，你的家族近三代中是否有和你病情一样的人？"

封闭式提问的特点是：省时，单位时间内获得的信息量大，适合医生收集病人病史；答案比较机械、死板，病人得不到解释自己想法和情感的机会；医护人员占主动地位，病人被动回答问题，缺乏自主性。

2. 开放式提问

开放式提问的提问范围较广，不限制病人，倾向于鼓励病人说出内心感受，特别是心理、精神等方面的信息。例如"你对我们的护理工作有何建议？""使用了这种新的治疗方法，你感觉怎么样？"

开放式提问的特点，一是有利于医护人员掌握病人的真实意见和观点，以获得更多、更可靠的第一手资料；二是有利于病人更好地发挥主观能动性，有较多的主动权，配合医护工作的开展。

> 医护人员提问时应注意的问题：避免连续性提问。一般情况下，提出一个问题，应待病人答复后，再提下一个问题；不宜追问对方难以回答或令其伤感的问题；不宜打破砂锅问到底。若提问不注意分寸，一味地追问对方，会有打听隐私的嫌疑。

温馨提示

五、阐述的技巧

阐述是叙述并解释的意思。通常情况下，病人的疑虑较多，需要医护人员答疑解惑，这就要求医护人员运用一定的阐述技巧。常见的阐述技巧有以下几种。

1. 廓清迷雾

举例来说，遗传病患者，通常会担心此病会传递给后代而内心深感不安。医护人员可根据病人的病情及恢复状况做相应的解释，如什么是遗传病，准确评估子代再发风险；如何进行遗传优生咨

询和生殖干预等，以减轻病人的紧张情绪、负罪感等。

2. 说明缘由

医护人员在做各项医疗检查时，包括检查前、中、后期都应对病人解释检查目的、如何配合、注意哪些问题等，以确保检查的质量，减轻病人的痛苦，减少并发症。例如，医护人员解释做肝功能检查为什么要空腹抽血，为什么手术当天早晨禁食。

3. 讲清道理

根据病人的综合文化素质，用通俗易懂的话语告诉病人解决问题的方法，并给出具体指导方案，使病人明确现阶段自己应该做什么、怎样做。例如，产妇分娩之后，补充营养对其本人的身体复原、母乳喂养都是必需的和有益的，但有些产妇为了体形而节食，医护人员此时应帮助产妇走出认识的误区，从营养学和生理学的角度，建议产妇采用合理的产后膳食并进行适当的运动，这样既有利于哺乳又有利于产后恢复。

六、重构的技巧

重构是把患者的话用不同的措辞加以复述、正确引导，但不改变患者原话的意思。例如，医生向患儿问病情，患儿不配合，大声喊道："我不打针，也不想吃药。"医生说："那今天就让我猜猜你哪儿不舒服。哦，昨天你吃冷饮了，现在头疼，发热，不想吃东西，没劲儿，是吗？"患儿点头。

七、对焦的技巧

对焦是一种心理治疗的专门性技术。患者的心里可能有多个问题，医护人员一般应选择一个作为"焦点"。一旦对上了"焦"，医生和患者便可以围绕共同的主题深入讨论，有的放矢地交谈下去，直至问题得到解答。对焦本身对患者心理有良好的效应。在对上"焦"的那一刻，患者会有获得了"知音"之感，会觉得和医生"想到一块儿去了"，从而能更好地配合医生进行治疗。

八、沉默的技巧

沉默本身就是一种信息交流，是超越语言力量的一种沟通方式。沉默具有多重表现性，如赞美、默认、同情、震慑、保留意见、附和等，可见沉默表现的空间之大、寓意之广。恰如其分地使用沉默技巧，对病人的治疗会起到意想不到的效果，也可以为交谈做好准备。

九、安慰的技巧

安慰性语言对病人心理和精神有抚慰功效，能给病人带来安全和温暖，带来光明和力量。我国古代传统医学中有一种语言开导疗法——"导之以其所便，开之以其所苦"，即劝导病人安心调养，并提出治疗的具体有效措施，消除病人畏难、恐惧和消极心理，使其积极主动地与病症做斗争，从而彻底治愈疾病。

小贴士

医护人员与患者交谈时，需做到以下几点：语言简明清晰，使用对方能理解的词汇；耐心听患者的叙述，并仔细观察、分析患者的语言和表情的深层含义；恰当应用表扬与鼓励技巧；语言文明，交谈开始要向患者问好，交谈结束要感谢患者的合作；对患者的感受进行恰当反应；在交流中不断获取患者的反馈信息，要求患者重复重点内容，确保对患者表达信息理解到位。

第三部分　医护口才技巧训练

人际交往沟通的内容往往根据交往双方具体的情况而定，内容广泛，话题繁多。但是医护人员与病人的沟通有特定内容要求，应围绕着疾病来进行。

一、信息沟通训练

信息沟通对病人来说是沟通的重要内容。因为生命与健康关乎人们的切身利益，关心自己的健康是能够理解的，所以医护人员应高度重视信息沟通这一环节。

（1）学生轮流扮演当班护士，告知患者医院环境信息。病人刚入院对医院的环境是陌生的，因而易产生恐惧、焦虑等心理。医护人员要帮助病人尽快熟悉病区环境，将住院的规章制度（陪伴制度、探视制度、订餐制度等）、医院及病区的环境（药房、检验科、影像科、卫生间等）、病房内病友的相关情况等告知病人，以尽快消除病人的陌生感和孤独感。

（2）学生轮流扮演当班护士长，告知某高血压患者病情。病人知道自己患病后，通常希望得到更详细的信息，会进一步向医护人员询问与治疗有关的情况，如同类疾病的治疗效果、主治医生的医疗水平、病程、治疗方案、用药情况、不良反应、诊疗费用以及治愈率和复发率等。如果没能获取有关信息或者得到的是负面信息，病人多会感到紧张、焦虑，甚至恐惧，这将给疾病的治疗带来不良影响。

（3）学生轮流扮演当班医生，告知患者医学知识。

医学科学的发展使科学知识日益深入人心。医务工作者是普及科学知识的宣传员，在与病人交流时应把医学领域的新知识、新进展、新技术告知病人，将新的健康观念潜移默化地传递给病人，并对病人进行有计划的健康教育，达到"知、信、行"的目的，使病人重视身心健康，采取积极的生活方式和乐观的生活态度，提高生命质量。

温馨提示

二、情感沟通训练

医学心理学认为，情绪、精神状态与康复和药物疗效有关。马斯洛需求层次理论告诉我们，病人的需要是多层次的。要想调动病人的积极情感因素，使其配合治疗，达到较为理想的康复效果，必须掌握情感沟通技巧。

（1）某新入院患者，受疾病的折磨，出现了情绪不稳、易激惹、行为幼稚等情况，非常渴望与医护人员沟通。假如你是当班护士，你会如何与他沟通？

学习笔记：＿＿＿＿＿＿＿＿＿＿＿＿＿＿＿＿＿＿＿＿＿＿＿＿＿＿＿＿＿＿＿＿＿＿＿＿＿

＿＿＿

＿＿＿

＿＿＿

＿＿＿

（2）阅读案例，请问该患者顺利接受治疗的原因是什么？

　　一位医生给患者看牙。患者："我真的非常害怕拔牙，太疼了，能不能不拔呀？"医生："我了解你的感受，拔牙的时候的确有些疼，但如果不拔掉这颗坏牙的话，它会继续发炎，也许还会伤到其他的好牙。别害怕，我一定会尽最大的努力减少你的痛苦。"患者："好吧，那就拔吧。"

学习笔记：_____

_____

_____

_____

_____

_____

三、情境沟通训练

　　不同年龄的患者，有不同的社会经历，需要用不同的接诊语言对待。在临床实践中，要根据患者不同的年龄特点运用不同的语言技巧进行沟通。

（一）与一般患者的沟通

　　一般患者，虽然身患疾病，但心态乐观，治疗积极，没有焦虑、抱怨或抑郁等不良情绪。医护人员与他们沟通时，一定要了解其身心特点，帮助他们尽快康复。

（1）儿童患者有哪些身心特点，假如你是一位医生准备怎样与其沟通？

学习笔记：_____

_____

_____

_____

_____

（2）青少年患者有哪些身心特点，假如你是一位医生准备怎样与其沟通？

学习笔记：_____

_____

_____

_____

_____

（3）老年患者有哪些身心特点，假如你是一位医生准备怎样与其沟通？

学习笔记：_____

_____

_____

_____

_____

_____

（二）与特殊患者的沟通

与特殊患者进行沟通首先应该了解各类特殊患者的心理状态，建立良好的医患关系，及时满足病人身心健康的需要，使患者真正接受科学的、整体的、全方位的医疗模式，争取早日康复。认真阅读以下案例，请以医生的身份回答问题。

案例 1　与愈后不良患者的沟通有哪些技巧？

　　某恶性肿瘤患者，愈后情况不良，情绪低落、抑郁，不想继续治疗。王医生查房时对他说：你的女儿好可爱呀，是你的开心果、小棉袄。你现在这样沮丧，心灰意冷，她一定比你更难过。再说得了癌症也不一定活不成，现在带癌生存的人也有很多……

学习笔记： _____

_____

_____

_____

_____

案例 2　与疑似症倾向的患者的沟通有哪些技巧？

　　张老：我 8 年前因胆结石开了刀，但此后一直伴有上腹部发作性疼痛，最近一年频繁发作，发作时疼痛难以忍受，面色难看，半小时后疼痛才渐渐消失。我到处求医，近几年看的都是专家门诊，已花费数千元，但病因都未能得到确定。最近到第三医院做胃镜、CT检查，说有十二指肠憩室，要我做手术治疗，我不放心，又去第一医院做了各项检查，该医院说未见十二指肠憩室，要我发作时去打止痛针。我现在真不知道怎么办才好。我已经60 多岁了，还需要做手术治疗吗？

　　医生：你别着急，我先看看你的病历和近来所做的各项检查吧。你得的是功能性胃痉挛。首先你要用意志去战胜它，不必再四处求医；发作时可用安定控制紧张；尽量注意避免一切可能诱发因素，达到延长发作间隔时间和减少发作持续时间的效果；做好从逐渐缓解直至最后痊愈时间较长的思想准备。

　　张老：好的，太谢谢您了！

学习笔记： _____

_____

_____

_____

_____

案例 3　与多重抱怨的患者的沟通有哪些技巧？

　　患者："我病了，没人心疼我、理解我。在家里吧，我的老公还是专注于讲课，我的儿子也只知道考研，我的母亲很少听我讲话，还责怪我生活习惯不好。来到医院吧，医生、护士个个'拽'得很，都不正眼看我，更别说听我说话啦，这是什么世道？"

　　医生："你的苦恼我完全可以理解，因为我们每个人都需要亲人的理解和关心。其实我们都很关心你。你老公努力工作是为了让你有好的治疗条件，你的儿子刻苦学习是为了让你有自豪感，你的母亲责怪你也是希望你能休息好，我们不打扰你，是怕影响你休息。

只要你不怕我们打扰，以后我们经常沟通，好吗？"

学习笔记：＿＿＿＿＿＿＿＿＿＿＿＿＿＿＿＿＿＿＿＿＿＿＿＿＿＿＿＿

＿＿＿＿＿＿＿＿＿＿＿＿＿＿＿＿＿＿＿＿＿＿＿＿＿＿＿＿＿＿＿＿＿＿＿＿＿

＿＿＿＿＿＿＿＿＿＿＿＿＿＿＿＿＿＿＿＿＿＿＿＿＿＿＿＿＿＿＿＿＿＿＿＿＿

＿＿＿＿＿＿＿＿＿＿＿＿＿＿＿＿＿＿＿＿＿＿＿＿＿＿＿＿＿＿＿＿＿＿＿＿＿

＿＿＿＿＿＿＿＿＿＿＿＿＿＿＿＿＿＿＿＿＿＿＿＿＿＿＿＿＿＿＿＿＿＿＿＿＿

 小贴士

做一名三级甲等的医护工作者

一级：就病治病；二级：治病治人；三级：治人治心。

甲等：对病人如亲人，满怀亲情，病人感到舒心。

乙等：对病人如熟人，满腔热情，病人感到放心。

丙等：把病人当病人，一片同情，病人感到安心。

丁等：把病人当路人，冷冷淡淡，病人感到寒心。

戊等：把病人不当人，盛气凌人，病人感到痛心。

 **课外训练**

一、复习思考

1. 医患交谈的种类有哪些？

2. 医护人员倾听患者诉说的技巧有哪些？

3. 医护人员提问的技巧有哪些？提问时应注意哪些问题？

4. 请说出医护人员根据年龄特征与儿童患者和青少年患者进行语言沟通的技巧。

二、实训练习

1. 假设你是一个医生，王老是一位肝癌患者，长期在你的病区住院治疗。你应运用哪些医护口才技巧与其沟通？

2. 运用相关知识，分析点评下面案例。

案例 1

周某因怀疑自己有糖尿病而到一所大医院求助于一位本市有名的权威专家。第一次，那位权威专家花了 10 分钟时间接待他，其中对话只用了 30 多秒，只是很简单地问了一些问题，然后用剩下的时间填写了 21 张化验单，最后告诉他如何去做这些化验并叮嘱他什么时候再来找他。第二次，就诊时间大约 12 分钟，这位权威专家用了近 10 分钟一张张地看化验单，边看边自言自语，然后又用 1 分钟来开处方，开了 5 种药，最后用了 1 分钟简单介绍了药物的服用方法，整个就医过程就结束了，两次对话总共不过 10 来句，而花费却近 2 000 元（不含药费，仅专家门诊费和检验费）。

案例 2

小李住院两天了，第一天他就告诉医生说病床上的床单有血迹，要求更换。医生告诉他去找护士，护士让他找护理员，护理员说："要到规定时间换，再说虽然有血迹，但是已经消过毒了。"小李觉得很不满意。

案例 3

患者刘某，6 岁男孩，因食道异物来到医院急诊科。急诊医生联系好专科医生后让其到专科就诊。到达专科科室后，当班护士说医生不在，已经外出急会诊，15 分钟后才能回来。家属大怒，质问为什么通知了医生他还不在？当事医生回来后解释："我在抢救一个被一根大鱼刺卡住的孩子。你的孩子只是被硬币卡住了，相对来说被鱼刺卡住更严重、更危险些……"家属认为医院治疗不及时，要求讨个说法。

3. 设定一个医院场景，3 人一组，分角色扮演医生、护士和病人，遵守《卫生行业人员服务用语规范》，进行打针、住院、检查等情形的交谈训练，然后请"病人"说出对"医生""护士"的印象和评价，指出具体的优缺点。

卫生行业人员服务用语规范

规范用语：尊重对方，做到礼貌、客气、称呼准确，必须使用"请""您""对不起""谢谢配合"等文明用语。

理解、体谅对方，不刺激对方，不激化矛盾；善意启发对方，消除其心理压力和不稳定情绪。

一切为对方着想，耐心解释、语气和缓，消除对方的忧虑，能"化干戈为玉帛"。

从对方需要出发考虑问题，尽量为其提供方便，不推卸责任，不"踢皮球"。

应本着尊重科学、实事求是的态度解释说明情况，不要因为用词不当或闪烁其词，使对方困惑。

医护口才讲座：医务人员的沟通技巧

三、网络实践

观看医护口才讲座，记录讲座要点，总结医患沟通的重要性。

附　医护口才暨医患沟通信任度检测标准

计定等级	检测内容
A 级	1. 准确、清楚、流畅地介绍某医院住院部的环境信息，时间不少于 3 分钟
	2. 主动邀请一位同学扮演患者，并以护士的身份运用自介式、问候式、关心式与之进行交流，留下良好的第一印象
	3. 以医生的身份主动与前来咨询如何有效减肥的白领进行攀谈，使其对减肥形成科学认知
B 级	1. 准确介绍某医院住院部的环境信息，时间不少于 2 分钟
	2. 邀请一位同学扮演患者，并以护士的身份运用自介式、问候式与之进行交流，留下良好的第一印象
	3. 以医生的身份与前来咨询如何有效减肥的白领进行攀谈，使其对减肥有比较正确的认识
C 级	1. 准确、清楚介绍某医院住院部的环境信息，时间不少于 1 分钟
	2. 以护士的身份，运用自介式与患者进行交流
	3. 以医生的身份与前来咨询如何有效减肥的白领进行攀谈，使其对科学减肥有一定的了解

第十三章
Chapter 13 | 营销口才

 学习目标

◎ 了解营销口才的含义及原则。
◎ 掌握主动接近客户、了解客户需求、睿智说服客户的技巧。
◎ 能较熟练、恰当地运用3～5种营销口才技巧。
◎ 提高产品营销可信度，增强诚实守信意识。

 案例导入

有一天，一位中年女士从对面的福特汽车销售商行，走进了乔·吉拉德的汽车展销室。她说自己很想买一辆白色的福特车，就像她好友开的那辆，但是福特车行的销售员让她过一小时之后再去，所以她先来这儿瞧一瞧。"夫人，欢迎您来看我的车。"吉拉德微笑着说。这位女士兴奋地告诉他："今天是我生日，想买一辆白色福特车送给自己作为生日礼物。""夫人，祝您生日快乐！"吉拉德热情地祝贺道。随后，他轻声地向身边助手交代了几句。

吉拉德领着这位女士从一辆辆新车面前慢慢走过，边看边介绍。来到一辆雪佛兰车前时，他说："夫人，您对白色情有独钟，瞧这辆双门式轿车也是白色的。"这时，助手走进来，把一束玫瑰花交给了吉拉德。吉拉德把这束漂亮的花送给了这位女士，再次对她的生日表示祝贺。

这位女士感动得热泪盈眶，非常激动地说："先生，太感谢您了，已经很久没有人送我生日礼物了。刚才那位福特车行的销售员看到我开着一辆旧车，一定以为我买不起新车，所以在我提出要看一看车时，他就推辞说要急着出去收一笔钱，我只好上您这儿来等他。现在想一想，也不一定非要买福特车不可啊！"于是，这位女士就在吉拉德那儿买了一辆白色的雪佛兰轿车。

案例思考：乔·吉拉德为什么被人们誉为"世界上最伟大的销售员"？其语言魅力和营销技巧体现在哪些方面？

第一部分　营销口才基础知识

精明的企业家，总是在人事决策上把营销人才放在第一位。"没有营销，就没有企业。"可见营销对企业多么重要。对市场营销人员来说，做成生意最需要的是好口才，据说营销奇迹的80％是由口才创造的。

人员推销是一种最古老、最简单的营销方法，也是现代最方便、最快捷的一种营销手段。随着互联网技术的普及，直播电商风起云涌，热度越来越高，但无论是传统的线下营销，还是现代的直播营销，都离不开人员推销，人员推销具有其他营销方式所无可比拟的优势。

一、营销口才的含义

营销口才是指营销人员在宣传推介和销售产品时所体现的语言技巧。在市场经济条件下，市场是

一切经济活动的集中体现。从生产企业到消费者个人，无不与市场有着千丝万缕的联系。市场是所有企业从事生产经营活动的出发点和归宿，是不同国家、地区、行业的生产者相互联系和竞争的载体。

著名现代营销学家、美国西北大学教授菲利浦·科特勒指出："市场营销是与市场有关的人类活动，市场营销意味着和市场打交道，为了满足人类需要和欲望，去实现潜在交换。""市场营销是一种社会过程：个人和团体通过创造以及与别人交换产品和价值来满足其需要和欲望。"科特勒把市场营销定义为企业的活动，指出市场营销的目的在于满足目标客户的需要，并以此实现本企业目标。

> **导入案例提示**
>
> 　　乔·吉拉德连续 12 年荣登吉尼斯世界纪录大全中世界销售第一的宝座。然而，谁能相信，35 岁之前的吉拉德，不仅有相当严重的口吃，而且诸事不顺，是一个身负巨额债务，几乎走投无路的人。
>
> 　　营销的关键常常不在于推销产品，而在于推销自己。吉拉德之所以被誉为世界上最伟大的销售员，首先是因为他有一颗尊重普通人的爱心，并能将这份爱心融入每一个营销细节和每一处言语之中。其次因为他能做到虚心学习、努力执着、以勤补拙，既掌握了主动接近、了解需求和睿智说服等营销口才技巧，又形成了通俗形象、幽默风趣、独具个性色彩的营销口才风格。
>
> 　　人品重于产品，口才决定营销。只要我们肯下功夫，假以时日，同样可以成为一名出色的营销专家。

二、营销口才的作用

营销是企业经营的重中之重，而口才则是营销制胜的法宝。出彩的营销需要出色的营销人才，出色的营销人才需要出众的营销口才。拥有营销口才，不愁产品销不出去；拥有营销口才，不怕市场拓展不开。营销口才的作用主要体现在三个方面。

（1）建立联系纽带。营销口才能够帮助客户认识产品和解决有关问题，在客户心目中建立起企业和产品的良好信誉，使客户最终成为企业的买主。

（2）促成现场购买。推销员可以直接对客户进行预测分析，确定重点对象，进行面对面的推销，签订销售合同，营销的针对性强，工作弹性大，能克服广告销售无法立即促成购买的不足。

（3）提高销售业绩。营销可以使推销员在本职工作范围内独立地、创造性地工作，稳妥有效地实现企业的销售目标。

三、营销口才的原则

视客户为朋友、熟人，想方设法让服务用语做到贴心、自然、令人愉悦，这是营销口才的基本出发点。观看"营销口才范例1"，分析其是否符合以下所介绍的营销口才基本原则。

（1）以客户为中心。首先要设身处地为客户着想，急客户之所需。主动说明客户购买某种商品所能获得的好处，并对这些好处做详细、生动、准确的描述，这是引导客户购买商品的关键。"如果是我，为什么要买这个东西呢？"这样换位思考，就能深入理解客户所期望的目标，也就能抓住所要说明的要点。其次要顺应客户的语言和思维习惯来介绍产品，安排介绍顺序，不要一直说下

音视空间

营销口才范例 1

　　问题：本例中推销员的行为是否符合营销口才的基本原则？

去。最后要注意观察客户的反应，灵活调整营销语言，并力求通俗易懂。

（2）注意认真倾听。"三分说，七分听"（即倾听原则）是人际交谈的基本原则。在推销产品时，不能只顾自己介绍产品，还要"观其色，听其言"。

> 除了要观察对方的表情和态度外，还要虚心倾听对方陈述，洞察对方的真正意图和打算。要找出双方的共同点，表示理解对方的观点，并要扮演比较恰当的角色，向客户推销产品。
>
> —— 温馨提示

（3）态度"低褒微感"。"低"，是放低姿态，友好谦恭。"褒"，是表扬赞许，夸奖鼓励。"微"，是面带微笑，给客户带来购物的好心情。"感"，是由衷地感谢客户的照顾，如"谢谢您，正好是××元。""谢谢您，这是我们公司的发票，请收好。""谢谢您，欢迎您下次光临。"

（4）记住禁忌语。对待客户态度要热情友善，切忌呆板冷漠；要尽量选择积极的说法，避免说使人灰心丧气的话；表达要尽量多用商量的口吻，不要使用命令或乞求的语气。

> **普通说法➡积极说法**
>
> "不好意思，让您久等了。"➡"谢谢您的耐心等待。"
>
> "问题是那种产品都卖完了。"➡"由于需求很多，供货暂时没有接上。"
>
> "你住在哪里，我还得给你送货。"➡"请问，我可以知道您住哪里吗？我这就给您送货到家。"
>
> "如果你需要我们的帮助，你必须……"➡"我愿意帮助您，但首先我需要……"
>
> "你没有弄明白，这次听好了。"➡"也许我说得不够清楚，请允许我再解释一下。"
>
> —— 温馨提示

四、营销口才的魅力

出色的营销人员，应是一个懂得如何把语言艺术融入产品营销的人。一个营销人员有了语言魅力，就迈出了走向成功的第一步。

（1）用通俗的语言介绍。营销人员在对产品和交易条件进行介绍时，语言要直截了当、简洁明了、通俗易懂，保证客户能听清楚、听明白。如果表达不清楚，语言不明白，就可能会产生沟通障碍，进而影响成交。

（2）用故事的形式讲解。人们往往都爱听故事，如果用讲故事的方法来介绍产品，往往能收到很好的效果。

> 一位客户挑选了许久，看中了一台海尔冰箱，她不放心地问海尔的营销人员："我这几年已经连续换了两台冰箱了。你们的质量有保障吗？"
>
> 营销人员没有直接回答，只是给她讲起海尔的创始人张瑞敏砸冰箱的故事。故事讲完，那位客户立刻对海尔冰箱的质量有信心了。

> 任何产品都有有趣的话题：发明过程、生产过程、产品带给客户的好处等。营销人员可以挑选生动、有趣的部分，把它们串成一个个令人喝彩的动人故事，借此来营销。
>
> —— 温馨提示

（3）用形象的语言描绘。有位营销培训师每次给学员授课总会讲这样一句话："说话一定要打动客户的心而不是客户的脑袋。"而打动客户的心的最有效办法就是用形象的语言描绘。一位先生和他的太太一起去逛商场，太太试穿了一件紫色的羊绒大衣，那位卖衣服的女店主对他太太说了一句"穿上这件衣服可以成全你的美丽"，使原本只想试试并没有购买欲望的这位太太竟毫不犹豫地掏出了钱包，先生拉都拉不住。

> 这位女店主深谙营销原则，很会做生意。"成全你的美丽"虽然带有商家的自诩之意，但形象生动，抓住了顾客的爱美之心，让人听起来很舒服，有"不是客户在照顾商家的生意，而是商家成全了客户美丽"的含义。

温馨提示

（4）用幽默的语言调解。多数人都喜欢和幽默风趣的人打交道，而不愿和一个死气沉沉的人待在一起，所以一个幽默的营销人员更容易得到大家的认可。当危机产生时，营销人员恰当地使用幽默语言就可以化解与客户的争议，避免冲突的发生。例如：

> 一天，餐馆服务员小杨为一位客户送完餐，正要离开，客户却突然叫住他："等一等，你自己过来看一下！看看你们的菜，里面怎么还有小虫子，你们这是在做菜吗？"小杨连忙说道："真是对不起，我马上给您换一份。不过这虫子可真是太聪明了，竟然知道什么是最好吃的东西！"客户："这……呵呵，好吧，既然这么好吃，我明天还要这道菜吧。但记住，我可不希望明天的菜里还有虫子在游泳。"

音视空间

营销口才范例2

问题：本例中营销人员运用了语言魅力四项中的几项？

小贴士

营销成功导师安东尼·罗宾曾说："销售没有成功，不是客户有问题，而是我们的说服力有问题。"如今，产品的丰富性强化了客户的理性，加速了客户的成熟。21世纪的客户已经成为营销者最难说服的对象。新世纪的营销者，面对市场营销前所未有的挑战，最出色、最高明、最成功的，当是拥有金口才的人！

第二部分　营销口才的技巧

口才是营销人员梦想实现的基石。随着当今市场经济的高速发展，竞争愈加激烈，营销人员如何把优质产品恰到好处地推介给消费者是一个重要的课题。一位优秀的营销人员就像一位无所不能的魔术师，能用绝妙的语言技巧把客户吸引住，能用精彩的示范表演赢得客户的信任，能用热情的销售态度去打动客户。营销口才技巧有很多，营销人员应掌握以下几种基本的技巧。

一、主动接近技巧

营销人员要设法主动接近客户，使自己从"不速之客"变成受欢迎的人。在营销过程中，营销人员必须主动热情、乐于助人，给对方留下好印象。在保证企业利益不受损失的情况下，宽宏大量，给人留下公正、大方、讲理、可深交的印象。对对方的事情守口如瓶，不谈论对方的个人隐私，使对方认为你完全可以信赖。

1. 主动服务

营销人员要主动为客户提供资料、介绍产品，并结合客户需要和产品特征，提出技术方面或经济方面的问题，为他们购买产品提供决策参考。

2．真诚交流

一位资深寿险经纪人这样介绍他的经营之道："您以为我是怎么去推销那些种类繁多的保险商品的？我的客户90％都没有时间真正去了解他们投保了些什么，他们只提出希望得到哪些保障，他们相信我会站在他们的立场，替他们规划。所以呢，对我而言，我从来不花大量的时间解释保险的内容和细节。我认为，我的销售就是坚持真诚交流，学习、培养、锻炼一种值得别人信赖的风格。"

3．走近客户

客户类型多种多样，针对不同客户，应采用多种方法走近他们，以求建立业务关系，扩大营销空间。线下走近客户，可以采用上门拜访、亲友介绍、柜台咨询等方法；线上走近客户，可以采用通信交流、直播带货等方法。

4．赞美感谢

在营销过程中，与客户的初次交流至关重要。通常是在礼貌用语之后，以轻松愉快的谈话方式开始接近潜在客户。一两句赞美或略带俏皮而幽默的话语，往往可以很快缩短与客户的距离。一位营销人员是这样接近客户的：

营销人员："先生，您好！"

老板："您是谁？"

营销人员："我是××公司的营销人员，今天我来拜访您，有两件事专程来求教，因为您是这附近最有名气的老板。"

老板："最有名气的老板？"

营销人员："是啊！根据我打听的结果，大伙儿都说最好请教您。"

老板："哦，大伙儿真的这么说？真不敢当，到底什么事情？"

营销人员："实不相瞒，事情是这样的……"

老板："站着不方便，请进来说吧。"

> 常规的接近客户的一般步骤为：得体地称呼对方，或敬称或泛称；清晰地说出自己的名字、企业的名称；诚恳地感谢对方抽出时间来接见自己，希望能够有缘成为朋友；根据事前准备好的资料，有针对性地表达对客户的赞美；用询问的方式，了解客户的兴趣及需求；以自信的姿态，清晰地表达拜访的理由，让客户感到营销人员的专业性与可信赖性。

温馨提示

二、了解需求技巧

消费者之所以购买产品，是因为受需求的驱使。不同的客户对想要的产品有不同的购买动机，但都是为了满足他们希望获得尊敬、方便、舒适、健康、美丽或者其他方面的需求。

（1）了解需求，建立认同心理。客户的购买行为源于购买动机，而购买动机又源于需求。客户之所以会产生需求，是因为对现状不满，期望改变现状，以达到一个新的高度。要达到一个新的高度，需要硬件和软件两方面的条件作为支撑。营销商提供的产品和售后服务就是客户需要的硬件和软件。

> 推销保险产品时，如果你面对的是一位有责任心、非常爱家人的男性客户，就可以这样说："在您太太和孩子过生日的时候，如果您能送他们一份保险，那么他们收到的不仅仅是一份合同，而是蕴藏在保障中的沉甸甸的爱。"在了解客户的基础上，推荐产品，满足其需求，很容易得到对方的认同。

温馨提示

（2）满足需求，实现销售目的。客户的需求往往产生于已经得到的和希望得到的两者之间的差异。了解需求的目的应该是了解和发掘客户的现状与他所期望达到的目标之间的差距。只有这个差距才是最终促使客户购买某种产品的实质性需求。若营销人员所提供的产品或售后服务能够弥补这个差距，便能顺利实现销售。

> 营销的原则是帮助消费者或客户了解自己真正需要的是什么，然后努力帮助他们去实现并满足这一需求。同时，设法将产品的各种实际价值提升到客户所期望的高度，甚至比他的期望更高的水平。
>
> —— 温馨提示

三、睿智说服技巧

不同性格的人对事物的接纳态度不同，营销人员要想被客户所接受，达到营销的目的，就必须先了解对方乐于接受什么样的方式，并针对不同受众采用不同的应对技巧。

音视空间

营销口才范例 3

要求： 挑选正文所介绍客户类型中的三种，针对本范例的产品分别设计三分钟的讲解词，并邀请同学扮演客户进行模拟推销。

（1）掌握主动权。优柔寡断型的客户遇事没有主见，往往消极被动，难以做出决定。面对这样的客户，营销人员要牢牢掌握主动权，充满自信地运用营销语言，不断向他提出积极性的建议，多多运用肯定语句，并强调你是从他的立场来权衡利弊的，以促使他做出决定，或在不知不觉中替他做出决定。

（2）保持信任感。忠厚老实型的客户你说什么，他都点头说好，甚至会加以附和。但在你开口之前，他会在心中设置拒绝的界限。若他们对你产生信任，就会把一切都交给你。和这样的客户打交道，最要紧的是以诚恳的态度让他认同产品，在不知不觉中完成交易。

（3）顺着性格说。沉默寡言型的客户出言谨慎，外表严肃，反应冷漠。营销人员在介绍产品时要态度亲切、诚恳，不要强迫他说话，应该顺着他的性格，轻声说话，并且提一些容易回答的问题。总之，一定要让他认为你所说的、所做的一切都是为他着想。

> 一般来说，对待老成持重、从容不迫的客户，营销人员应该避免讲得太多，要尽量使对方有讲话的机会。营销人员要表现得诚实和稳重，特别注意讲话的态度、方式和表情，争取给客户留下良好的第一印象。
>
> —— 温馨提示

（4）满足自尊心。讨价还价型的客户往往为自己善于讨价还价而自鸣得意，所以有必要满足一下他的自尊心，在口头上可以做一点适当的妥协，比如可以这样对他说："我可是从来没有以这么低的价钱卖过的啊。"或者说："没有办法啊，碰上你这么精明的朋友，只好便宜卖了。"这种让他觉得产品便宜，又能证明自身具有砍价本事的话语，他是乐于接受的。

（5）抓住关键点。性格急躁型的客户，耐心往往不足，办事急于求成，营销人员回答他们的问题时，如果太拖泥带水，估计他们不听完就会走人。面对这种类型的客户，要精神饱满，说话简洁得体，抓住要点，有效回答提问，尽量快速促成交易。

（6）拥有平常心。温和有礼型的客户，待人处世，拘谨而有礼貌，不会对你有偏见，不会撒谎，也不喜欢别人奉承。对这种类型的客户，要自然、热情、诚心相待，并详细地、彬彬有礼地向他说明产品的优点，用自信和专业能力去打动他。

（7）虚心认真听。知识渊博型的客户，性格稳定，宽容而睿智，是最容易接待的客户，也是最容易让营销人员受益的客户。面对这种类型的客户，应该抓住机会聆听对方讲话，在获取各种有用的知识及信息的同时，给予自然真诚的赞许。因为这类客户多数已做好决策，所以介绍产品时只需要简明扼要地阐述要点，认真解答其提问（切不可不懂装懂），就比较容易达成交易。

（8）推荐热情高。强烈好奇型的客户，对购买根本不存在抗拒，不过他想了解产品的特性以及其他一切有关的信息。只要时间许可，他愿意听你介绍产品，态度积极主动、认真有礼，只要你能引发他的购买动机，主动热情地为他解说，并且产品合他意，他就会高兴地买下来。

（9）交谈话语妙。先入为主型的客户，做事干脆利落，计划性、目的性强，虽然与你刚见面的时候可能会说"我只看看，不想买"，实际上他在进店前内心已经有了选购目标，想好了问些什么，回答什么。这种类型的客户是容易成交的典型，只要你态度热忱，并围绕产品进行专业性介绍和回答提问，就很容易激发其购买意愿。

（10）介绍趣味浓。个性顽固型的客户一般比较自负、有股犟劲，听不进别人的建议。面对这样的客户，营销人员不能只就产品说产品。如果客户对自己推销的产品不表态，可立刻转换话题，改谈别的有趣的事，待其产生好感后，再推销产品，这样销售目的就很容易达成。

（11）彰显水平高。自以为是型的客户总是认为自己见多识广，他会这么说："我和你们老板是好朋友，你们公司的业务我很清楚。"当你介绍产品的时候，他还经常打断你："这些我早就知道了。"面对这种客户，必须表现出卓越的专业知识。可以在交谈中模仿他的语气，或者附和他的看法，让他觉得受到了重视。在他沾沾自喜的时候再进行产品说明。不过不要说得太细，有所保留，让他产生困惑，然后告诉他："先生，我想您对这件产品的优点已经有所了解了，你需要多少呢？"你还可以这样激他："先生，这种产品并不是随便向什么人都推荐的，您知道吗？""选用我们的产品更能显现您这种成功人士的魅力。"此时，他会在内心折服于你，不论你再向他说什么，他都会对你和产品产生兴趣。

（12）击中要害处。颐指气使型的客户通常比较固执，对别人冷淡、不关心。营销人员在向他们推销产品的时候要有计划、有准备、有重点；谈话时要迅速点明主旨，击中要害，条理清晰；弄清他们的目标、目前情况；如果你不同意他们的观点，应只同他们辩论事实而不要辩论个人好恶；为了达成交易，可为其提供多种购买方案；做到沉稳高效、有条不紊，严格遵守时间。

📋 小贴士

　　营销口才的五大要领为：先交朋友，后做生意；洞察心理，抓住客户的心；多听是金，多问是银；能言善辩，精言巧语；因势利导，把握成交信号。

第三部分　营销口才技巧训练

　　现代优秀企业都秉承"客户就是上帝"的宗旨，可是许多刚刚从事营销工作的人员，由于没有工作经验，对于怎样与客户打交道、如何与客户拉近距离、怎样说服客户购买自己推销的产品等问题，心中一片茫然。其实，经验是在实践中积累起来的，没有人天生就是营销专家。要想成为口才出众又有众多忠诚客户的高级营销人员，必须掌握一定的营销口才技巧。

一、开场白训练

　　好的开始是成功的一半。无论是线下营销，还是线上营销，客户听前面的话要比听后面的话认真得多。因此，营销人员在拜访客户之前，主播们在直播开场前，一定要想好自己的开场白，给客户留下好的印象，为成交奠定基础。

（1）下面是一个营销人员拜访客户时的开场白，你觉得如何？

　　营销人员小杨如约来到客户办公室："苏经理，您好！很感谢您在百忙之中抽出宝贵的时间来接待我，真是非常感谢！"

　　"苏经理，您的办公室布置得简洁但很有品位，可以想象您是一个睿智而又做事干练的人！"

　　"这是我的名片，请多指教！"

　　"苏经理以前接触过我们公司吗？"

　　"我们公司是目前国内最大的为客户提供个性化自动化办公服务的公司。根据市场调查，我们了解到现在的企业不仅关注提升市场占有率和利润空间，同时，更关注如何节省管理成本。您作为企业负责人，肯定很关心如何最合理地配置您的办公设备，并节省成本。所以今天我来与您交流一下，看有没有我们能够帮上忙的地方。"

　　"贵公司目前正在使用哪个品牌的办公设备？"

学习笔记：_____

_____

_____

_____

（2）你认为下面这段直播开场白如何？能否激起粉丝的互动热情？

我是主播樱桃，欢迎小明明、青青子衿、独钓寒江雪等朋友来到直播间，希望已经关注了主播的朋友继续关注，还没有关注的朋友马上关注。直播间每天都会给大家送福利、惊喜哦。红包在 8 分钟后开抢，朋友们抓紧时间把直播间分享到微信群。记住啊，人越多，红包越大，红包个数也越多。朋友们，机不可失，伸出你们的手指，赶快分享吧！

（3）邀请几位同学以营销人员的身份，设计几个产品在线上直播营销的开场白。

> 营销人员可以利用天气、新闻事件、兴趣爱好、赞美的话语等作为开场白。例如："今天天气不错！""一家人都在这儿，真是温馨又热闹！""真气派，大家庭就是不一样！""你也喜欢打网球呀！"

温馨提示

二、销售语训练

好的销售语是打开成功销售之门的金钥匙。好的销售语，既能促成产品销售，也能给客户留下好的印象。幽默语、激发语、赞美语、呼唤语是营销时常用的语言。

（一）幽默语训练

幽默语具有很强的感染力和吸引力，能让客户在会心一笑后，对营销人员、产品或服务产生好感，从而诱发购买动机，促成交易迅速达成。

（1）阅读案例，请问 B 公司的业务员为什么能够拿到签单？

　　有两个销售保险的营销人员，分属于不同的保险公司。有一天他们向一个对保险公司办事效率持怀疑态度的老板推销保险。A 公司的业务员说他的保险公司十有八九在意外发生的当天就能把支票送到投保人的手中。B 公司的业务员说："那算什么！我的一位客户不小心从楼上摔下来，还没有落地的时候，我就已经把赔付的支票交到了他的手上！"老板听了哈哈大笑，当即与 B 公司的业务员签了保单。

学习笔记：＿＿＿＿＿＿＿＿＿＿＿＿＿＿＿＿＿＿＿＿＿＿＿＿＿＿＿＿＿＿
＿＿＿＿＿＿＿＿＿＿＿＿＿＿＿＿＿＿＿＿＿＿＿＿＿＿＿＿＿＿＿＿＿＿＿＿＿
＿＿＿＿＿＿＿＿＿＿＿＿＿＿＿＿＿＿＿＿＿＿＿＿＿＿＿＿＿＿＿＿＿＿＿＿＿
＿＿＿＿＿＿＿＿＿＿＿＿＿＿＿＿＿＿＿＿＿＿＿＿＿＿＿＿＿＿＿＿＿＿＿＿＿

（2）交流分享自己收集到的营销幽默语，要求每人至少分享5条。
学习笔记：＿＿＿＿＿＿＿＿＿＿＿＿＿＿＿＿＿＿＿＿＿＿＿＿＿＿＿＿＿＿
＿＿＿＿＿＿＿＿＿＿＿＿＿＿＿＿＿＿＿＿＿＿＿＿＿＿＿＿＿＿＿＿＿＿＿＿＿
＿＿＿＿＿＿＿＿＿＿＿＿＿＿＿＿＿＿＿＿＿＿＿＿＿＿＿＿＿＿＿＿＿＿＿＿＿
＿＿＿＿＿＿＿＿＿＿＿＿＿＿＿＿＿＿＿＿＿＿＿＿＿＿＿＿＿＿＿＿＿＿＿＿＿

（二）激发语训练

好奇心是"心灵的饥饿"，没有人可以抵挡住好奇心的诱惑。营销人员要想使自己的产品引起客户的兴趣，就要运用激发语，使客户对产品产生好奇心，借助客户的好奇心理与客户建立联系。

（1）销售员运用哪些营销语言技巧使他有了向客户推销产品的机会？

　　一次贸易洽谈会上，某销售员问一个正在观看本公司产品的客户："请问您想买什么呢？"客户回答："我觉得这里没什么可买的。"客户正为此得意时，不料销售员说："对，别人也这样说。但是，他们后来又改变了看法。""是吗？为什么呢？"客户好奇起来。接下来，销售员开始正式推销。

学习笔记：＿＿＿＿＿＿＿＿＿＿＿＿＿＿＿＿＿＿＿＿＿＿＿＿＿＿＿＿＿＿
＿＿＿＿＿＿＿＿＿＿＿＿＿＿＿＿＿＿＿＿＿＿＿＿＿＿＿＿＿＿＿＿＿＿＿＿＿
＿＿＿＿＿＿＿＿＿＿＿＿＿＿＿＿＿＿＿＿＿＿＿＿＿＿＿＿＿＿＿＿＿＿＿＿＿
＿＿＿＿＿＿＿＿＿＿＿＿＿＿＿＿＿＿＿＿＿＿＿＿＿＿＿＿＿＿＿＿＿＿＿＿＿

（2）唤起客户好奇心的语言技巧，除了激发语外，还有哪些技巧？
学习笔记：＿＿＿＿＿＿＿＿＿＿＿＿＿＿＿＿＿＿＿＿＿＿＿＿＿＿＿＿＿＿
＿＿＿＿＿＿＿＿＿＿＿＿＿＿＿＿＿＿＿＿＿＿＿＿＿＿＿＿＿＿＿＿＿＿＿＿＿
＿＿＿＿＿＿＿＿＿＿＿＿＿＿＿＿＿＿＿＿＿＿＿＿＿＿＿＿＿＿＿＿＿＿＿＿＿
＿＿＿＿＿＿＿＿＿＿＿＿＿＿＿＿＿＿＿＿＿＿＿＿＿＿＿＿＿＿＿＿＿＿＿＿＿

（三）赞美语训练

渴望被人赏识是人的天性。赞美之于人心，犹如阳光之于万物，让人增加自信，让人更有活力，让被称赞者更能接受自己、肯定自己、欣赏自己。

（1）以下哪位营销人员的话有可能让张总换新车？

　　张总是位功成名就的企业家，因为艰苦奋斗惯了，开了十多年的旧车总也舍不得换。汽车销售公司向张总推荐新车的营销人员很多，有的说："张总，您这辆车子太破太旧了，跟您身份不符……"有的说："您这破车三天两头就要修理，修理费用得要多少呀……"有的说："您的车子还可以再用几年，现在换了新车有点可惜。不过，这辆车能够行驶十几万千米，您开车的技术真是高超！"

学习笔记：＿＿＿＿＿＿＿＿＿＿＿＿＿＿＿＿＿＿＿＿＿＿＿＿＿＿＿＿＿＿
＿＿＿＿＿＿＿＿＿＿＿＿＿＿＿＿＿＿＿＿＿＿＿＿＿＿＿＿＿＿＿＿＿＿＿＿＿
＿＿＿＿＿＿＿＿＿＿＿＿＿＿＿＿＿＿＿＿＿＿＿＿＿＿＿＿＿＿＿＿＿＿＿＿＿
＿＿＿＿＿＿＿＿＿＿＿＿＿＿＿＿＿＿＿＿＿＿＿＿＿＿＿＿＿＿＿＿＿＿＿＿＿

（2）分小组分享某些营销人员曾说过的给我们留下深刻印象的赞美语。

学习笔记：_____

_____

_____

_____

┌───┐
│　　赞美的方法：赞美要发自内心，实事求是，不可言过其实、无限拔高；赞美要具体，不能│
│太抽象笼统，一味泛泛而谈；间接赞美比直接赞美更有说服力；赞美贵在自然，千万不要做作；│
│赞美还要注意措辞恰当。　　　　　　　　　　　　　　　　　　　　　　　　　　　　　　　│
│　　　　　　　　　　　　　　　　　　　　　　　　　　　　　　　　　　　温馨提示　　　│
└───┘

（四）呼唤语训练

客户虽然可能对产品感兴趣，但离产生购买欲望还是有一段距离的。只有客户有了强烈的购买欲望，才会下定决心购买你的产品。因此，营销人员必须准确地把握客户的心理，想方设法激发客户的购买欲望。

（1）向客户这样营销汽车，你觉得如何？

一位年轻时尚的汽车营销人员精神饱满、面带笑容地将客户引到汽车前面。

营销人员："这款车是流线型的，最适合年轻人开，尤其是这种银灰色，是今年最流行的颜色，开出去非常亮眼。"（示意他可以触摸）

客户："看起来很不错。"（客户打开门然后又关上门，砰！）

营销人员："您看多么扎实！这辆车的结构非常安全，听关门的声音就知道。一般的车关门声都是空荡荡的，这个关门声您都听到了，多么扎实，单单听关门的声音就很舒服！"（营销人员再打开车门，微笑着以手势招呼客户坐进车里）

营销人员："您一进来是不是有一种被紧紧包实的感觉？这样您开车过程中会觉得很安全；然后您看发动引擎，踩下油门，您有没有听到怒吼声？仿佛在说，我想要出去兜风啰！"

客户："是啊，我感觉到了！"

营销人员："当您拥有了这样一辆车，您一定会得到朋友和同事们更多的美慕，而且很符合您的身份和气质。"

客户："那好吧，就要这辆车了！"

（吕国荣等，2010）[101~102]

学习笔记：_____

_____

_____

_____

（2）推销产品时要给客户一个购买理由。如果你是超市营销人员，请给购买生活日用品的客户一个购买理由。

学习笔记：_____

_____

_____

_____

三、提问语训练

会沟通的人都是会问问题的人，通过提问能够充分了解对方的想法，得到自己想知道的信息。销售也离不开巧妙提问，若营销人员问得好、答得妙，就能留住客户的心，把生意做成。

（1）阅读下面的问话，分析说明营销提问有哪些主要方法。

问话1

营销人员："产品在使用过程中您感觉如何？""您觉得这种产品的哪些优势最吸引您？""您对目前的产品有哪些不满意的地方？"

学习笔记：_____

_____

_____

_____

问话2

营销人员："您好！我很想知道贵公司在选择厂商时主要考虑哪些因素？""我们公司非常希望与您这样的客户保持长期合作，不知道您对我们公司以及公司的产品印象如何？""您可能对产品的运输存有疑虑，这个您完全不用担心。只要签好订单，一个星期内我们一定会送货上门并且安装到位。现在我想知道，您打算什么时候签署订单？"

（吕国荣等，2010）[76-77]

学习笔记：_____

_____

_____

_____

（2）阅读下列案例，分析说明直播营销需要运用哪些答问技巧才能激发粉丝的兴趣。

××是卖女式风衣的主播，在向粉丝提问时，常常这样说："朋友们，大家觉得是蓝色风衣好看，还是红色风衣好看呢？""朋友们，你们想要这件风衣吗？想要的话现在扣1（编者注：'扣1'指在对话框中输入'1'）哦。"

学习笔记：_____

_____

_____

_____

（3）××在直播过程中，会耐心地回答粉丝所提出的各种问题，有时问题过多没有办法及时回答，她就会先截屏而后逐一回答。遇到没有提问经验的粉丝，她会加以引导，如："朋友们，你可以说一下自己的皮肤是干性的还是油性的，抑或是中性的；直播间的面膜类型很多，主播可以针对你的皮肤特征，为你推荐面膜。"

学习笔记：_____

_____

_____

_____

（4）分小组讨论如何正确运用开放式和封闭式的提问方法。

如果对客户的需求不够明确，要设法追问清楚，尽量多用开放式问题。如果不能肯定客户的需求，可以用封闭式问题进行确认。过多的封闭式问题，容易让客户有被审问的感觉，甚至产生令人尴尬的沉默。

温馨提示

小贴士

感到满意的客户不一定是忠诚的客户，而忠诚的客户一定是感到满意的客户。营销人员推销产品的过程，实际上就是运用口才艺术让客户购买产品或服务的过程。只有口才到位、营销到位，才能得到客户满意、客户忠诚和好的工作业绩。

 **课外训练**

一、复习思考

1. 什么是营销口才？营销口才的基本原则有哪些？

2. 怎样才能让自己的营销语言更有魅力？

3. 举例说明如何向不同性格的客户推销产品。

4. 举例说明营销口才的技巧。

二、实训练习

1. 假如你是某公司的营销人员，在市场调研与分析的基础上，确定并描述你的客户。

（1）描述你的当前客户：年龄段、性别、收入、文化水平、职业、家庭、民族、社会阶层、生活方式。

（2）他们来自何处？（本地、国内、国外）

（3）他们买什么？（产品、服务、附加利益）

（4）他们每隔多长时间购买一次？（每天、每周、每月、随时）

（5）他们买多少？（按数量、按金额）

（6）他们怎样买？（赊购、付现金、签合同）

（7）他们是通过什么途径了解你的企业的？（网络、广告、报纸、广播、电视、口头、其他）

（8）他们对你的公司、产品、服务怎么看？（客户的感受）

（9）你的市场有多大？市场份额是多少？（按地区、按人口、按潜在客户）

（10）你想让市场对你的公司产生怎样的反应？

2. 营销案例点评。

案例 1

记得刚做汽车配件销售的时候，有一次好不容易得知一个大量求购的信息，于是自己找到了客户的联系方式，心里像揣着七八只小兔似的给对方打电话过去，电话是一位女士接的。我问："您好，是××公司吗？我有您所要的配件！"过了几秒，听到那位女士说："哦！谢谢！"我也没多加考虑，就回答了句："不客气！"然后人家就直接和我说再见了！我现在回想起来，真是觉得自己当时很傻，怎么那么不会推销自己。现在我再主动联系客户，已经可以从容应对了！

案例 2

两年没有回老家福建了，去年回去了一趟，发现街头卖一种叫珍珠奶茶的饮料，我买了一杯觉得非常好喝，想想在东北小城可能有市场，于是一回到东北就开始调研，发现只有一些冷饮店有这种东西卖，而且相当贵，竟然一杯售价 16 元，这时候是 4 月。上网查询，看到的报道是这种饮品在南方很受欢迎，于是我满怀信心准备大干一场。进入 5 月底天气渐热，我便在一所中学旁租了房并开始办证、采购原料等。一切准备完毕，只等证照办下来之后开始营业。由于觉得一个中学市场太小，于是我便去周边一些中小学做推广，谁知去了才知道周围食杂店根本不认可，理由是学生们购买力极为有限，因为这里是欠发达地区，东西越便宜越好卖，超过 5 元就卖不动了，最好卖的是 3 元的饮料，据说以前的冷饮店也搞过这样的推广，都以失败而告终了。情急之下我慌忙去市区的主要街道推广，发现以前没有看到的珍珠奶茶店仿佛一夜间全冒出来了，不仅商场里有，而且街道边还有那种做现加工的，竟然还有仅售 4 元一杯的。如此一来我的市场基本上是没有了，想想自己已经投入的好几千元顿时觉得很心疼，信心受到很大打击，深为自己的鲁莽而后悔。

3．阅读下列成功的营销案例，回答后面的问题。

案例 1

　　派克公司生产的钢笔在全球一直享有盛誉。该公司在 20 世纪 40 年代至 50 年代正处于发展的高峰期。然而，匈牙利人拜罗兄弟发明的圆珠笔一举打破了派克公司一统市场的局面。圆珠笔造价低廉，使用方便，一问世就深受广大消费者的欢迎。派克公司在竞争中显得被动无力，不仅身价一落千丈，销售额骤减，而且濒临破产。派克公司欧洲高级主管马科利认为，派克公司在这场市场争夺战中的致命错误，是以己之短，攻人之长。鉴于此，马科利下定决心要扭转公司的局面。他筹集巨资，买下了派克公司，接着立即着手重塑派克钢笔形象。派克公司生产的钢笔历来外观考究，做工精细，品质优良，这正是其长处，显然不能拿这种高品质的笔去同廉价的圆珠笔在普通消费者市场上一较高低。马科利决定着意突出新的派克钢笔高雅、精美和耐用的特点，使其从一般大众化的实用品市场中抽身出来，竭力宣传其作为高社会地位的象征的特点。确立了战略思想后，派克公司采取了两项重要战术措施。首先，削减派克钢笔产量，并将原来的销售价提高 30%。同时，增加广告预算，加强宣传派克钢笔的高品位和高档次，及其作为社会地位象征物品的作用。凭借上述措施，派克钢笔终于在竞争中提高了知名度，站稳了脚跟，并以华贵、精美为特征，稳居世界高档笔市场前列。

（1）派克公司一度濒临破产的原因是什么？

（2）新派克钢笔的市场定位是什么？

（3）新派克钢笔在定价技巧上采用了什么策略？

案例 2

　　美国爱尔琴钟表公司自成立至二十世纪五六十年代，一直被认为是美国最好的钟表制造商，享有盛誉。该公司在市场经营中主要针对高收入客户生产优质产品，强调只要产品质量好，客户自然会上门的观念，并通过少数一流珠宝店和百货公司销售其产品，销售率一直在上升。但 20 世纪 60 年代晚期，市场形势很快发生变化。首先，消费者对走时准、名牌、价高耐用的钟表已不感兴趣，而是偏爱物美价廉、方便实用、式样新颖的钟表。在竞争者方面，许多钟表商通过生产低档产品，并由廉价商店和超市销售其产品，最终使爱尔琴钟表公司的市场占有率大幅度下降，使其遭受了商业上的重大挫折。20 世纪 70 年代新总裁上任后，进行了一系列改革：①首先强调了根据市场需求的变化，以客户喜好为原则的经营理念；②重新组织了新产品开发，在保留了原有高档名牌钟表的同时，针对中、低收入的消费者生产其喜好的时装型、休闲型装饰表；③新型手表均定价 98 美元，比同类产品市场价格低 30% 左右；④以补贴广告费、送货上门等优惠条件尽可能吸引各类中间商前来进货。经过 5 年努力，该公司在钟表市场重新崛起，并独占鳌头。

（1）爱尔琴钟表公司在二十世纪五六十年代奉行的是怎样的市场观念，二十世纪七十年代后奉行的又是什么观念？

（2）爱尔琴钟表公司在二十世纪五六十年代采用的是哪种目标市场营销策略，二十世纪七十年代后采用的又是哪种营销策略？

4. 阅读个人营销成功案例，先独立分析再与同学讨论交流。

案例 1 三句话销售伊爱

一次偶然的机会，我去了太原，看到大昌汽车租赁公司招聘人员的广告，我想这是个机会（我兼职做卫星定位系统），因为租赁汽车最需要这个产品，我就以应聘者的身份接触了大昌集团的负责人。

按照应聘的程序谈完话，我就把话题转移，谈到卫星定位系统，果然他们正为这个事情举棋不定，因为品牌太多。我用三句话做成了这笔业务，使得伊爱和大昌成功合作。

对方问我："你为何要推荐伊爱品牌呢？"

我答："出于贵公司和伊爱的朋友的立场。因为选择伊爱，就选择了质量的保障。我的实践经验告诉我，伊爱品牌是我经历吃亏之后才选择的，经验教训很珍贵。给您推销高质量产品，是我的荣幸。"

对方问我："价格是不是太贵了？"

我答："价格不是重要因素，这个产品最重要的是服务保障。试想，用了价格很低的低档产品，汽车丢了都找不到，那还能用它吗？汽车的价值很高呀！"

对方问我："有的产品很小巧，你的这么大，是不是不够精密？"

我答："小巧不一定就精密，合适才是最有效的。伊爱产品的大小是建立在合适基础上的。"

后来，大昌集团通过考察，最终和伊爱建立了长期稳定的合作关系。

（佚名）

案例 2 八层楼的高度

他又来到了这幢楼下。

他仰望一眼八楼最东边的那个亮着灯光的窗户，心里满怀犹豫："上，还是不上？"他知道自己今天要再上就是第五次上这八层楼了。前四次虽然每次都是挂着满头的汗珠跨进那家的门槛，但得到的回答都是同样一句话："今天我没空，请改日再来！"他明显感受到那家主人看不起自己，在有意搪塞敷衍，他后悔自己不该在第一次跨进他家门槛时就说自己是靠推销商品混日子的，来求教上门推销商品的经验。但他又觉得不平：你神气个啥？你原先不也是个下岗职工，不也是靠推销商品过日子的嘛！这几年发了，办了公司，当了老板就看不起人了？报纸上还说你乐于助人呢！在第二次听他说"今天我没空，请改日再来"之后，他就曾暗下决心不再来了，人总得有点骨气嘛！但当他满街乱转，累得腰酸腿疼，说得口干舌燥也销不了几瓶去油污剂时，便又不知不觉地到了这幢楼下。

"上"，他下了决心。

当他拎着装满去油污剂的大包，上了八楼，第五次挂着满头汗珠按响那家的门铃时，主人不同以往地开门让他进屋，又不同以往地说："你三番五次来我家够辛苦的，为了不让你太失望，我今天买两瓶去油污剂，但今天仍没空和你谈别的，等以后再说。"

他再次失望，失望中第一次掺进愤怒：你也太高傲自大了，算什么先进人物？但他想到主人要买他的去油污剂能挣几个钱时，心里又有些慰藉，取不到经挣到钱也罢。于是他像在别的人家一样放提包，打开，要主人随意取一瓶开塞，先在厨房吸油烟机上做实验，当看到一处处油渍转眼消失，主人当即夸赞："这东西灵光，我买10瓶。"他马上说："一下子买10瓶不行，这东西有效期短，过期了就会失效，你先买两瓶，以后我会及时再来。"

"好，听你的，就买两瓶。"主人随即掏口袋付钱，两瓶50元。

他接过钱想再等会儿，请他多少传点经，主人却做欲关门状，他只得离去。

回到家，清点当天的收入，他发现货款不符，多收50元，显然是哪个买主错给他的。他心里不安起来："怎么能多拿人家钱呢，这是不义之财！"他决定给人家退回去，可是是谁错给他的呢？他回忆今天所有买主的房号门牌，马上出发，逐户询问，好在今天买主只有六户，当前五户都回答没有错给他钱后，他又登上这八层楼来到这个已让他来过五次的地方。主人听他说明来意后，告诉他这钱是他给的，而且是有意将一张100元整钞当50元给他。他气红了脸："你……你耍我！"主人答："不是耍你，是测试你，你不是要取经吗？告诉你，你已经踏上了成功之路，不需要取什么经了。"

"这……"他大惑。

主人说："我的体会，一个人要成功，一靠不辞辛劳，要吃得苦中苦；二靠至诚至信赢得广泛信誉，这二者你都出色地具备了。"主人告诉他，前面四次让他看冷眼是要测试他的意志和精神：一次次拎着大包登八层楼还要看冷眼，没有坚强的意志和吃苦耐劳的精神是做不到的。主人还说，凭他自己的经济实力，什么房子买不到？但他还要住这不带电梯的八层楼，就是为了锻炼自己的意志和精神。

"噢！"他若有所悟，情不自禁地向主人鞠一躬，说了句："谢谢！"

之后，他推销的去油污剂日渐增多。后来，他有了自己的公司，成了老板。

5. 模拟营销。

（1）将班上的同学分成3个小组，每个小组选出3个人模拟营销人员，自选产品，采用直销的方式进行产品销售。

（2）2人一组，分别以营销人员与客户的身份就产品质量问题进行沟通，并达成协议。

营销口才范例4

三、网络实践

（1）扫码观看营销口才范例4，相互交流其中所蕴含的营销秘诀，并分享一个自己最赞赏的产品营销视频。

（2）到某直播间观看直播营销视频，说说其话术表现如何。

附　营销口才暨产品营销可信度检测标准

计定等级	检测内容
A级	1. 运用相关技巧向客户介绍自己，留下自然、亲切、良好的第一印象
	2. 快速说出睿智说服客户的12种营销技巧，时间不超过1分钟
	3. 运用形象生动的语言向客户推荐一款产品，时间不少于3分钟
B级	1. 运用相关技巧向客户介绍自己，留下自然、良好的第一印象
	2. 快速说出睿智说服客户的8种营销技巧，时间不超过2分钟
	3. 运用讲故事的形式向客户推荐一款产品，时间不少于2分钟
C级	1. 运用相关技巧向客户介绍自己
	2. 说出睿智说服客户的6种营销技巧
	3. 运用通俗易懂的语言向客户推荐一款产品，时间不少于1分钟

教学口才 | 第十四章
Chapter 14

学习目标

◎ 了解教学口才的含义、基本特点。
◎ 掌握教学口才的主要技巧和艺术风格。
◎ 运用教学口才技巧，参加模拟训练。
◎ 提高教育教学有效度，增强教书育人意识。

案例导入

"老师这里有一幅图，为明朝画家仇英所作，画的是李白和兄弟们一起宴会的情景。请同学们根据自己对李白的了解，指出仇英画中的李白，并说明原因。"教师话音刚落，学生就争先恐后抢着发言。有的说，拿酒杯的是李白，因为"五花马，千金裘，呼儿将出换美酒。""烹羊宰牛且为乐，会须一饮三百杯。"有的说，拿笔的是李白，因为"笔落惊风雨，诗成泣鬼神。""酒入豪肠，七分酿成了月光，余下的三分啸成剑气。绣口一吐就半个盛唐。"还有的说，捻须仰视的是李白，因为"仰天大笑出门去，我辈岂是蓬蒿人？""安能摧眉折腰事权贵，使我不得开心颜。"有的说……

画中李白

教学实录

案例思考：你觉得这一节课教师为什么能够激起学生学习的兴趣？这样的开场白有什么特色？教学中，教师需要掌握哪些教学口才技巧以提高教学有效度？

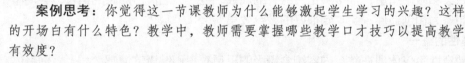

第一部分　教学口才基础知识

常言道："当教师三分靠内才，七分靠口才。"优秀的教育工作者都是驾驭语言的高手，他们会让自己的教学语言充满魅力，让学生耳目一新，使课堂引人入胜，于无形中提高教学质量。

如果说教师的教育风格是一座大厦，那么教师的口才就是这座大厦中闪着灯光的窗口。教师与学生的相识要借助语言，教师与学生的沟通要依靠语言，教师对学生的行为要求更离不开语言。

一、教学口才的含义

教学口才是教师在教育、教学情境中善于选择和运用规范、准确、生动的话语，向学生传授知识、培养学生能力、启迪学生智慧的口语表达艺术。它是教师先进的教育思想、丰厚的知识积淀、娴熟的教育技巧和高超的语言运用能力的完美结合，也是教师人格美和语言美的统一。教学口语是教师进行教学不可缺少的职业语言。作为教育教学工具的教师口语与其他口语的区别不仅仅在于其科学性、规范性和教育性，更在于其艺术性。

导入案例提示

　　开篇案例中的课堂开场白，不是单纯的情感沟通和拉近距离，而是结合学生的认知水平，激发学生学习的积极性，让学生在欣赏画作的同时轻松学习，以实现教学目标。

　　教学中，教师需要掌握导入语、讲授语、过渡语、提问语、启发语、评述语和小结语等教学口才技巧来实现教学目标。

二、教学口才的基本特点

　　教学与口才密不可分，教学过程就是口才运用和发挥作用的过程。在教学过程中，教师要注重以下四个方面的统一。

1. 科学性和艺术性的统一

　　科学性和艺术性的统一是优秀教师口语艺术的显著特点。优秀的教师口语是经过转化的书面语和经过优化的口头语的"合金"，是教师精心创造的艺术精品。

　　科学性是指教师口语既符合教学内容的学科特点，具有专业用语的科学性，表述准确、全面、严密，又符合语言学意义上的科学性，即语言的规范性。教师传授的知识多是系统的知识，每一门学科都有一套特定的概念、术语，知识点之间有着内在的逻辑关系，这就要求教师口语须做到用语准确无误。教师只有严格地使用规范的、饱含知识信息的教学口语进行教学，才能使学生比较扎实地掌握基础知识。

　　教学的艺术性则表现在语言运用的巧妙、机智与灵活性和独特的话语风格上。在教学中，教师口语既要有日常语的通俗平易、自然活泼的优点，又必须十分讲究得体、集中、流利、简练。有一位学生评价老师说："老师每堂课都给我们打开一扇新的通向世界、通向未来的窗口。"教师的语言修养直接影响着教学效果和教学质量，直接决定着教育的成败。生动、活泼、形象的语言，会使学生如临其境，激发其想象力和创造性，会收到很好的教育效果。

2. 教育性与审美性的统一

　　优秀教师口语的教育性不仅体现在教育内容饱含积极的思想教育和健康的情感滋润上，而且体现在语言本身的教育作用上。教师在讲授知识的同时，应当激发学生高尚的道德情感，唤起他们对理想的追求，对真善美的向往。

　　（1）教育性。教学语言的教育性是指在进行课堂设计时，要有明确的教育目标，思考如何结合教学内容进行思想教育，怎样设计教育性的话语来引发学生的情感高潮，怎样安排学生喜欢的活动并在活动中巧妙进行正面教育。教学口语的教育性不是外加的"佐料"，而是教师在钻研教材过程中获得真切情感体验后，再用饱含教育因素与激情的话语讲出来。例如某教师结合课文内容，先让脾气坏的学生参加钉铁钉、拔铁钉的活动，再运用温暖的教育语言，启发学生，收到了很好的教育效果。

　　　　有一个男孩脾气很坏，常向同学发火，课后老师给了他一袋钉子，并且告诉他，每当他发脾气的时候，就钉一颗钉子在学校后面的篱笆上。第一天男孩在篱笆上钉了5颗钉子，第二天钉了4颗……每天钉钉子的数目越来越少，渐渐地他不再乱发脾气了。他的老师告诉他，每当他能控制自己脾气的时候，就去拔一颗钉子。有一天，篱笆上的钉子全部被男孩拔完了。老师带他来到篱笆边，告诉他："钉子虽然全部拔完了，但篱笆上的伤痕却永远不会消失。你生气时说的话就像这些钉子一样，在人心里永远留有疤痕。"听着老师动之以情、晓之以理的话语，男孩不好意思地低下了头。

（2）审美性。教学语言的审美性是指：语言美，即用优美的语汇、甜美的语音、悦耳的语调、适宜的节奏等增强教学的审美感；语境美，即教师娴熟地运用机智的语言、出神入化的讲解、合理的逻辑推导等，形成一种引人入胜的优美语境，给学生以浓郁的审美感受；流程美，包括教学流程中融洽畅达的沟通美、新鲜有趣的导入美、天衣无缝的衔接美、动静交错的起伏美、抑扬顿挫的节奏美和耐人寻味的结语美。

3. 教材与讲解的统一

教学是以教材为蓝本、经过教师口语加工的过程。以教材为蓝本所进行的加工包括：第一，语体加工——根据教学的需要，把教材的书面语加工为带有书面语色彩的口语；第二，词语加工——把难懂的字词换一个说法或用相近的语词加以诠释；第三，语音加工——运用抑扬顿挫的语调，句读分明地讲解。教学口语的加工重点应放在以下两个方面。

（1）浅显化加工。教师把概念、术语、知识点，先内化为自己的理解与体验，再用学生容易理解的话语讲出来；运用比喻、拟人等多种修辞手法，把深奥晦涩的事理浅显化、通俗化，使之入耳、入心。

> 一次，有人请教爱因斯坦相对论是什么，爱因斯坦没有直接解释，而是巧妙地用了一个比喻："你同你最亲爱的人坐在炙热的火炉旁，一小时过去了，你觉得好像只过了 5 分钟；而你若一人孤孤单单地坐在热气逼人的火炉边只过了 5 分钟，但你感觉却像坐了一小时。这就是相对论。"

（2）鲜明化加工。教师创造性地运用形象化的语言，使教材中原本抽象的事物变得鲜活生动，即语言内容包含的思想观点要鲜明，忌隐晦、含糊、暧昧；语言的感情色彩要鲜明，忌灰色、冷漠；语言的形象意境要鲜明，忌枯燥、干瘪。

> 做到教学口语鲜明化要注意把握以下三点：一是直截了当；二是用语精到、精练，要言不烦，不啰唆，不含混，不晦涩；三是长句变短句、分层表述，做到用语简明、层次分明。

温馨提示

4. 声、情、义的结合统一

声、情、义的结合统一，使得教师语言具有震撼力、穿透力，使学生为之动心，为之动情，正如"人民教育家"于漪描述的：教师语言的魅力来自善于激趣、深于传情、工于达意，能对学生产生吸引力、感染力，产生春风化雨般的魅力。

（1）声：声音清亮、甜美，吐字清晰，字正腔圆，表达流畅；语调讲究抑扬顿挫，高低有别，强弱迥异；语速讲究快慢适宜，优美动听，具有韵律美。

（2）情：话语中饱含真情、热情，能用温情的语态、深情的语气来感染学生。

（3）义：言简意赅，言近意远，饱含哲理而发人深省。

某省重点高中有位姓严的数学老师，治学非常严谨，管理学生非常严格。一日，当他走进课堂，见黑板上赫然写着"严可畏"三字。严老师并没有发怒，而是深情地对学生说道："真正可畏的是你们！后生可畏嘛！为了让你们这些后生真的可畏，超过我们这些老朽，我这严老师怎可名不副实呀！"顿时，教室里响起热烈掌声。（方明，2010）[71]

> 教师的语言应具有这样的魅力：叙事说理时，条理清楚，全面周密，具有逻辑性；描人状物时，有声有色，情景逼真，具有形象性；范读叙述时，情真意切，真挚动人，具有感染性；借助手势，穿插事例，比喻新颖，具有趣味性；发音准确，吐字清晰，措辞恰当，具有精确性；举一反三，弦外有音，循循善诱，具有启发性。

温馨提示

三、教学口才的艺术风格

教学口才的艺术风格，是教师在长期的教学生涯中历练、创造而逐步形成的带有某种稳定性、独创性和显著个人特征的语言风格。它是教师语言艺术成熟的重要标志，也是教师教学风格的重要组成部分。从话语风格的倾向来区分，教学口才的艺术风格有以下几种类型。

（1）平易流畅，简练鲜明。教师话语的意义明确，表达顺畅，话语干净利落。

（2）自然朴素，言近旨远。教师话语无任何雕饰，如家常话，但浅显中包含了丰富的知识信息和哲理思辨，具有一种语言的朴素美和纯真美。

（3）生动形象，娓娓动听。善于运用比喻、拟人等形象化的修辞手段，巧于口语修饰，话语非常生动形象；喜欢用描述的语句讲授抽象的道理。

（4）庄重典雅，蕴藉含蓄。教师的语态庄重，不善言笑，少幽默，说话多用肯定句式，给学生以不容置疑之感，具有话语的感召力；喜欢不把话讲透，多以含蓄的语句表达。

（5）诙谐幽默，妙语连珠。讲课时谈笑风生，绝不死板。好用幽默诙谐的话语讲说，课堂里不时会传出笑声；语速较快，妙语连珠，常使学生为之倾倒。

（6）情感激越，话语深沉。讲课时易动情，语言中饱含激情，多使用惊叹式语句和语气，声调铿锵，有时一句一顿，似重锤敲在学生的心坎上；有时又话语柔绵，沁人心脾。

四、教学口才的常见问题

教师的语言表达如何，对教学质量至关重要。现将一些常见的问题列举如下，旨在引起重视，加以避免。

（1）多而不当。这种情况表现在三个方面：一是少话多说，本来学生一听就懂的一般知识性问题，或本来能一语道破的，教师却喋喋不休、翻来覆去地讲个不停，语言不简洁；二是填鸭式的满堂灌，教师垄断了全部教学时间，即使偶尔提问，也是蜻蜓点水，激不起学生积极思维的火花；三是有悖课程标准要求，随意拓宽或加深教学内容。

（2）少而不精。有些教师的教学语言明显地呈现出言辞短、效应不明显、效果差的情况。其原因大致有三点：一是知识储备不足，教学不能做到厚积薄发、游刃有余，常常语无伦次，或词不达意；二是对教材的钻研不深，把握不住知识的重点、难点、疑点；三是教师缺乏教学艺术，既不能把教的主动权掌握在自己手里，也不能充分发挥学生学的主体作用，教学时间得不到充分运用。

（3）快而无效。教师的教学语言应该有节奏感，富于音律美。即使是快流程的教学语言，也应该如瀑布般畅快淋漓。但有的教师，尤其是年轻的教师，教学语言快而缺乏节奏感。其主要表现在两个方面：一是授课语速快，教师教学不关注学生只顾自己"满堂灌"；二是授课内容快，从一节课来看，教师讲的内容增多了，学生未必都能听懂学懂。从教学进度来看，教学进度加快，必然会出现前紧后松的现象，致使整个教学安排紊乱。

（4）慢而无力。本来教师在讲授知识重点、难点、疑点时，使用缓慢的语速或条分缕析，让学生有足够的时间接收知识和消化知识是无可非议的。但有些教师，教学内容不分轻重难易，教学语言该慢的时候不慢，不该慢的时候却慢，自始至终平淡而缓慢，不同程度地影响了教学内容在时间上的合理安排和教师教学情绪的正常发挥，造成教学时间上的浪费和教学秩序上的松弛，使学生的学习也不得要领。

（5）俗而不雅。教师的教学语言应该规范、文明、高雅，其中要蕴含丰富的知识。然而，有的教师的语言却俗而不雅，主要体现在以下三个方面：一是教学语言乡土化，不规范；二是语言粗俗，有的教师对不爱学习的学生更是严厉训斥，甚至伴有污言秽语，显得很不文明；三是烦言赘语过多，有的教师教学语言繁杂冗赘，如上下环节不连贯时就"这个""那个"，上下句不衔接时就"嗯""啊"等，冲淡了教学内容，给学生以寡味感。

 小贴士

　　言语千古事，功夫寸心知。教学口才反映的是教师本人的文化品位。修"辞"先修"身"，教学口才要达到艺术的境界，必须着眼于自身学识修养、文化底蕴、整体素质的提高。

第二部分　教学口才的技巧

　　教学口才是一种创造性的语言运用艺术，包括教师富有独创性的话语风格、巧妙的语言策略、高超的语言应变能力、丰富的语言表现力，以及对语言美的不断追求。

　　教学口语是教师用来"传道、授业、解惑"的工作用语。"茶壶煮饺子，有货倒不出"的苦恼和遗憾使许多人无奈地走下了讲坛，从此无缘执教；口若悬河、滔滔不绝造就了无数教师桃李满天下的辉煌。口才在教学中的重要性和绝对性是毋庸置疑的，它决定和左右着教学的一切活动，教师除了要不断提升文化品位外，还必须学会察言观色，终身锤炼自己的教学语言艺术。

一、导入语技巧

　　导入语是教师在新的教学内容或教学活动开始之前，为进入新课而讲述的一段简洁而引人入胜的话。导入语在整个课堂教学中至关重要。它如同桥梁，联系着旧课与新课；如同序幕，预示着后面的高潮和结局；如同路标，指明学生思维的方向。设计导入语时要以教学对象、教学内容、教学目标为主要依据，努力激发学生的求知欲。设计导入语的技巧主要有以下几种。

　　（1）故事导入，就是教师把要讲的重点内容编成一个故事，用故事来吸引学生的注意力，以激发学生学习积极性为目的的方法。采取寓意深刻而幽默的故事导入，是学生喜闻乐见的导入语形式。一位数学老师在讲授"比较分数的大小"时，这样导入：

　　　　话说唐僧师徒四人去西天取经，走近火焰山，热得要命，这时八戒到一户人家要来一个西瓜，
　　大家十分高兴。八戒心想：如果四个人平均分，我只能吃到这个西瓜的 1/4，我跑了路，应多吃
　　一份，于是提出给他 1/5 的要求。孙悟空一听哈哈大笑，满口答应。谁知八戒分到 1/5 的西瓜以
　　后，嘟着长嘴气极了。八戒究竟为什么这样气？今天我们学了比较分数的大小后就知道了。

　　（2）情境导入，就是教师根据不同的教学内容，设置出不同的教学情境，使学生仿佛身临其境，以激发学生学习积极性为目的的方法。音乐是信息社会中信息呈现的方式之一，新课导入，根据教学内容需要，适当运用，容易激发学生兴趣。例如，语文老师在教授《诗经·蒹葭》一课时，先播放《在水一方》的音乐，创设朦胧情境后，再引领学生进入诗歌学习，就能一举多得。

　　（3）知识导入，就是教师在教授新课前，通过名言、诗文、提问、复习旧知识等教学活动，以达到为学生学习新知识提供支撑点为目的的方法。例如，一位物理老师在讲解压强定律的时候，这样导入：

　　　　英国著名的生物学家达尔文曾经说："科学就是整理事实，以便从中得出普遍的规律
　　或结论。"今天我们来做几个实验，大家一起来看看可以从中得出什么结论。

　　（4）情感导入。在课堂上师生都应代入作品的特定角色，而不是旁观者。因此，教师不仅要用

思想逻辑说话，还要用生动的形象和激越的感情说话，精心设计激发学生情感的导入语。例如，一位数学老师在讲授"如何求 π 的数值"时，先讲了下面一段话：

> 同学们，你们知道吗？早在 1 500 多年前，我国南北朝时期的伟大数学家祖冲之，就用割圆术的方法计算出了 π 的七位小数：3.141 592 6<π<3.141 592 7。这比荷兰工程师安托尼兹提出的"355/113"早了 1 000 多年。为了纪念这位伟大的数学家，人类将月球上的一座山命名为"祖冲之山"。同学们，这是我们祖国的骄傲，是中华民族的骄傲。现在，就让我们一起来学习如何求 π 的数值。

> 　　这位教师用直抒胸臆的方式，以自豪的语气赞颂了祖冲之在数学领域做出的突出贡献。他用两个"骄傲"激起同学们的民族自豪感和学好数学的自信心，从而自然地导入新课。
> ----温馨提示

（5）心理导入，即教师根据学生的心理状态及时排除学生的心理障碍。在教学中，学生的心理障碍主要来自对某些学习内容的畏难心理，甚至抵触情绪。在这种情况下，教师就需要通过必要而巧妙的导入语予以缓解、排除，引导学生顺利地进入新课的学习。例如，一位地理老师在讲中东问题时的导入语：

> 在电视的国际新闻中，差不多每天都有关于中东的报道。为什么它这么让人操心呢？因为这个地方战争不断。这个地方为什么战争不断呢？有人说这里的人们是为水而战，有人说他们是为石油而战。到底是为什么，今天就让我们一起去瞧瞧吧。

> 　　老师以趣味性的问题吸引学生，让学生因为强烈的好奇心缓解了学习地理的紧张情绪，自然而然地进入了具体内容的学习。
> ----温馨提示

（6）解题导入。标题是文章的窗口，是对教材内容高度的概括，从这里往往可以窥知全文的奥秘。解题导入就是从审题入手，在新课开始时教师和学生一起解释课题，并围绕课题提出一系列的问题让学生思考。这样的导入语可以开门见山，抓住重点，促使思维迅速定向，直截了当，清晰简明，起到开"窗"入"室"的作用。一位老师在引出了课题《本色》之后，紧接着提问：

> 什么是本色？人的本色性格主要有哪四种？红色、蓝色、黄色、绿色性格有哪些主要特征？你属于哪种性格？怎样找到自己的本色，认识最真实的自己，活出精彩人生？

（7）背景导入。有些教学内容与学生生活相去甚远，学生难以理解，这时，如果能联系作者所处的时代背景，导入新课，学生就不会感到陌生和难以理解了。如一位语文老师在讲鲁迅《示众》时的导入语：

> 《示众》是一篇"原型"式的作品，以象征的笔法集中展示了看客因蒙昧导致的空虚、无聊、麻木的精神世界，人与人之间"看或被看"的关系，互相之间的挤压倾轧。作家王安忆说：小说是一个绝对的心灵世界。鲁迅把看客作为自己艺术表现的一个母体，这与他的生活经历密切相关。一是 13 岁时的家道中落，让他承受了冷眼的痛苦；二是留学日本时的幻灯片事件，让他感受到了冷血的悲哀。鲁迅希望通过对这一主题的连续展示，"揭出病苦，引起疗救的注意"。

> 　　除了上面所讲的几种导入语设计方式外，还有复习式开讲、目标式开讲、比较式开讲、表演式开讲等。
> ----温馨提示

二、讲授语技巧

讲授语指教师较系统、完整地阐释教学内容的教学用语，在教学中应根据需要灵活自如地运用。设计讲授语的技巧主要有以下几种。

（1）点睛式讲授，即教师要善于寻找教材中的重点概念和关键语段，来设疑激趣、精心点拨。

（2）归纳式讲授，边讲边归纳内容要点，给学生以简明的提要，有利于学生消化、巩固所学的知识，这是教师最常用的语言策略。

（3）层次式讲授，分门别类、划分层次进行条理明晰的讲授，是使讲授语变得清晰、严谨的重要策略。

（4）诠释式讲授，主要用于解字说词，诠释概念、定律等的含义。

（5）举例式讲授，用典型、简洁、贴切的事例来讲授，以加强学生对被解说事理的理解。

> 教学讲解应该努力做到：一是讲授的整体设计要完整，不能顾此失彼或东拉西扯；二是讲授要力求严谨，即讲授尽量做到出口成章，做到将教学思路的逻辑性体现在教学口语的逻辑性之中；三是注意避免讲授语在运用时的失真和损耗现象。所谓失真，是指用语不确切，使内容不确定，概念不准确，走题或走样；所谓损耗，是指讲授语过快、过杂或语音不清、语意不明，学生记不下来，领会不过来，造成信息损耗。
>
> —— 温馨提示

三、过渡语技巧

过渡语又称课堂衔接语、转换语等，指在教学时从一个环节到另一个环节，从一个大问题到另一个大问题之间的过渡用语。巧妙的过渡语可以起到自然勾连、上下贯通、逻辑深化的作用。过渡语也是引路语，提示和引导学生从一个方面的学习，顺利地通向下一个方面的学习。过渡语也是粘连语，它可以把一节课的内容连接成一个整体，给学生以层次感、系统感。教学中常用的过渡语有以下几种。

（1）顺流式过渡语，指上一个问题自然为下一个问题做了预备和铺垫。例如："好。我们了解了根从土壤里吸收水分用的是渗透的方式。除了植物的根从土壤中吸收水分外，植物生长还需要什么物质呢？"用设问的方式，引出对"矿质代谢"这一问题的讲述。

（2）提示式过渡语，即指出上下环节或问题之间关系的过渡语。例如："同学们，上面讲的这一切如果成立的话，那么下面这种说法也能成立吗？"

（3）悬念式过渡语，即指运用前面问题推导的结果，制造一种悬念效应，巧妙引出下文的过渡语。例如："同学们听到我讲的这些以后，一定感到很奇怪，真有那么厉害吗？好。这个问题我们先放下，一会儿就会明白。下面，我们先弄清楚这样一个问题……"

> 亚洲是世界第一大洲，无论是地理自然环境还是人文环境都非常有特色。
>
> 请思考：讲完自然环境后，你如何过渡到人文环境？设计出你认为最精彩的一段过渡语，同学之间互相交流。
>
> —— 温馨提示

四、提问语技巧

"学起于思，思源于疑"，思维是从问题开始的。课堂提问是组织课堂教学的重要环节。教师在课堂教学中适时提出一些发人深省的问题，会牢牢吸引学生的注意力，激发学生的学习兴趣，引导学生的思路，开拓学生的思维，使师生之间形成和谐的信息交流，对提升课堂教学效果大有裨益。

从提问语的语句形式、语气特点来看，其有设问、商问、反问等几种形式；从提问的方式方法可将其分为直接提问、迂回提问、选择式提问、比较式提问、递进式提问、扩展式提问、引疑式提问等。提问语的技巧主要有以下几种。

1. 适时提问

适时提问是指在学生有思、有疑正要发问而又苦于不知怎样发问之时提问，即提问要有针对性和探索性。教师通过问题的设置，引导学生学会思考分析，学会发现问题、提出问题和解决问题。例如，一位老师在介绍生命科学的前沿成果时的提问：

目前遗传病具有终生性的特点，将来可不可以通过更正染色体上的致病基因来达到根治遗传病的目的？再者，目前器官移植在很大程度上受到供体不足和组织不相容性的限制，将来可不可以通过器官再造来实现"人面兽心""狼心狗肺"？（学生热烈讨论。教师稍作停顿，再微笑着告诉他们）这些已经不是异想天开，通过人类基因组计划或治疗性克隆技术就能实现，这些生命科学的新技术将给我们的生活带来翻天覆地的改变。（学生随即产生了困惑：人类基因组计划、克隆技术为何如此伟大和神奇呢？）

2. 适度提问

适度提问即提问语的难度与深度要适度，不能让学生答不上来或没兴趣，而是既要激发学生的好奇心，又要培养学生积极的思维能力，促使学生"跳一跳"，就能摘到"树上的果实"。例如，一位老师讲李商隐的诗歌时这样提问：

当创新求变的中唐诗人纷纷告别文坛，唐诗的辉煌国度也不得不走进了它绚烂的落日余晖，于是李商隐来了，望着逐渐黯淡的黄昏，一唱一顿地低吟着："向晚意不适，驱车登古原。夕阳无限好，只是近黄昏。"从这短短的二十个字，我们能体会到诗人几多的感慨呢？

3. 适量提问

在设计全课的提问语时，应通盘考虑，使提问语呈现水平递进的坡度，即前一提问为后一提问打好基础，筑路铺桥；而后一提问，又是前一提问的引申和推进。提问应疏密有间，有一定的停顿时间，以适应学生的思维规律和心理特点。例如，一位老师讲授张若虚《春江花月夜》时的提问：

张若虚的《春江花月夜》有三美，哪三美？闻一多先生誉其为"诗中的诗，顶峰上的顶峰"，古人评其为"孤篇盖全唐""盛唐第一诗""春风第一花""孤篇横绝，竟为大家"。你们觉得这些评价如何？

4. 策略提问

（1）面向全班。不能先把某个学生叫起来再提问，否则就活跃不了全体同学的思维。

（2）因人而问。依据学情，切合学生的答问能力提问。

（3）不可逼问。要给学生留下思考的时间，把问题重述两遍，再请学生作答。

（4）问有沟通。教师边以和蔼的眼光注视学生，边用话语引导："别着急，想一想再说。""我相信你是能回答的!""怎么，一时记不起来了？一会儿想起来再说好吗？"

（5）语言恰当。提问时语速不宜快，语音要清晰，问语声声入耳；可以运用追加、反复的技巧。

教师不仅说出答案，还要说出寻求答案的思路和方法；可以提供多种类似的答案，让学生比较、筛选答案；可以留有余地，让答案具有开放性。

温馨提示

五、启发语技巧

启发语是指教师根据知识内容和学生的发展特点及需要，为了适时、巧妙地启迪、开导和点拨学生而说的话。启发语的主要技巧如下。

1. 话不说透，留有余地

话不说透，留有余地，即指有时话语要含蓄一些，在学生想知而不知时，加以诱导式的讲解，不要把知识点和问题说说完尽，要给学生留下思考的时间和想象的空间，启发他们自己去寻求答案。

2. 适时点拨，循循善诱

适时点拨，循循善诱，即指恰当地运用提问语、设问语和反问语，调动学生的积极思维，让他们开动脑筋去求知、求疑和求解。

3. 多种角度，启发思维

（1）正例启发：举出著名科学家、文学家、名人的事例对学生进行启发。

（2）反例启发：针对学生学习某个概念、定理时容易发生的错误，设计一些"陷阱"式答案，看学生是否答错，然后引导他们走出误区。它比正例启发更富有启迪作用。

（3）指引启发：设计一些启发学生思考方向、解决问题、摆脱困境的话等。

（4）展望启发：设计一些描述解决问题前景的话语，激发学生的兴趣和想象，并朝着这种前景而努力。

（5）探究启发：讲到某个重点、难点时，设计一种鼓励学生去探究的话语，或提出一种设想，或提出一些线索，引导学生亲历思考和探究的过程，使他们充分发挥学习主动性，进行创造性的思考，自主建构知识体系，领悟科学探究的方法。

六、评述语技巧

课堂上，学生能否最大限度地发挥学习的主动性，积极地参与教学活动，教师的积极引导很关键。教师的引导不仅包括教学内容的安排、活动环节的设计，还包括对学生做出及时、正面、清晰且具有导向性的评价。

（1）贴近教学。教师的评述语要依附于教学内容、学生实际和教学语境，要有感而发，及时对某种情景或话题发表见解。

（2）多种方式。评述的方式方法有很多，常见的有教师独白式评述，学生述、教师评，教师述、学生评，师生共述共评，等等。教师要巧用评价语，让评价语成为"推进器""催化剂""航灯标"，以帮助学生提高认识，超越自我。

七、小结语技巧

小结语又称课堂教学结尾语，指教师讲完一部分内容或课堂结束时所说的话。精彩的小结语会给学生留下深刻的印象。一堂成功的课，不仅要有引人入胜的导入语和环环相扣的讲授过程，还要有精彩的结语。

（1）精心设计。成功的小结语是教学口语艺术的精品。教师要依据课堂教学目标，采用归纳式、开拓式、启下式等小结语，让小结语如撞钟一般，清音有余，课虽尽而意无穷。

（2）切忌草率。教师要认真对待小结语，根据教学目标与教学语境的需要，灵活设计、运用小结语。力戒拖沓，小题大做；力戒仓促，草率收场；力戒平淡，不留印象。

小贴士

　　卓越、流利的教学口才不是天生的，而是在教学实践过程中不断训练而成的。教师独特巧妙的语言魅力，能让学生从被动接受转变为主动思考，能让枯燥乏味的学习过程转变为愉悦有趣的人生经历，让静态的课堂转变成动态的课堂。

第三部分　教学口才技巧训练

　　教师的教学语言，可以成为启发学生思维的春风，也可以成为凋零学生思维的秋霜。机智的一语点拨可以让学生茅塞顿开；一句轻声的责备，则可能会熄灭学生思维的火花。有经验的教师，常常通过情趣盎然的表述、鞭辟入里的分析、恰到好处的点拨，把学生带进知识的海洋，开启他们的心智，陶冶他们的情操，使他们获得精神上的满足。

一、授课语训练

　　著名教育学家夸美纽斯曾说，"教师的口，就是一个源泉，从那里可以产生知识的溪流。"教师的授课语是学生赖以获取知识、提高能力的桥梁，教师语言表达能力的高低，往往直接影响着学生的学习效果。教师的授课语，应当清晰准确，富有逻辑性；深浅适度，富有针对性；循循善诱，富有启发性；生动活泼，富有形象性。

　　（1）阅读案例，说说祁老师的这段授课语的妙处。

　　　　祁老师在讲授"大吃一惊"时，针对学生容易将"惊"错写为"斤"的现象，讲了一个故事：徐芳是个文学爱好者，她的文章语言好，构思好，就是好写错别字。有一次，她在一篇文章中写道："在一个夏天的晚上，我匆匆地往回赶。走着走着，我突然发现前面地上有一堆黑乎乎的东西。走近一看，原来是一堆牛粪，我大吃一斤。"祁老师边说边在黑板上写了一个"斤"字。学生听（看）完，不由得大笑起来。

　　　　从此以后，该班学生再也没有出现过将"大吃一惊"写为"大吃一斤"的现象。

　　　　　　　　　　　　　　　　　　　　　　　　　　　　　　　　（林桂平，2005）

学习笔记： ＿＿＿＿＿＿＿＿＿＿＿＿＿＿＿＿＿＿＿＿＿＿＿＿＿＿＿＿＿＿＿＿＿
＿＿＿＿＿＿＿＿＿＿＿＿＿＿＿＿＿＿＿＿＿＿＿＿＿＿＿＿＿＿＿＿＿＿＿＿＿＿
＿＿＿＿＿＿＿＿＿＿＿＿＿＿＿＿＿＿＿＿＿＿＿＿＿＿＿＿＿＿＿＿＿＿＿＿＿＿

　　（2）自选一篇课文，分别为低年级或高年级学生设计一段授课语，并与同学分享。

　　　　对低年级或理解力较差的学生，教师用语要较为浅显、通俗，更多地采用直观的语言，为其理解概念、原理打下基础。讲课时多用描述、举例、设喻、对比等表达方式，以突出教学口语的形象性、生动性和趣味性。

　　　　对高年级或理解力较强的学生，教师可适当提高话语中知识信息的密度，加大讲解的深度，满足他们较强的求知欲。较多地运用精当的点拨语、诱导语，促使他们开动脑筋自己探索。话语中可穿插一些哲理性强的语句，使话语含蓄、意蕴深刻，引导他们细细品味。

温馨提示

二、说服语训练

说服是对学生进行思想教育最常见的方式，也是最有效、最便捷的方式之一。它以教育者传播一定的信息为开端，以引起被教育者相应的心理变化或心理反应为目的。教师要想实现教育目标，就必须善于运用说服语。

（1）如果你是辅导员，该如何说服张晓改变敌对情绪？

> 大二学生张晓来自贫困山区，生活很清苦。一次辅导员找她谈话时说："你们寝室刘红的 300 元钱被盗了，你知道吗？"张晓觉得这是老师对自己有怀疑而故意这么问的，心里十分难受，对辅导员产生了恨意，再也不愿和辅导员说一句话。

学习笔记：_____

_____

_____

（2）假如你是教师，该如何说服学习不认真的学生进入学习状态？

学习笔记：_____

_____

_____

三、教育语训练

古人云：亲其师，信其道。北京大学附属中学特级教师张思明用五个字总结了自己的教育人生：用心做教育。在教书育人的过程中，教师要以人为本，正确使用教育语，建立良好的师生关系，使教育像春风化雨一样，自然、温馨、令人愉快。

（1）阅读案例，说说林语堂先生的这段教育语的妙处。

> 林先生第一次到东吴大学讲课，发现有几位同学迟到。第二次上课时，林老首先不慌不忙地打开皮包，拿出一包带壳的花生分给学生享用。然后从花生讲起："吃花生必吃带壳的，一切味道与风趣，全在剥壳。剥壳越有劲，花生米越有味道。花生又叫长生果，诸君请吃我的长生果，祝诸君长生不老。我讲课从不点名，诸君吃了长生果，多长记性，不要逃学，则幸甚！幸甚！"（肖莉，2005）

学习笔记：_____

_____

_____

（2）有一位学生比较敏感，情绪不稳定，上课注意力不集中，假如你是他的任课教师，如何对他进行教育？

学习笔记：_____

_____

_____

四、控堂语训练

课堂教学不是封闭的、静止的，天气变化、虫鸟造访、人车经过等外界因素，学生干扰、教师失误等人为因素都会对课堂教学产生影响。教师如果处理不当，就会影响教育和教学效果。

（1）假如你在课堂上遇到调皮的小明怎么办？

一日，值周老师问小明为什么不穿校服，小明说："我家里又没死人，为什么要穿孝服？"气得老师无语。

一位语文老师的先进事迹上了报纸，同学们纷纷表示祝贺："老师你真行，上了报纸还登了照片！"小明却说："不过是个寻人启事而已。"

地理课上，老师报一个地名，要求学生回答该地所出的矿产。老师说："江南产什么？"小明回答："江南产美女！"全班爆笑。

数学课上，老师问小明："微积分是很有用的知识。学习微积分，我们的目标是？"小明回答："没有蛀牙！"

第一次上英语课，老师自我介绍说："我叫吴树山。"小明马上说道："西北望长安，可怜无数山。"老师脸色铁青。

学习笔记：_____

_____

_____

（2）有人说：教师的幽默语对控堂有神奇的作用，你以为如何？

学习笔记：_____

_____

 小贴士

许多优秀教师都把锤炼自己的语言艺术看成提高自身修养的重要目标。

教师可以从观摩学习、研究经验、听取反馈等多方面总结教学语言，以高度的责任感和强烈的事业心不断提高教学口才。

 课外训练

一、复习思考

1. 什么是教学口才？教学口才表达过程中要注重哪几个方面的统一？

2. 说出导入语的七种主要技巧。

3. 课堂提问的方式主要有哪些？运用提问语应注意哪几方面的问题？

二、实训练习

1. 导入语技能训练。

（1）设想自己是初中或高中的任课教师，请你以某一学科为内容，设计一段导入语，先在小组里试讲，反复修改后再在全班交流。

（2）同学讨论、评议：哪些导入语设计得好也讲得好？哪些导入语起不到应有的作用？

（3）观摩录像，用心体会和模拟讲解优秀教师的导入语。

2. 讲授语技能训练。

从你当前所学的某一课程中，找出一段5分钟就能够讲明白的概念、原则或事理，参照讲授语的特点、要求和示例，写成讲稿并试讲。

要求：初步把握讲授语运用的要点，做到准确、清晰、富有条理；讲授语音清晰，语调抑扬顿挫，语速适中，并注意使用手势语。每位同学当众讲授，小组或全班评议，教师小结。

3. 过渡语技能训练。

阅读老舍的《济南的冬天》一文并思考：假如你讲完了老舍的《济南的冬天》第二部分"济南冬天的山"，如何过渡到第三部分"济南冬天的水"？按照本书所述的三种过渡方式，各设计一段过渡语。

4. 提问语技能训练。

（1）如今，在绿油油的田野里，可以长出富含维生素 A 的水稻和小麦，还可以长出含动物蛋白的蔬菜……你能想象出未来的农场是什么样的吗？充分发挥你的奇思妙想，设计一组提问语，同学间相互提问。

（2）辩论赛：克隆技术是否能为人类带来福音？

正方：克隆技术必将造福人类

反方：克隆技术必将殃及人类

资料：有人认为克隆技术的既有成果已经造福人类，其普遍成果必将继续造福人类，克隆技术将不断提高人类认识自己和改造自己的水平。也有人认为克隆技术存在突变的不确定性、遗传性、潜伏性等特点，会导致自然选择与人为选择的矛盾更加尖锐，会破坏人与自然的和谐发展，使生命伦理被践踏。

你怎么看待克隆技术？请积极参加到辩论赛中来，在妙语连珠中显露你的睿智，在相互提问中展现你的风采吧！

5. 综合技能训练。

（1）一次期中考试，初三（一）班学生总成绩排在年级倒数第一。成绩公布后，该班第二天学风极差，他们说："反正我们这成绩升学无望了，还不如痛痛快快地玩呢。"面对这种情况，作为班主任，你准备怎样对学生进行教育？

（2）阅读案例，请大家思考并相互交流。倘若你是这位数学老师，应该怎样对她进行激励和引导？

有一个才女，在读初中时，作文极好而数学极差，连续几次数学考试都不及格。为了让父母和老师高兴，她硬生生地将数学题死记硬背下来，结果后面的 2 次小测验她都得了高分，但是数学老师却不相信她的成绩，不屑地说："怎么数学蠢材一下子成了数学天才？准是抄袭作弊了！"这个敏感而倔强的女孩回答："作弊对我来说是不可能的。你虽然是老师但也不能这样侮辱我！"面对这样的话，老师气坏了："既然你这么厉害，我倒要看看你的能力！"于是，老师单独为她出了一套高难度的试题，结果可想而知，女孩当场得了零分。这件事对女孩伤害很深，从此她休学在家，自闭了七八年，并且养成了悲观、孤独、敏感的性格。她就是我国台湾著名作家三毛。

名师微课

三、网络实践

观看名师微课视频，说说其教学技巧与效果。

附 教学口才暨导入语技巧适用度检测标准

计定等级	检测内容
A 级	1.快速说出导入语的 10 种技巧，时间不超过 1 分钟
	2.结合所学课程推荐一例导入语，并进行点评，时间不少于 3 分钟
	3.运用故事导入法为指定教学内容设计一段导入语，并讲解示范
B 级	1.快速说出导入语的 8 种技巧，时间不超过 1 分钟
	2.结合所学课程推荐一例导入语，并进行点评
	3.运用情境导入法为某一教学内容设计一段导入语，并讲解示范
C 级	1.说出导入语的 5 种技巧
	2.结合所学课程推荐一例导入语，并恰当说明
	3.运用相关技巧为某一教学内容设计一段导入语并讲解

第十五章
Chapter 15 | 主持口才

学习目标

◎ 了解主持人的含义。

◎ 掌握主持人的语言特点和主持人口才技巧。

◎ 能够按照要求撰写主持人开场语和结束语，并尝试主持主题班会等。

◎ 提高主持设计匹配度，增强声音价值意识。

案例导入

主持口才范例 1

在中央电视台《开讲啦》第 20170429 期节目伊始，主持人撒贝宁非常隆重地向观众介绍了本期主讲嘉宾——清华大学钱易院士，但是没想到钱易院士当即表示自己不喜欢别人叫她院士，而是希望大家直接叫她易老师，并且还讲述了有一次观看《非诚勿扰》节目，其中一位女嘉宾把不找老师作为择偶标准，给自己造成了很大刺激的故事。面对有点严肃的话题和略带尴尬的场面，撒贝宁说："她不想找老师，是因为她可能觉得自己高攀不上，您也许理解错了她的意思。"撒贝宁说完，钱易院士就笑了，现场观众也乐了，气氛顿时活跃起来。节目播出后，不少观众纷纷为撒贝宁随机应变的主持口才点赞。

案例思考： 撒贝宁的控场词为什么能化严肃为轻松？化尴尬为愉悦？主持人应该具备哪些超常的应变能力？选看中央电视台综艺节目，选出自己最喜欢的精彩片段，积极思考以上问题。

第一部分　主持口才基础知识

主持人这一职业起源于美国。我国在 1981 年的电台广播栏目《空中之友》中首设主持人，同年，中央电视台在赵忠祥主持的北京市中学生智力竞赛节目中首次使用"节目主持人"一词，开了我国电视节目主持人之先河。此后，中央电视台涌现出了许多优秀的节目主持人，如敬一丹、康辉、白岩松、周涛、撒贝宁等。

一、主持人的含义

优秀的主持人像一面旗帜，带领着人们走进话题，感染人们的情绪，使整个活动高潮迭起、精彩纷呈。广义的主持人是指在会议、演出、节目等活动中，充当主导、引领话题、串联组织的人。狭义的主持人是指在广播、电视、网络节目中，出场为听众、观众主持固定节目的人，又称节目主持人。

在社会生活中，以交流信息、沟通关系为目的而召开的年会、商会、招待会、工作例会、班组讨论会、同学联谊会和文艺晚会等都少不了主持人，可以说，无论什么会议或活动，除了流程设置、内容主题外，主持人是不可缺少且起关键作用的人。因此，对不久将走向社会、参加工作的大学生来说，掌握会议主持、活动主持的技巧尤为重要。

导入案例提示

撒贝宁的这句控场词，可谓巧妙机智，一语双关，既跳出了常规思路，安慰了受到刺激的钱易老师，又含蓄批评了女嘉宾"不嫁老师"的择偶观。

主持人超常的应变能力主要包括：沉着冷静、处乱不惊；思维敏捷、巧妙圆场；语言机智、遮掩纰漏等。

口才技巧主要有开场语技巧、结束语技巧、串联词技巧和控场词技巧。

二、主持的分类

主持的类型多种多样，常见的主持活动可按以下几种标准进行分类。

（1）按主持人数量的不同来分，主持可以分为单人主持、双人主持和多人主持等。

（2）按表达方式的不同来分，主持可以分为报道性主持、议论性主持和夹叙夹议性主持等。

（3）按主持内容的不同来分，主持可以分为会议主持和活动主持等。

（4）按媒介的不同来分，主持可以分为电视节目主持、电台节目主持、网络节目主持等。

三、主持人的作用

优秀的主持人能够时刻掌控会议或其他活动的进程、把握活动的方向、调整节目的节奏，并能像金丝线串联珍珠一样将其首尾相接，连缀成一个有机的整体，让观众如享盛宴。主持人的作用主要有以下几点。

（1）充当桥梁和纽带。主持人处于活动开展的前沿，起着牵线搭桥的作用。一个优秀的主持人应该有吸引受众的魅力，能够运用自己的特殊身份，直接引领观众融入节目或活动，推动节目或活动走向更高层次。

（2）传递信息。主持人的成功与否主要取决于台词的好坏和传递信息量的大小。信息量大、信息独特、信息编排新颖才能使信息传递更加准确快速，才能吸引更多的受众。

（3）感染情趣。主持人主要借助有声语言来达成自己的工作目标。在主持活动的过程中，恰当运用音量和语调等语言表达技巧，可以成功把握和调控现场氛围，引领受众融入活动，提高其对活动的关注度与认同感。

小贴士

某主持人曾用自己从地方卫视到央视舞台的经历鼓励年轻人：要带上胆量、梦想和智慧来参与主持人大赛，因为主持人能够参与、见证、记录这个伟大的风云变迁的时代，传播最有价值的声音。

四、主持人的语言特点

主持人有着永不褪色的职业光环。要想成为一名优秀的主持人，除了应该具备丰富的理论知识、广泛的阅读经验、广阔的视野，以及较高的鉴别能力和判断能力外，其语言表达还必须满足以下要求。

（1）自然化。现场活动的主持人与受众的交流是近距离甚至是面对面的，其声音要具有磁性和吸引力，给人以美的享受；语言要有亲和力、感染力，贴近生活、走近受众，表达大众的情感。也就是说，主持人的语言既不同于书面语言，也有别于日常交际时使用的口语。其语言既要具备日常用语的灵活性、生动性和自然性，同时也要兼具书面语言的典雅性、条理性和严谨性。

（2）个性化。个性化的语言魅力有利于主持人在舞台上脱颖而出，这是主持人的立足之本，在一定程度上体现了主持人的价值与生命，是主持人形成节目品牌效应的关键所在。因此，主持人的语言表达除了要达到基本要求外，还要形成自己的语言风格，或通俗流畅、热情爽朗，或博学儒雅、幽默风趣，或典雅睿智、坦诚率真……给受众留下深刻的印象。

（3）主题化。主持人的语言应该牢牢把握住会议或活动主题，引导听众，让他们了解会议或活动的目的、意义以及主要内容。突出主题的方式有很多种，既可以直截了当地告诉受众，也可以用比喻、暗示等方法传递给受众。

（4）对象化。主持人要依据不同的受众灵活组织语言，使受众和自己形成交流和互动，激发其强烈的参与欲。如主持年轻人的会议或活动，语言要简洁明快、充满朝气；主持老年人的会议或活动，语言要庄重质朴、温和谦逊；主持文艺节目，语言要热情洋溢、多姿多彩。只有注重主持语言的对象化，才能拉近与观众的心理距离，达到预期的主持效果。

小贴士

一个人能否成为真正优秀的节目主持人，最终决定于一种更为内在的东西，也就是说，决定于他是否具有真正优秀主持人的精神气质。

——殷谦

第二部分　主持人口才技巧

主持人口才水平的高低，直接影响会议、演出、节目等活动的成败，主持人要想吸引观众、取得良好的主持效果，就必须掌握开场语技巧、结束语技巧、串联词技巧和控场词技巧，不断提高语言表达能力。

一、开场语技巧

开场语也叫开场白。瑞士作家温克勒说过："开场白有两项任务，一是拉近说者与听者之间的距离；二是打开场面，引入正题。"好的开场语可以吸引观众的注意力，提升观众对会议、活动和节目的关注度，从而保证会议、活动和节目的顺利进行。主持人常用的开场语技巧主要有开门见山法、情境导入法、问题设置法、引用烘托法和诙谐幽默法等。

（1）开门见山法是主持人运用直白的语言直奔主题，将观众自然引入会议主题、活动氛围、节目环境的方法。例如：

尊敬的各位领导和老师，亲爱的同学们：大家晚上好！为了丰富同学们的校园生活，给大家提供一个展示自我的舞台，今晚学院特举办第一届"金话筒杯"校园主持人大赛。

（2）情境导入法是指主持人运用生动、形象、优美的语言再现生活情境，以诱发观众的探究心理，激发其智慧和潜能，促使其融入会议或活动的方法。例如：

> 母亲和儿女们的纽带血脉相通，所以无论我们走得有多远，走得有多久，我们都会忍不住回望出发的起点，那是孟郊心中的三春光晖，那是杜甫梦里的香雾云鬟。千百年来，"临行密密缝，意恐迟迟归"的母亲的样子，从来就没有改变过。
>
> 今天，就让我们在《中国诗词大会》花开四季的舞台上，用爱和思念编织成最美的诗篇，献给我们的母亲，送给我们的家。

（3）问题设置法是主持人通过明知故问、自问自答等方式，引起观众注意，启发其思考，使活动有变化、起波澜的方法。例如：

> 《中国诗词大会》第四季已经热播完毕，你是否因为还沉浸在春节的喜悦当中而忘记了精神的洗礼？是否因为赶各种各样的大小饭局而忘记了心灵的感悟？现在，寒假早已结束，我们也开始了新学期的学习生活。同学们，让我们静下心来读一读《中国诗词大会》的唯美文字，看一看《中国诗词大会》精彩的视频吧！我相信，《中国诗词大会》中每一个精彩的瞬间，都能给我们的大学生活留下美好的回忆。

（4）引用烘托法是主持人通过引用类似的诗句（事物）或反面的、有差别的诗句（事物），以烘托、突出会议主题，渲染活动氛围，给观众留下深刻印象的方法。例如：

> 光阴之所以宝贵，是因为它匆匆流逝，不会因为任何一个人而停下脚步。逝者如斯夫，不舍昼夜：盛年不重来，一日难再晨；高堂明镜悲白发，朝如青丝暮成雪。一代又一代的诗人在感叹着韶光易逝，而面对斗转星移，如白驹过隙般的光阴，我们唯一能做的就是珍惜。时光会带走一切，时光也会给予一切，就让我们在《中国诗词大会》花开四季的舞台上感恩时光的馈赠，采撷最美的诗意吧！

（5）诙谐幽默法是主持人用别开生面、妙趣横生的语言，传递乐观向上的精神，展示处事的智慧，以渲染气氛、调节心情、化解矛盾、营造良好互动氛围的方法。例如：

> 今天到场的都是各院、系、部的主要负责人，不管你们多么优秀，多么有能力，都不要忘了感谢自己的母亲。有人说：妇女能顶半边天，我认为男人、女人各顶一片天。有了女士，世界更加美丽；有了女士，世界更加多情；有了女士，世界更加温馨；有了女士，世界更加幸福！

> 主持人的开场白一定要和活动的主题相契合，精彩的文案只有紧扣主题思想才能发挥出最大的魅力。

温馨提示

二、结束语技巧

会议或活动离不开主持人的结束语，精彩动人的结束语，既能拉近主持人与受众的距离，也能让整个活动余音缭绕，给人留下难忘的印象，为会议或活动画上完美的句号。主持人结束语的技巧主要有赞颂祝愿法、精彩肯定法、感谢期待法、前后呼应法等。

（1）赞颂祝愿法，即主持人用真诚赞美和衷心祝愿的话语，把晚会气氛推向高潮，为晚会锦上添花的方法。例如：

> 辞旧迎新，高歌奋进，昨天已经成为历史，明天已经拉开序幕，让我们以蓬勃的朝气、昂扬的锐气、无畏的勇气，在新的一年里谱写出更加辉煌灿烂的新篇章。祝同志们新年愉

快，牛年大吉，阖家欢乐，永远幸福！

（2）精彩肯定法，即主持人运用热情洋溢的语言赞美过去的生活、展望美好未来的方法。例如：

> 亲爱的小伙伴们，时间过得真快啊，六一儿童节又向我们欢快地走来了。有人说，童年的游戏永远难忘，童年的歌声永远动听，童年的生活永远幸福。是的，无忧无虑的童年生活是我们想拥有的幸福生活。让我们用稚嫩的小手、五彩的画笔，去描绘灿烂的明天；让我们用优美的舞姿、欢快的旋律，去憧憬更加美好的未来吧！

（3）感谢期待法，即主持人运用真挚感人的话语表达对与会者的感激之情，以及美好期待的方法。例如：

> 青春是一首永不言败的歌，友情是一条永不枯竭的河。今夜，月光如织，织出了我们心中永远的牵挂；今夜，月华如歌，唱出了我们心中永恒的情谊。给爱一个不悔的誓言，让我们彼此思念；给爱一片辽阔的蓝天，让真情永驻人间。今天我要真诚感谢老同学的远道而来，感谢朋友们的即兴表演，感谢所有为此次同学聚会付出心血的组织者。我们期待，明年的今天我们能够再次聚首！

（4）前后呼应法，即主持人在主持会议或活动的过程中，注意前后照应，使整个会议或活动更完整，进一步强化主题的方法。例如：

> **开场语**：《中国诗词大会》与大家一年一度相约，今年已经是第四个年头了。我们携手走过了一个又一个春夏秋冬，一起看"人面桃花相映红"，一起听"稻花香里说丰年"，一起叹"霜叶红于二月花"，一起盼"风雨送春归，飞雪迎春到"。季节有四季，诗词也有四季，代代相传，生生不息，就让我们在《中国诗词大会》花开四季的舞台上，再一次来感受中华文明的璀璨辉煌，品诗意人生，看四季风光。

> **结束语**：又是依依惜别之时，内心充满了不舍，但更多的还是感恩。要谢谢我们的先贤圣人，用生命写下的这些文字，直到今天，依然在滋养着我们的心灵；要谢谢你们，这些读诗爱诗的朋友，在不自觉中，你们已经成为传播光和热的使者；要感谢这三山五岳，给予了诗词支撑苍穹般的傲然风骨。最后，还要感谢我们身处的这个伟大的时代，它让我们有面对未来的智慧和勇气，可以去创造属于这个新时代的新的辉煌和繁荣。

三、串联词技巧

串联词是主持人串联各节目的话语。它承接上一个节目，开启下一个节目，是主持人穿梭于节目内容和受众之间的手段和途径，也是达到理想传播效果的关键因素。主持人常用的串联词技巧主要有介绍点评法、问答对话法、承上启下法、制造悬念法等。这四种技巧根据需要既可单独使用，也可同时使用。

（1）介绍点评法，即主持人在文艺晚会上，运用简洁明了的语言，概括上一个节目的内容，并进行简单点评的方法。例如：

> 今夜歌声飞扬，笑声荡漾，一群美丽温暖的小姑娘也想用她们优美的舞姿表达自己的深情祝福，请欣赏由×××、××等带来的舞蹈《天竺少女》。（该节目结束后）送别了妩媚多情的天竺少女，接下来请您欣赏一个小品。

（2）问答对话法，即主持人使用雅俗得当、形象生动、富有吸引力的话语自问自答，以吸引观众注意力的方法。例如：

> 在去年的元旦文艺晚会上，小品《推销风波 1》相信大家记忆犹新。演员们惟妙惟肖的表演让我们知道，其实小品明星就在我们身边。去年王小二推销的是运动鞋，今年炎热

的夏季，他又会推销什么呢？掌声有请××、××等为我们带来小品《推销风波2》。

（3）承上启下法，即主持人注意前后节目的衔接，使看似独立的节目相互关联，成为一个不可分割的整体的方法。肯定前面的节目，画龙点睛，添色增辉，令人回味无穷；介绍后面的节目，简明扼要，温馨提示，渲染蓄势。例如：

> 节目3：人生若只如初见，当二十年后我们再聚首时，你是否还记得她们的青春与美好？是否还会给她们继续送玫瑰和贺卡或者是保护她们一生一世的"金钟罩""铁布衫"？下面请欣赏歌曲《金钟罩，铁布衫》。

> 节目4：原来"金钟罩"和"铁布衫"不仅是金庸先生笔下的绝世武功，还可以作为贵重礼品赠送给自己挚爱的同学，真是妙不可言！我想此时此刻收到礼物的同学一定非常激动，现在我们就以热烈的掌声欢迎她们来表演一段《炫舞青春》吧！

（4）制造悬念法，即主持人提出一个令人感兴趣的悬念，故意引而不发，有意识地控制住解开悬念的触发点，以激起观众解疑兴致的方法。例如：

> 如今选秀节目可谓铺天盖地、层出不穷，秀到最后，到底是选秀呢，还是作秀呢？请欣赏×××、××等带来的小品《新秀选拔》。

四、控场词技巧

主持一场会议或活动难免会遇到一些意想不到的问题或突发情况，主持人要随机应变，灵活处理，努力做到学以致用，理论联系实际，不断总结经验教训，使自己的主持更加机智、更加精彩、更具魅力。控场词技巧主要有创设和谐氛围、调整表现形式、把握过程节奏、灵活应对意外等。

（1）创设和谐氛围。节目主持人要根据节目的基本内容进行明确的风格定位，做到心中有数。对节目的基本氛围要进行精心的设计，多设想几种方式。在主持节目时，对现场气氛的变化应保持高度的敏感，使用适当的方法进行调整，并在主持过程中时刻把握分寸，从而保证节目的最终成功。

（2）调整表现形式。节目主持人在现场主持过程中不要为过度追求特定的节目效果而拘泥于某种表现形式。如综艺节目的热烈气氛，不一定要通过节目主持人的夸张表演来实现；而一些主题严肃的节目，也并不一定要通过节目主持人特别低沉的语调来体现。

（3）把握过程节奏。节目主持人临场时，有时会因为意想不到的原因而失去对节目节奏的基本把控，因此，主持人在主持节目的过程中，要事先对整个节目的各个阶段有明确的了解。如果意识到已经失去对整个节目节奏感的把控，则要及时调整自己的表达方式，以语言、表情或其他方式来强化主持的节奏感。

（4）灵活应对意外。节目主持人在主持节目中经常会遇到预设之外的情况，面对突发局面，只有头脑清醒、判断准确、思维敏捷、反应灵活才可能做到随机应变、应对得体、出口成章。例如，杨澜曾在广州主持一场文艺晚会，上场时踩空台阶，滚落到台下，观众一片哗然。然而，杨澜镇定自若，重新上台后说道："真是人有失足，马有失蹄啊。我刚才的'狮子滚绣球'滚得还不够熟练吧？看来这次演出的台阶不那么好下啊，但台上的节目会很精彩，不信你们瞧他们……"

小贴士

遇到会议冷场，可以运用点将法、激将法、提问法、抛砖引玉法等，引导与会者积极发言；遇到活动中的突发情况，可以采用自嘲法、借言法、反推法等，化解难题或尴尬局面。

第三部分　主持人口才技巧训练

主持人的口才能力，是使会议或活动走向成功的起点和保证。清新淡雅的开场语，离不开主持人对会议或活动内容的熟悉了解；精彩温暖的结束语，离不开主持人对受众特点的分析研究；幽默得体的串联词，离不开主持人驾驭语言的灵活机智；顺势而为的控场词，离不开主持人超强的应变能力。

一、开场语技巧训练

依据会议主题、活动内容、观众特点等要素，因境制宜，灵活设计开场语，可以使会议效果更好，活动氛围更佳，节目人气更高。

（1）阅读下列开场语，说说其运用了哪些技巧。

案例1

同学们好！时间过得真快，这是本学期的最后一次班会，主要讲讲与期末考试有关的问题：第一，考试日期；第二，考试科目；第三，考试要求；第四，寒假时间。

学习笔记：_____

_____

_____

案例2

曾经"年少不识愁滋味"的辛弃疾一生经历坎坷，当他老了时，坐在水声山色之间，突然发现对面的青山是如此妩媚多姿。无论是巍巍青山壁立千仞，还是浩浩江河源远流长，当有一天，它们遇到了一双诗人的慧眼，山水便有了悲喜境界，立意恒久。今天，就让我们一起在《中国诗词大会》花开四季的舞台上，再一次跟随诗人的眼睛，重返青山绿水，看江山如此多娇。

学习笔记：_____

_____

_____

案例3

新的一年，我们要营业啦！让我们给大家介绍一下我们的新家。这里是故事与包袱的据点，这里有酝酿多年的真心话，这里有大跌眼镜的大冒险，欢迎来到《今晚开放麦》节目。

学习笔记：_____

_____

_____

案例4

今天，我们请来的这位演讲者，从出生地来讲，她与我是老乡，都是江苏苏州人；从所学专业来讲，我们都选择了高级护理专业，并且参加了学校红十字会。有的同学说她不像江南小家碧玉的美女，但也有同学说她是江南美女中的高级美女。她是谁呢？请看教室门口——同学们，让我们以热烈的掌声欢迎司晶晶同学来咱们班演讲，她今天演讲的题目是"我不是江南温婉美女，但我绝对是个江南气质美女"。

学习笔记：_____

_____

_____

_____

案例5

古往今来有太多太多的文字，在描写着各种各样的遇见。"蒹葭苍苍，白露为霜；所谓伊人，在水一方。"这是撩动人心的遇见。"这个妹妹我曾见过的。"这是宝玉和黛玉之间，初次见面时欢喜的遇见。"幸会，今晚你好吗？"这是《罗马假日》里，安妮公主糊里糊涂的遇见。"遇到你之前，我没想过结婚；遇到你之后，我结婚没有想过和别人。"这是钱钟书和杨绛之间，决定一生的遇见。遇见是一种神奇的安排，它是一切的开始。也希望从今天开始，《朗读者》和大家的遇见，能够让我们彼此之间，感受到更多的美好。

学习笔记：_____

_____

_____

_____

（2）请按照下列活动主题撰写开场语。

主题1　体现挑战、跨越、奇迹主题的班会。

学习笔记：_____

_____

_____

主题2　体现团结、奋进，突出团队精神主题的团日活动。

学习笔记：_____

_____

_____

二、结束语技巧训练

精彩的结束语能使会议精神更加深入人心，能使主题活动更加丰富有效，能使文艺节目更加精彩有趣。

（1）请指出下列结束语主要运用了哪些技巧，并说明理由。

案例1

伴着北国飞舞的瑞雪，伴着新年铿锵的钟声，伴着我们对幸福的憧憬，新年来了，她面带微笑，正以豪迈的姿态，向你、向我、向大家走来了，走来了！让我们举起手中的酒杯，为我们的友谊干杯，为祖国的繁荣干杯，为美好的明天干杯！衷心祝愿大家在新的一年里万事如意，好运常在，平安快乐！

学习笔记：_____

_____

_____

_____

案例2

今天的艺校是如此温馨美好，今天的艺校是如此令人难忘。千言万语说不完我们对艺术的无限向往与追求，千歌万曲唱不尽我们对艺术的无限感激和热爱。寒来暑往，花开花落，老师们每一天都在这里浇灌艺术的花朵；风霜雨雪，春去秋来，同学们每一天都在这里收获智慧的果实。斗转星移，艺校哺育我们长大。日月轮转，艺校见证了我们的成长。同学们，让我们把参加艺术节的热情转化为学习的动力，用知识开启理想之门，用才干塑造艺术人生，努力创造一个辉煌的未来吧！

学习笔记：＿＿＿＿＿＿＿＿＿＿＿＿＿＿＿＿＿＿＿＿＿＿＿＿＿＿＿＿

＿＿＿＿＿＿＿＿＿＿＿＿＿＿＿＿＿＿＿＿＿＿＿＿＿＿＿＿＿＿＿＿＿＿

＿＿＿＿＿＿＿＿＿＿＿＿＿＿＿＿＿＿＿＿＿＿＿＿＿＿＿＿＿＿＿＿＿＿

案例3

开场语：辞旧迎新，高歌奋进。昨天我们以蓬勃的朝气、无畏的勇气，谱写了灿烂辉煌的篇章！

结束语：同志们、朋友们，昨天的辉煌已经成为历史，今天前进的号角再次吹起。让我们励精图治、开拓创新，继续谱写更加辉煌的新篇章！晚会到此结束。谢谢大家。

学习笔记：＿＿＿＿＿＿＿＿＿＿＿＿＿＿＿＿＿＿＿＿＿＿＿＿＿＿＿＿

＿＿＿＿＿＿＿＿＿＿＿＿＿＿＿＿＿＿＿＿＿＿＿＿＿＿＿＿＿＿＿＿＿＿

＿＿＿＿＿＿＿＿＿＿＿＿＿＿＿＿＿＿＿＿＿＿＿＿＿＿＿＿＿＿＿＿＿＿

案例4

在祖国温暖的怀抱里，我们格外幸福快乐；在党的阳光照耀下，我们更加朝气蓬勃。我们是祖国的春天，我们是祖国的希望。衷心感谢党和政府对少年儿童的关心和重视，衷心感谢社会各界对我校教育事业的支持和帮助，衷心感谢老师和家长对我们的辛勤教育和培养。最后祝大家：身体健康！学习进步！天天快乐！

学习笔记：＿＿＿＿＿＿＿＿＿＿＿＿＿＿＿＿＿＿＿＿＿＿＿＿＿＿＿＿

＿＿＿＿＿＿＿＿＿＿＿＿＿＿＿＿＿＿＿＿＿＿＿＿＿＿＿＿＿＿＿＿＿＿

＿＿＿＿＿＿＿＿＿＿＿＿＿＿＿＿＿＿＿＿＿＿＿＿＿＿＿＿＿＿＿＿＿＿

（2）请为班级元旦文艺晚会和毕业晚会分别设计1～2段结束语。

主题1　元旦文艺晚会结束语。

学习笔记：＿＿＿＿＿＿＿＿＿＿＿＿＿＿＿＿＿＿＿＿＿＿＿＿＿＿＿＿

＿＿＿＿＿＿＿＿＿＿＿＿＿＿＿＿＿＿＿＿＿＿＿＿＿＿＿＿＿＿＿＿＿＿

＿＿＿＿＿＿＿＿＿＿＿＿＿＿＿＿＿＿＿＿＿＿＿＿＿＿＿＿＿＿＿＿＿＿

主题2　毕业晚会结束语。

学习笔记：＿＿＿＿＿＿＿＿＿＿＿＿＿＿＿＿＿＿＿＿＿＿＿＿＿＿＿＿

＿＿＿＿＿＿＿＿＿＿＿＿＿＿＿＿＿＿＿＿＿＿＿＿＿＿＿＿＿＿＿＿＿＿

＿＿＿＿＿＿＿＿＿＿＿＿＿＿＿＿＿＿＿＿＿＿＿＿＿＿＿＿＿＿＿＿＿＿

三、串联词技巧训练

串联词要求语言优美、言简意赅、朗朗上口、声情并茂，以求画龙点睛，起到锦上添花之效，具有很强的主动性、灵活性和技巧性。

（1）阅读下列串联词，说说其运用了哪种技巧。

案例 1

王同学的独舞《活力》，以其刚劲有力的舞姿，吸引了我们的眼球，震撼了我们的心灵。有人说：青春是大学时代永恒的主题，活力是大学生不变的特征，那么我们将如何度过人生中最为激情澎湃、最为昂扬向上的大学时光，不断超越自己呢？掌声有请木子李为我们带来的小品《超级大学生》。

学习笔记： _____

_____

_____

_____

案例 2

我国幅员辽阔，历史悠久，文化底蕴深厚，谢谢×××的幽默小品《地名学》，让我们在笑声中，欣赏到了丰富而有趣的地名文化，进一步坚定了文化自信。接下来掌声有请××的独唱《我的名字叫中国》。

学习笔记： _____

_____

_____

_____

案例 3

据说人们每鼓掌一次，寿命就会延长 7 秒。鼓掌真能延年益寿吗？朋友们，让我们用响亮的掌声热烈欢迎××带来的相声《掌声响起来》。

学习笔记： _____

_____

_____

_____

案例 4

春节是我国最隆重、最喜庆的节日，在这团团圆圆、热热闹闹的快乐时刻，首先请大家欣赏××、××等为我们带来的舞蹈《过年啦》。

舞蹈《过年啦》以优美的舞姿、欢快的旋律、幸福的笑脸，勾起了我们对孩童时代期盼过年、欢快过年的美好回忆。下面掌声有请×××等为我们带来女生小合唱《童年娃哈哈》，让我们一起重返童年快乐时光。

学习笔记： _____

_____

_____

_____

（2）请运用相关技巧，为下列节目设计 1~2 段串联词。

　　串联词 1　　《如果还有明天》（独唱）——《燃烧我的卡路里》（小品）

学习笔记：_____

_____

_____

_____

　　串联词 2　　《爱的华尔兹》（舞蹈）——《室友》（相声）

学习笔记：_____

_____

_____

_____

四、控场词技巧训练

　　能否巧妙地取舍节目进程中的话题、平衡嘉宾的谈话时间、应对突发事件，并对节目各环节进行全面的控制，是衡量节目主持人主持能力的重要标准。

　　（1）请指出下列控场词主要运用了哪些技巧，并说明其妙处。

　　案例 1

　　汽车工程学院召开教师节表彰大会，当主持人石红邀请优秀教师代表陈教授代表优秀教师上台发言时，台下传上来一张纸条，纸条上写着因路上堵车，陈教授要晚 10 分钟到。面对这一突发情况，石红只有几秒的惊讶，马上用话语紧急救场，她说："我们的陈教授太有人格魅力了，坐在小轿车里都有外星人粉丝的围堵，让我们耐心等待几分钟，再聆听他的精彩发言吧！现在让我们以热烈的掌声欢迎优秀学生代表邵华同学上台发言。"石红的短短几句话，既引导了观众情绪，又确保了会议有序进行，受到了与会者的称赞。

学习笔记：_____

_____

_____

_____

　　案例 2

　　某学院中秋文艺晚会上，红云同学上场的时候不慎摔倒。面对这一突发状况，主持人临场发挥，说了这样一段话："刚才红云同学不小心摔倒，好在没影响到她的精彩演出。其实能站在今天这个舞台上的同学，都是最优秀的，都有摔倒了再爬起来的勇气。"这段话巧妙化解了尴尬气氛。

学习笔记：_____

_____

_____

_____

　　案例 3

　　七夕节，一场青年相亲会正在举行。进入才艺表演环节，一位靓丽的女相亲者刚一出场，就有不少父母为了吸引其眼球，获得与其面对面交谈的机会，在台下向别人大声夸耀自己儿子多么多么优秀。这时，主持人说道："各位亲爱的家长朋友，大家静一静，静一静。我们今天的相亲会，不是一个竞赛会，而是一个双向交流会。幸福来自平等，我们一定要以平和的心态帮助孩子们寻找爱情啊。"这句简单而有力度的控场语，说出了恋爱中的大道理，不仅控制住了现场秩序，更引发了与会者对婚恋的思考。

学习笔记：_____

_____

_____

案例 4

主持人小黄，有一次，在主持某节目时，不小心把赞助商甲银行念成了乙银行。这时，只见与其搭档的主持人快步走上前，拍着小黄的肩膀调侃道：你是不是藏有私房钱啊，身上还有别的银行的储蓄卡？并立即让小黄准确而大声地念了三遍赞助商的单位名称，轻松化解了因主持人口误带来的尴尬场面。

学习笔记：_____

_____

_____

（2）请根据控场词技巧，针对下列问题，设计 1~2 段控场词。

问题 1 班级读书交流会上，同学们发言都很积极，但讲着讲着，要么跑题，拖延了会议时间；要么争论不休，影响了会议预期效果。

学习笔记：_____

_____

_____

问题 2 系里举办迎新晚会，在节目主持人赵岩按照节目单顺序，邀请第四位表演者上台独唱时，表演者却因怯场不敢上台，面对惊讶的观众、尴尬的场面，紧张的赵岩应该怎么做呢？

学习笔记：_____

_____

_____

_____

📔 **小贴士**

令人瞩目的《中央广播电视总台 2019 主持人大赛》，不论在媒体市场观念还是操作理念上都是一次突破。它不仅推进了媒体人才选拔走向市场化，同时也为电视进入"受众时代"做了有益探索。

为适应新时代的发展需求，此次大赛的参赛者招募标准突破了以往的传统，具备过硬导向把控能力、新闻直播互动能力、多媒体应用能力以及人格化传播能力的复合型人才成了新的标准。

 课外训练

一、复习思考

1. 主持人的含义是什么？

2. 主持的分类有哪几种形式？

3. 主持人的语言有哪些特点？

二、实训练习

1. 在婚礼现场，新娘为公婆奉茶时，因为太紧张，不小心将茶杯掉在地上摔碎了，作为婚礼主持人，你会怎样为新娘解围？

2. 请根据以下情境，设计合适的开场白。

（1）新生军训结束，在操场举行迎新晚会，可是，晚会还没正式开始，天空就下起了淅淅沥沥的小雨，请你结合情境，设计一段开场白。

（2）寒假期间，同学们相聚于曾经的校园与高中时的老师们亲切交谈，请你为此设计一段开场白。

3. 请根据以下歌曲的内容，设计合适的串联词（顺序自定）。

《我们的生活充满阳光》《在希望的田野上》《春天的故事》《走进新时代》

《西部放歌》《丝路寻梦》《国家》《时间都去那儿了》《不忘初心》《向往》

《光荣与梦想》《我们的新时代》

4. 结合案例，回答问题。

（1）2019年12月3日COSMO时尚盛典上，朱丹受邀与黄耀庆搭档主持。活动中，朱丹把陈立农叫成赵立农，将古力娜扎叫成迪丽热巴，随后，朱丹连发三篇微博文案道歉。如果你是朱丹，将如何处理这件事情？主持人应该如何避免口误？

主持口才范例2

（2）开主题班会时，有几个同学不是玩手机，哈哈大笑，就是交头接耳，窃窃私语，影响了班会纪律。如果你是主持人，应该如何用语言制止他们？

5. 同学们分组主持一次校园常见的集体活动，例如主题班会、经验交流会、文艺晚会等。

三、网络实践

选看中央电视台《主持人大赛》节目，选出自己最喜欢的选手，并说明原因。

附 主持口才暨主持设计匹配度检测标准

计定等级	检测内容
A级	1. 快速准确说出结束语的四种技巧，时间不超过30秒
	2. 为班级迎新晚会设计、示范一段热情洋溢，充满希望的开场语，时间不少于3分钟
	3. 为学校春季运动会设计、示范三段肯定成绩、展望未来、鼓舞斗志的串联词，时间不少于3分钟
B级	1. 快速准确说出结束语的四种技巧，时间不超过30秒
	2. 为班级演讲比赛设计、示范一段开场语，时间不少于2分钟
	3. 为老乡联谊会设计、示范两段串联词，时间不少于2分钟
C级	1. 说出结束语的四种技巧
	2. 为小组学习经验交流会设计、示范一段串联词
	3. 为班会设计、示范一段开场语

自学园地

各章授课视频

（内容与本书略有差异，后台文档随时更新，仅供自学中参考）

第一章第 1 讲	第一章第 2 讲	第二章第 1 讲	第二章第 2 讲	第二章第 3 讲	第二章第 4 讲
第三章第 1 讲	第三章第 2 讲	第三章第 3 讲	第四章第 1 讲	第四章第 2 讲	第四章第 3 讲
第五章第 1 讲	第五章第 2 讲	第五章第 3 讲	第六章第 1 讲	第六章第 2 讲	第六章第 3 讲
第七章第 1 讲	第七章第 2 讲	第七章第 3 讲	第八章第 1 讲	第八章第 2 讲	第八章第 3 讲
第九章第 1 讲	第九章第 2 讲	第九章第 3 讲	第十章第 1 讲	第十章第 2 讲	第十章第 3 讲
第十一章第 1 讲	第十一章第 2 讲	第十一章第 3 讲	第十二章第 1 讲	第十二章第 2 讲	第十二章第 3 讲
第十三章第 1 讲	第十三章第 2 讲	第十三章第 3 讲	第十四章第 1 讲	第十四章第 2 讲	第十四章第 3 讲
第十五章第 1 讲	第十五章第 2 讲	第十五章第 3 讲			

自测试卷及答案

A 卷　　　　　　　　　　　　　　B 卷

演讲与口才自我检测表

能 力 检 测

序号	检测内容	自我评估	改进方案
1		已经做到 ☐ 基本做到 ☐ 尚未做到 ☐	
2		已经做到 ☐ 基本做到 ☐ 尚未做到 ☐	
3		已经做到 ☐ 基本做到 ☐ 尚未做到 ☐	
4		已经做到 ☐ 基本做到 ☐ 尚未做到 ☐	
5		已经做到 ☐ 基本做到 ☐ 尚未做到 ☐	
6		已经做到 ☐ 基本做到 ☐ 尚未做到 ☐	

学 习 感 言

_____

_____

_____

更新勘误表和配套资料索取示意图

说明1：附录中的各章授课视频、自测试卷和答案、自我检测表为学习参考资料，供各位读者在学习时参考。

说明2：本书配套教学资料完成后会上传至人邮教育社区（www.ryjiaoyu.com）本书页面内。下载本书配套教学资料受教师身份、下载权限限制，教师身份、下载权限需网站后台审批，参见示意图。

说明3："用书教师"，是指学生订购本书的授课教师。

说明4：本书配套教学资料将不定期更新、完善，新资料会随时上传至人邮教育社区本书页面内。

说明5：扫描二维码可查看本书现有"更新勘误记录表""意见建议记录表"。如发现本书或配套资料中有需要更新、完善之处，望及时反馈，我们将尽快处理！

咨询邮箱：13051901888@163.com

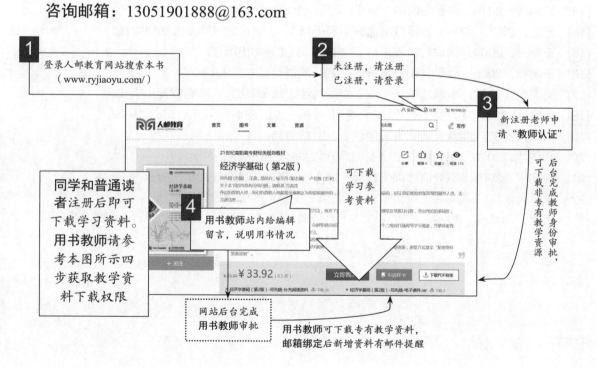

主要参考文献

[1] 陈文中, 2005. 从神童退学看人际沟通之重要 [J]. 演讲与口才（2）: 9.

[2] 方明, 2010. 每天学点口才学 [M]. 北京: 金城出版社.

[3] 谷颖, 2004. 即兴口语表达的五种技巧 [J]. 演讲与口才（7）: 6–7.

[4] 国家教育委员会师范教育司, 1996. 教师口语 [M]. 北京: 北京师范大学出版社.

[5] 黄晓娟, 2006. 数字在演讲中的妙用 [J]. 演讲与口才（6）: 30–31.

[6] 金正昆, 2005. 社交礼仪 [M]. 北京: 北京大学出版社.

[7] 李增源, 2004. 即兴演讲的"兴"从何而来 [J]. 演讲与口才（7）: 20–21.

[8] 林桂平, 2005. 如何使授课语言变得生动形象 [J]. 演讲与口才（7）: 34.

[9] 林森, 2006. 口才大全全集 [M]. 乌鲁木齐: 新疆人民出版社.

[10] 刘汉民, 2006. 法庭辩论的反驳技巧 [J]. 演讲与口才（7）: 24–25.

[11] 吕国荣, 吕品, 2010. 一句话说服客户——帮你成为最有说服力的销售员 [M]. 北京: 化学工业出版社.

[12] 任恩顺, 1994. 韵母辨音诗练习 [J]. 中国教育报.

[13] 谭满益, 2010. 沟通与演讲 [M]. 上海: 上海大学出版社.

[14] 万里, 张锐, 1994. 教师口语训练手册 [M]. 北京: 北京师范大学出版社.

[15] 王黎云, 2004. 演讲与口才 [M]. 杭州: 浙江大学出版社.

[16] 王淑君, 2005. 心平气和的睿智语 [J]. 演讲与口才（9）: 4.

[17] 吴宏彪, 2007. 求职营销——找工作的科学 [M]. 北京: 高等教育出版社.

[18] 武鹰, 2006. 辩论赛中的"就地取材"技巧 [J]. 演讲与口才（1）: 30–32.

[19] 肖莉, 2005. 幽默大师的讲坛佳话 [J]. 演讲与口才（12）: 18.

[20] 徐美萍, 2010. 现代礼仪 [M]. 上海: 上海大学出版社.

[21] 许利平, 2007. 职业口才训练教程 [M]. 北京: 北京交通大学出版社.

[22] 张斌, 2000. 简明现代汉语 [M]. 北京: 中央广播电视大学出版社.

[23] 张晶, 蒋红梅, 2022. 演讲与口才（附微课 双色）[M]. 2版. 北京: 人民邮电出版社.